中华文脉
SINIC
CONTEXT

从 中 原 到 中 国

王战营 / 主编

中华文脉
SINIC CONTEXT

从中原到中国

王战营／主编

家国黄河

侯全亮　著

中原出版传媒集团
中原传媒股份公司
河南科学技术出版社

图书在版编目（CIP）数据

家国黄河 / 侯全亮著 . —郑州：河南科学技术出版社，2022.2
（2023.7 重印）（中华文脉：从中原到中国）
ISBN 978-7-5725-0658-1

I. ①家… II. ①侯… III. ①黄河—文化史—研究 IV. ① K928.42

中国版本图书馆 CIP 数据核字 (2021) 第 278460 号

出版发行：河南科学技术出版社
地　　址：郑州市郑东新区祥盛街 27 号　邮编：450016
电　　话：（0371）65788613　65788685
网　　址：www.hnstp.cn

出 版 人：乔　辉
责任编辑：冯俊杰
责任校对：耿宝文
封面设计：张　伟
内文设计：张　伟
责任印制：张艳芳
印　　刷：河南博雅彩印有限公司
经　　销：全国新华书店
开　　本：720 mm×1020 mm　1/16　印张：20.5　字数：307 千字
版　　次：2022 年 2 月第 1 版　　2023 年 7 月第 3 次印刷
定　　价：88.00 元

自序

　　黄河是中华民族的摇篮。她从远古走来，孕育了中华民族的童年，为华夏祖先提供了得天独厚的生存空间。在黄河流域，华夏民族披荆斩棘，辛勤劳作，繁衍生息，点亮了古老文明的曙光，不断推动人类社会的发展进步。一处处卓尔不群的远古文化遗存，一幕幕威武雄壮的历史活剧，一项项震古烁今的科技发明，一个个壮怀激烈的英雄故事，像夜空中的璀璨繁星，闪烁着曾经的人类篝火，如绚丽的历史画卷，展示着中华文明长途跋涉的足迹。

　　黄河文化是中华民族的根和魂，是中华民族的精神家园。黄河从源头走来，奔腾入海的初心使命，曲折跌宕的英勇气概，山河一统的亘古情怀，造就了中华儿女克难攻坚的民族底色，衍生了家国同体的社会结构。在漫漫历史长河中，虽然朝代不断更替，政治不断变革，但黄河文化作为中华文化体系的主流，始终一脉相承，并经过一次次大碰撞、大融合、大交流，不断兼容并蓄向更高层次发展。黄河文化以源远流长、博大精深的强势特征，不仅对中华民族影响深远，而且光芒波及整个世界，显示出了强大的感召力、凝聚力和生命力。

　　历史上黄河决溢频繁，洪水肆虐，生灵涂炭，给两岸人民带来了深重的灾难，曾被称为"中华民族之忧患"。几千年来，历代把治理黄河、农业灌溉、开辟漕运作为治国安邦的大事，做出了种种努力。从远古时代的大禹治水开始，历代治水先贤和劳动人民，为之进行了不懈实践和探索。一部治理黄河史，承载了一部中华民族的奋斗史。然而，由于黄河复杂难治以及社会制度和生产力水平的局限，世代人们热切期望的黄河安澜局面一直未能实现。"俟河之清，人寿几何""黄河清，圣人出"，留下了不尽的悲凉叹息和企盼梦想。

中华人民共和国成立后，古老的黄河发生沧桑巨变。在党和政府高度重视和坚强领导下，建成黄河下游防洪工程体系，军民团结抗洪，严密防守，战胜了历年洪水，彻底扭转了历史上黄河频繁决口改道的险恶局面，创造了黄河岁岁安澜的伟大奇迹。黄河水资源得以开发利用，丰美的河水流向广袤田野，大河明珠点亮万家灯火，千沟万壑的黄土高原披上绿色新妆，万里长河彩虹飞架天堑变通途。历史雄辩地证明，没有中国共产党，就没有新中国，就没有今日之黄河。

党的十八大以来，"黄河宁，天下平""绿水青山就是金山银山""建设美丽中国""共同抓好大保护，协同推进大治理……保护、传承、弘扬黄河文化，让黄河成为造福人民的幸福河"，一系列新理念、新思想、新战略，正在引领全国人民为实现中华民族伟大复兴的中国梦，奋力开拓，谱写中国特色社会主义新时代的黄河壮丽新篇章！

从来没有哪条河流像黄河这样，如此深远地影响着我们这个民族。一朵黄河浪花，就是一段中国故事；一条泱泱大河，承载了一部中华春秋。

是为序。

二〇二一年八月

目　录

第一章
华夏摇篮

　　黄河从遥远的太古洪荒走来，经历了亿万年的孕育，在轰轰烈烈的地质巨变中诞生，其流域成为华夏祖先最早的家园。从传说时代到文明古国的建立，远古的中国实现了由原始社会到奴隶社会的历史性飞跃。一处处远古文化遗存，昭示着这里曾经的人类篝火。它们像一部史书，记载了远古人类活动的悠久历程，如一幅幅绚丽的画卷，展示着中华先民在漫长岁月里推动人类进化和文明发展的足迹。在这一变革过程中，黄河流域的治水壮举、城郭营造、农耕发端、天文历法、古国立制等一系列重大人文活动，孕育了黄河文明的初始状态，点燃了中华文明的曙光。

一、黄河的诞生

　　黄河，中华民族的摇篮，中华文明的发祥地。千万年来，黄河与黄河文化，深刻影响着我们伟大的民族和国家。那么，黄河是怎样形成的？这条举世闻名的万里长河，什么时候迈出奔腾浩荡的第一步？黄河生命的起点又在哪里呢？

　　现在，就让我们回到亿万年前的远古洪荒时代，去做一次遥远的穿越之旅。

　　24 亿年前，在地质年代的元古宙时期，地球表面大部分都被海洋占据着。大约在 17 亿年前，在地球剧烈运动中，华北陆块在浩瀚的海洋中率先隆出了水面，形成中国最早、面积最大的一块远古陆地。接着，在 4.85 亿~4.44 亿年前的古生代奥陶纪，另一块远古陆地——西域陆块历经沧桑沉浮，也拱出海面，初见天日。

　　也就是从那时起，黄河有了祖籍。

　　华北陆块和西域陆块，不仅年龄相差很大，它们的性格也表现出了鲜明的反差。年长的华北陆块，本应是老成持重，处事稳当，但其性格恰恰相反，倔强刚烈，宁折不弯。而年轻的西域陆块，本应是血气方刚，容易冲动，其性情反倒表现得温柔儒雅，善于变通。这样的性格反差，如果在和平时期倒没什么大不了。性格迥异，各行其道，只要相安无事就好。而严重的问题在于，那是一个惊天动地、剧烈动荡的地质时代。

于是，后来在接连不断的地壳运动中，它们最后的命运也发生了截然不同的改变。刚强的华北陆块在轰轰烈烈的地质巨变中，断裂身亡，历经沉浮沧桑，临终留下共和湖、银川湖、汾渭湖、华北湖等古老的湖泊盆地。而那位禀性温柔的西域陆块，在后来的海西运动中，弓腰隆起，变成巴颜喀拉山、秦岭、阴山、天山、昆仑山、祁连山等一座座崇山峻岭。

尽管两大陆块最终的命运不同，但毫无疑问，作为地质年代的拓荒者，它们为中国由海洋世界进入陆地世界的重大转化做出了杰出贡献。尤具重要意义的是，两大陆块遥相呼应，分成东西两大部分，共同为未来黄河在历史舞台上隆重登场、纵横推演，铺下了庄严的红地毯。

连绵起伏的地形地势，高山湖盆相间的景观形态，为中生代各种生物的大繁殖提供了优越的条件。在多次的沧海桑田更替中，大量生物遗体的堆积，经过天长日久演化，后来形成了丰富的煤炭、石油和天然气，成为今天人类社会宝贵的能源。

祖先留下来的这些遗产，正是黄河的母体。

从十月怀胎到一朝分娩，是一个母亲孕育新生命的伟大过程。对于一条河流而言，它的诞生过程，更加漫长而剧烈。

石破天惊的地壳运动仍在继续。在距今 2.01 亿～5 600 万年的中生代侏罗纪至新生代古近纪早期，中国发生了剧烈的地壳运动。这一时期的造山运动在今河北燕山一带表现明显，因此被称为"燕山运动"。经过燕山运动，中国大地形成东西分异。山西湖盆抬升隆起，成了绵延千里的高山峻岭，而原来与之连为一体的华北平原，转而下降成为盆地，形成了东低西高的地势地形。华北陆块的生死回旋，奠定了新生代的地质构造骨架。

在黄河生命的孕育过程中，最具重要意义的莫过于那场更为强烈的喜

黄河源区的山峰

马拉雅运动了。发生在新生代的这场造山运动，影响范围波及整个中国。在亚欧板块、印度洋板块的巨大俯冲碰撞下，本来处于海底的青藏高原产生强烈的萌动，拱出海底成为陆地。随着地壳的持续剧烈运动，喜马拉雅山、昆仑山、秦岭进一步上升，直至挺身崛起。

今天，我们听到的那首高亢激越的《青藏高原》歌曲中唱道："是谁带来远古的呼唤，是谁留下千年的祈盼，难道说还有无言的歌，还是那久久不能忘怀的眷恋。哦，我看见一座座山一座座山川，一座座山川相连。……呀啦索，那就是青藏高原。"让中国人引以自豪的世界屋脊——青藏高原，正是在这场惊天巨变中产生的。

在这次地壳巨变中，山西高原产生了两条几乎平行的大型断裂带，从北向南穿过高原中部，形成了狭长的山谷。峡谷的南端，与陕西关中平原沉降带相连接，形成汾渭盆地。在这里，一些抬升的山脉受到风化侵蚀，逐渐被磨平成为高原。一些下沉的盆地，汇集周围的水流成为湖泊。

由于海陆格局的骤变以及喜马拉雅山、昆仑山、秦岭的形成，亚欧大陆气候变得干燥，东亚季风气候形成，从而逆转了华夏西部的气候特征，西北地区的沙漠戈壁开始发育。此后，这个地区先后经历了两次大规模的冰川活动，一些大型湖盆逐渐萎缩，分割成许多小型湖泊和湿地，发育成各自独立的内陆湖水系。

在青海高原，阿尼玛卿山与巴颜喀拉山两座大山之间，一条水流流向正在下沉的若尔盖草原，在那里形成了若尔盖湖盆。另一条水流，在祁连山和阿尼玛卿山之间，自东南向西北流淌，汇集到青海省古共和盆地。共和盆地东面，湟水、洮河两条河流，一北一南在兰州附近交汇，而后沿着一系列峡谷，从甘宁交界处的黑山峡奔涌而出，折向东北，在贺兰山下的宁夏地区汇聚成了古银川湖。

在内蒙古鄂尔多斯高原，有一条河流连通许多小湖泊，注入陕西、山西之间的汾渭盆地，形成了汾渭湖。这个盆地的东面是高大的中条山，中条山东侧的水流受山东丘陵的阻挡，分别由不同的河道东流入海。就这样，逐步形成了各有源头、互不连接的古老水系。

一连串沧桑沉浮、生死相依的巨变过程，塑造了未来黄河深沉凝重的性格，决定了它集大地山川血脉精气的刚柔兼具格局。

不过，喜马拉雅运动还只是黄河生命的前奏曲。时序进入新生代第四纪，经过百万年酝酿，黄河终于进入围产期。随着黄土高原不断抬升和大气环境骤变，西北地区干旱少雨。苍莽的地表风化形成细粒粉沙，被强劲的西北风吹扬挟带到高空。无边尘土纷纷落，不尽黄沙滚滚来。大量风沙纷纷扬扬，不断地降落。久而久之，堆集成200多米厚的黄土层，形成了数十万平方公里的黄土高原。

千万年来，在黄土堆积和水流切割的双重作用下，黄土高原形成了姿态各异的地貌景观。坦荡无垠的黄土塬面一望无际，但往往突然出现百米深的沟谷，令人触目惊心；地面起伏不平的黄土丘陵，呈长条形的为"墚"，呈馒头形的叫"峁"。黄土沟、黄土崖、黄土柱……一幅幅特有的黄土奇观，充分展现出大自然的神来之笔。

黄土高原的横空出世，是古中国的一个大事件，它决定了一个民族的

位于陕西延川的黄河乾坤湾

命运，影响着一个民族的文化。正如《黄土高原》那首歌中所唱的："站起来，你是山，躺下来，你是川。一条黄河日夜奔，奔着奔着奔着奔着，沙漠变良田。弯下来，你是墚，坐起来，你是塬。一场强风四季吼，吼着吼着吼着吼着，大路通蓝天。黄土高原，我热恋的家园，你生我养我给了我容颜……"

正当急风暴雨式的地质运动稍定之际，水流冲击的神威接着呈现。在150万年至120万年前这段时间里，随着第四纪冰川时代的结束，气候变得温暖湿润，降水量丰沛，迅速暴涨的河水不断加剧冲刷下切，促使河床逐步由浅变深，冲击着前方的高山峻岭，为河流自身开辟道路。在此期间，秦岭和阴山之间的地质运动，把黄河中游700多公里长的山体一劈两半。伴随着湖盆水流继续下切，地下水不断向上喷涌，开辟出了一条很深的晋

陕峡谷。大大小小的峡谷湖盆先后被串连贯通，各个封闭的独立河段陆续连接起来。此时，古黄河的东面，还有中条山阻挡着前进道路。水流的持续下切，经过漫长的岁月，终于切穿峡谷险隘，与中条山东侧的流水连接起来，进入华北平原。

　　周围世界接连不断的剧烈动荡，引起了黄河在胎宫里的躁动不安。在新生代末期，距今大约100万年的时候，如同经过十月胎宫发育的婴儿发出第一声啼哭那样，一条接溪纳流、汇聚百川的河流——黄河诞生了！从此，这条伟大的河流不舍昼夜，生生不息，开始了亘古奔流的雄阔行程。

二、奔腾的东方巨龙

初生的黄河，由于海水不断侵袭，华北盆地持续下降，身段只到峡谷出口的河南孟津，还未形成现今那样曲折蜿蜒的万里身躯。

然而，黄河的开拓进取，使其流域不断扩大延伸。在上游，大约一万年前青藏高原的新一轮抬升，再次激发了黄河的发展活力，黄河溯流而上楔入若尔盖盆地，从此玛多地区正式成为黄河源头。在下游，黄河挟带着黄土高原上的大量泥沙，像神话传说中"衔木石，埋东海"的精卫鸟一样，日夜兼程，奔腾不息，相继填平一系列浅海湖盆，连接起了辽阔的扇形冲积平川——华北大平原。

"黄河之水天上来，奔流到海不复回。"黄河如一条奔腾的巨龙，以威武磅礴的气势，波涛滚滚，蜿蜒曲折，行进在辽阔的神州大地。

今日的黄河，从青藏高原巴颜喀拉山起步，流经青海、四川、甘肃、宁夏、内蒙古、陕西、山西、河南，在山东省东营市垦利区注入渤海，全长5 464公里，流域面积包括内流区共79.5万平方公里。

中国地势西高东低，呈阶梯状分布特征。受此特征所驱使，黄河流出河源后，朝着东方，一路携川纳流，弯弯曲曲，横跨青藏高原、内蒙古高原、黄土高原和华北平原。地势西高东低，地形上分为三大阶梯。

第一级阶梯是青藏高原。这里有三座自西北走向东南的山脉，北面的祁连山将青海高原与内蒙古高原隔开，南面的巴颜喀拉山构成黄河源头与长江上游的分水岭，横亘在两山之间的阿尼玛卿山主峰玛卿岗日，海拔6 282米，是黄河流域的最高点。

黄河流出河源区后，绕阿尼玛卿山南麓，向东南方向而去。穿过500公里的高寒山区之后，受岷山阻挡又折向西北，流过若尔盖草原北部，与白河、黑河汇合，到达甘肃玛曲县。然后沿阿尼玛卿山北麓，向西北再流入青海省，形成第一个大的弯曲。在青海湖南面，黄河又折向东北，穿过青藏高原的边缘而进入黄土高原，形成第二个大的弯曲。素有"九曲"之称

黄河源头约古宗列盆地，涓涓细水，溪流纵横。九曲黄河正是从这里开始万里征程的

的黄河，在这段流程中拐了两个大弯，呈现出一个巨大的"S"形。河谷忽宽忽窄，时束时放，山势陡峭，峡谷险峻，水流湍急，表现为川峡相间的河道特征。

黄河流经的第二级阶梯是黄土高原。其东部边缘太行山，是黄土高原与华北平原的分界线，也是黄河流域与海河流域的分水岭。南部边缘的秦岭，是中国亚热带和暖温带的南北地理分界线。秦岭向东延伸的崤山、熊耳山、伏牛山等山脉，海拔大都在1000米以上，是黄河与长江、淮河流域的分水岭。

黄河进入黄土高原后，在甘肃刘家峡汇纳了大夏河与洮河，开始裹挟大量泥沙向东流动。到兰州以下，沿途接纳祖厉河、清水河，出黑山峡后进入宁夏平原，沿贺兰山北上。宁夏平原又叫银川平原，它由黄河泥沙沉积而成。这里气候虽然比较干旱，但得益于黄河之水的灌溉，自秦汉起就是一个富饶的农业区，故有"天下黄河富宁夏"之说。

黄河穿过银川平原，到石嘴山继续向北，进入内蒙古地区，在鄂尔多斯高原与乌兰布和沙漠之间游动。鄂尔多斯高原北部为库布齐沙漠，东南为毛乌素沙地，东部自古是北方游牧民族的天然牧场。"天苍苍，野茫茫，风吹草低见牛羊"，呈现出一派河渠纵横、水草丰满的景象。

在内蒙古的磴口，黄河向北进入河套平原，至临河市受到阴山的阻挡折而东行，在托克托的河口镇，黄河受到大山的阻挡，遂掉头南下，形成一个马蹄形的大弯曲，沿晋陕峡谷南流，进入黄土高原的东部。在这里形成了河套平原，以包头市西面的乌拉山为界，西面称为后套，东面称为前套。由于黄河的灌溉之利，河套平原是盛产粮食的富饶之地，故有"黄河百害，唯富一套"之说。

在托克托的河口古镇，黄河结束了上游的流程，沿吕梁山西侧南下，进入中游多沙粗沙区。这个区域包括陕北、晋西、内蒙古南部和甘肃东部的44个县。大量泥沙，通过皇甫川、窟野河、无定河、延河、泾河、渭河、三川河、汾河等支流泻入黄河，使黄河含沙量剧增，成为黄河泥沙的主要来源。

黄河流经的第三级阶梯为太行山、崤山、熊耳山以东直至海滨的华北平原。黄河在潼关绕了一个大弯，向东穿过中条山与崤山之间的晋豫峡谷，出峡谷后经小浪底至郑州桃花峪，流过一段黄土丘陵区，结束了中游的流程，然后进入下游冲积平原与鲁中丘陵山地。历史上，黄河下游还曾流经河北、天津、安徽、江苏四省市，由黄土高原带来的大量泥沙沉积而成的黄河下游冲积平原，包括豫东、豫北、鲁西、鲁北、冀南、冀北、皖北、苏北等地区，面积约 25 万平方公里。

黄河自西向东，穿越中国地形三大阶梯，形成了一系列各具特色的地貌景观。在黄河流过的第一阶梯和第二阶梯，由于流经高海拔崇山峻岭，水流湍急，形成一系列高山峡谷，其中著名的有野狐峡、龙羊峡、李家峡、松巴峡、积石峡、刘家峡、盐锅峡、八盘峡、桑园峡、红山峡、黑山峡、青铜峡等 20 多个峡谷。野狐峡位于青海省同德、贵南县境，是黄河干流上最窄的峡谷。其左岸是高四五十米的石梁，右岸为高达数百米的峭壁，两岸相隔仅十余米，站在峡底向上仰视，仅见一线青天，据说野狐一跃即能跳过，故而得名。青海省共和、贵南两县境内的龙羊峡，两岸峭壁陡立，蒙蒙的水汽升腾而上，哗哗的水声隐约可闻。这些峡谷，落差大，水流湍急，蕴藏着极为丰富的水力资源。

晋陕峡谷从内蒙古托克托县的河口古镇到山西省河津市的禹门口，全长 700 多公里，落差 300 多米。两岸崖陡壁立，峡谷森森，水流湍急，浪花飞溅。著名的壶口瀑布，犹如一个巨大的壶口向外倾倒着奔腾的河水，形成一道数十米高的飞瀑。浪花四溅，响声震天。晋陕峡谷最南端的龙门，两山夹峙，形成一个只有百余米宽的口门，古称龙门。黄河通过峡谷口门，河谷突然变宽，水位骤然下降，呈现出"龙门三跌水"的奇特景观。民间传说的"鲤鱼跃龙门"即指此处。

晋豫峡谷西起山西平陆、河南三门峡，东至孟津，全长约 150 公里，是黄河的最后一段峡谷。古时的河床中屹立着岩石小岛，把湍急的河水分成三股，人称"鬼门""神门"和"人门"，三门峡即由此得名。峡口下方，有一座高出水面 20 多米的柱石矗立河口，人称"中流砥柱"。在这里，湍急的河水分成三股，咆哮着冲向中流砥柱，发出震天撼地的巨响。然而无论狂涛恶浪如何冲击，中流砥柱始终岿然不动，傲然挺立，被喻为坚强不屈、支撑危局的精神的象征。

黄河跨入最后一级阶梯华北平原后，进入下游，摆脱了峡谷约束，浩浩荡荡流淌在开阔平坦的华北大平原上。河面最宽处，河南长垣与对岸山东东明之间的河道，两岸相距达 24 公里。由于比降变缓，流速减慢，大量泥沙淤积在河道中，河床不断抬高，滩面一般高出堤外地面 3~5 米，部分河床甚至高出堤外地面 10 米，成为世界上著名的地上"悬河"。

在黄河河口段，滔滔浊浪劈开万顷海波，气势蔚为壮观。大量泥沙淤积在口门附近和三角洲海域，使河口不断向海中推进，填海造陆，形成平坦开阔的新陆地。

黄河横贯中国三大阶梯，地形地貌复杂多样。奇丽神秘的河源，潆洄曲折的河湾，飞流直下的瀑布，陡峭险峻的高山，深不可测的峡谷，千沟万壑的黄土丘陵，平畴沃野的华北平原，填海造陆的入海口，形态各异，色彩纷呈。独特的黄河水系，性情不同的支流，四季分明的气候，多种多样的土壤植被，暴涨暴落的洪水特性，上游富集优越的水力资源，中游严重的水土流失，下游高于两岸的地上悬河，构成了黄河的自然特性。得天独厚的重要地位，博大精深的历史文化，生生不息的开拓精神，使黄河成为中华民族的母亲河。

三、远古人类的踪迹

在黄河发育过程中，它的身边发生了一件影响深远的大事件：远古人类的踪迹出现了。从晚期智人向现代人迈进时，人类的足迹几乎遍布整个黄河流域。

在山西省芮城县西北的中条山南麓，黄河从一片黄土丘陵包抄而过，在一个叫西侯度的小山村黄土台地上，后来考古工作者寻觅到了远古人类的踪迹。

在这里，鲤、鳖、鸵鸟与巨河狸、剑齿象、步氏真梳鹿、山西披毛犀、三门马等动物的化石相继被发现。它们大部分是草原动物和适于森林生活的物种。这样的环境，正适宜于刚刚告别森林转向陆地栖息的人类祖先的生存。一系列考古发现，把西侯度的名字同黄河流域早期人类活动紧紧联系在了一起。

更令人惊奇的是，在西侯度文化层里，动物化石中还发现了一批烧过的鹿角、肋骨和马牙。这些遗物，仿佛向我们展现出约180万年前人类用火烧肉的生动场景：远古的一天，一匹三门马缓缓走到黄河岸边饮水，突然杀机逼近。一群埋伏在附近的直立猿人快速冲过来，他们用原始的木棍和石器给了这匹马致命一击。马儿挣扎着慢慢倒下。猎食者用锋利的石器切割下新鲜的马肉。紧接着，用刚刚发现的自然火种炙烤起来，开始享用一顿美味大餐。

西侯度遗址表明，黄河流域最早的人类祖先，是世界上比较早的发现和使用火的居民。从此，开始告别茹毛饮血的时代，成为人类进化史上的一次重大飞跃。

然而，西侯度虽然出土了一批打击器物和古动物化石，但却没有发现百万年以上的古人类化石。这些华夏祖先，行程匆匆，他们长得什么样，当时的生活景况如何，却还是很模糊的概念。

后来，考古工作者经过持续发掘研究，逐渐撩开了远古人类层层遮掩的面纱。

在陕西省蓝田县发现的蓝田人化石，是迄今为止我们能看到的黄河流域最早的人类祖先。它为我们提供了旧石器时代早期直立人的相貌特征。

蓝田人是黄河流域旧石器时代初期的文化代表。他们生活在丰饶的渭河平原上，与牛羊为伍，和禽兽同域。在严酷的自然环境中，他们不但奇迹般地保存了自身，而且养育了昌盛的后代。他们一方面继承了先辈打制石器的方法，用"大型尖状器"挖食果腹；另一方面又创造性地发明了最新式的狩猎工具石球。新生产工具的出现，生产技术的不断提高，为蓝田人的生活开辟了一片新天地。

由此我们可以想象华夏祖先当时的生活境况。他们在黄河边的台地上，一边采集，一边狩猎，辛苦地维持着人类最初的生存，艰难地繁衍着子孙后代，同时也创造出原始状态的人类文化。在今天看来，蓝田人身上留下的原始模样，不但不美观，甚至还很丑陋。然而，蓝田人进化到这种地步，已经走过了漫长的岁月。这是人类发展史上经历的最艰难的阶段。正是这最初的艰辛与磨难，才孕育着人类后来的伟大与辉煌！

1954年，考古工作者在黄河支流汾河岸边发现了丁村人的遗迹。这个古老住户所处的汾河流域，当时气候温暖湿润，水源丰沛，各种动物成群出没于森林、草地和沼泽。在水草丰盛的汾河两岸，丁村人采集野生植物，制作石器工具进行原始渔猎活动。他们在继承前辈文化的基础上，不仅掌握了传统尖状器、砍砸器、刮削器和石球的打制技术，还创造了独具特色的石器类型"丁村尖状器"。在发展旧石器文化的同时，也在劳动中创造了自身，体质特征基本摆脱了原始的猿人特征，从而成为人类进化史上一个重要阶段的杰出代表。

水是生命之源，是人类赖以生存、社会得以发展的最重要的物质基础。有水就有绿洲，有绿洲就有生命。人类的进化、居住和迁徙，都和水密切相关。

华夏祖先经过长时期观察，感到黄河流域具有许多天然优势：四季分明，雨量丰沛，气候条件很适合树木和农作物生长。特别是身边厚厚的黄土层，直立性强、保暖性好，非常便于开凿洞穴，是遮风挡雨、躲避野兽的理想居所。于是，他们便陆续走出丛林，聚集在这里披荆斩棘，辛勤劳作，繁衍生息，创造农耕文明，迎来了人类文明的第一缕曙光。河套人、山顶洞人就是这个转折时期的典型代表。

20世纪20年代在黄河支流萨拉乌苏河发现的河套人，生活在距今5万～3.5万年前，属晚期智人，体质特征已接近现代人。同时期发掘的北京周口店山顶洞人，生活在距今约18000年前，从头骨化石可以看出，脑量等体质特征已经非常进步，形态特征与现代人相一致等。尤其令人耳目一新的是，在山顶洞人文化遗存中，还发现了骨角器、石珠、穿孔的兽牙和贝壳、钻孔砾石等丰富的装饰品，工艺制作已有很大进步。这不仅反映出山顶洞人已比较熟练地掌握了原始的磨制和钻孔技术，同时也体现了远古人类原始审美意识的最初萌生。

人们不禁要问：古人类为什么会在黄河流域最早出现，繁衍生息？为什么黄河流域会成为我国古文明的发祥地？据科学家分析，这主要有以下几个方面的原因。

一是从许多遗址发现的化石可以证实，在远古时代，黄河中游地区气候温和，雨量丰沛，森林茂密，适宜原始人生活。二是黄河流域土壤肥沃，适宜种植。黄河流域广泛分布着黄土，质地疏松，易于垦殖，天然肥效高，有利于农作物的种植和生长，为发展原始农耕业提供了极好的条件。三是在原始生产力条件下，黄土易于利用石器凿洞挖穴，对于先民定居聚落十分有利。而在以坚硬岩石为主要地貌特征的其他流域和地区，凿洞挖穴则极其困难。四是黄河流域矿产资源丰富，分布普遍，容易被发现和采掘利用。

从远古时代人类的起源和发展，可以想象，经过多么漫长而艰难的选择，我们的先民最终才确定安居在黄河流域这块黄土地的。在漫长的远古时期，中华民族的祖先背靠连绵的群山，居住在古老的山洞，捕鱼狩猎，采集食物。他们亲身经历了第四纪冰川后期黄河在华北大地上的动荡变化，在极其艰苦的自然环境中，用勤劳与智慧创造和丰富着华夏摇篮中的黄河文化。

黄河流经的黄土高原，为华夏先民提供了最初的家园

　　一处处远古文化遗存，像夜空中闪烁的繁星，昭示着黄河流域曾经的人类篝火。它们像一部史书，记载了远古人类活动的悠久历程；又像一幅幅绚丽的画卷，展示着中华先民在漫长岁月里推动人类进化和文明发展的足迹。

四、精美的石头会唱歌

　　远古悠悠，8 000多年前的中国大地，黄河中游已进入温湿期。在大自然发生气候冷暖交替、黄土堆积、华北平原沉降、海面上升顶托等剧烈变化的同时，黄河身边也出现了早期人类的一系列重大变革。

　　裴李岗文化正出现在这一时期。它以最早在河南新郑的裴李岗出土而得名。其分布范围，以新郑为中心，东至河南东部，西至河南西部，南至大别山，北至太行山，文化遗址达100余处，仅河南境内就分布40多个县市。

　　从地质构造看，裴李岗文化氏族部落大多生活在靠近河流的岗丘上。这一带第四纪黄土广泛覆盖，黄河冲积的次生黄土非常有利于古代农业的发展。从生产工具看，当地氏族以磨制精良的石器为主，最为典型的有带锯齿刃石镰、长条形扁平的双弧刃石铲、鞋底形四足石磨盘（附磨棒）等。在如此遥远的原始时代，人类居然能够用整块的石板琢磨出可供谷物脱壳的工具。这是黄河岸边发现最早的新石器文化，它标志着中国原始农业革命在这里肇始。

　　人类从利用自然火并保存火种，到初步掌握人工取火的技术，不知经过了多么漫长的岁月。灿烂的火光，照亮了人类走向光明的漫漫征途，也迎来了闪烁文明光晕、色彩斑斓的陶器时代。

　　裴李岗文化的陶器以细泥红陶和夹砂粗红陶为主，当地建有许多陶窑。烧制品种除了生活用具之外，还烧制有陶猪头、陶羊头和陶人头等艺术品。特别是典型的三足钵、半月形双耳壶，形象生动逼真，更是引起了考古界的极大关注。

　　专家分析认为，裴李岗文化时期这里居住着黄帝的先祖——少典氏族。

少典是中国原始社会时期有熊部落的首领，因生于今河南新郑附近的有熊国，被称为有熊国国君。当时，裴李岗已由母系社会进入父系社会时期。他们在岗丘临河处，住着就地取材盖起的茅屋。男人们耕田、打猎、捕鱼，女人们加工粮食、饲养畜禽，带着孩子在家里用陶器烧灶做饭，用骨针制作苎麻衣服。在龟甲、兽骨和石器上镌刻符号式的原始文字用以记事。休息时，男人拿起石片、陶片当打击乐器，女人们梳起发髻，佩戴着骨质饰品，载歌载舞，创建了"男耕女织"的人类早期家庭生活结构。

当时的中华大地上，人类文明曙光初露，不少地方还处于蛮荒时期，而裴李岗文化地区，已进入以原始农业、畜禽饲养业和手工业生产为主的原始氏族社会。他们用自己的双手和人类文化转型时期的智慧，适应当地的自然环境，建立起古老的氏族村落，创造出了灿烂的古老文明。

考古学家赵世纲说，远在 8 000 年前，西亚的新月形地带和中国的嵩山东麓，同时出现于亚洲两翼，好像东西两座灯塔，标志着农业革命新时代的黎明时期。

裴李岗文化正是一座照耀中国农业革命启蒙的灯塔。

然而，如同黄河九曲十八弯的流程一样，中国史前文明的探索之路也充满了数不尽的曲折跌宕。

距今四五千年前，人类文明开始进入飞速发展时期。在尼罗河畔，古埃及人建造了雄伟神奇的金字塔；在两河流域，苏美尔人创造了世界上最古老的楔形文字。而作为世界上唯一延绵至今的中华上下五千年文明，却一度遭到异议，甚至出现"中国文化西来说"的观点。

随着考古挖掘工作的持续深入，黄土地下隐藏的中国原始社会秘密得以揭示。1921 年 4 月的一天，在河南省渑池县仰韶村发掘出的大量精美绝伦的彩陶等出土文物，以绚丽无比的光彩震惊了全世界，此地也成为中外专家热望的"文化圣地"。

1953 年春在西安浐河东岸二级阶地上发现的半坡遗址，是新石器时代仰韶文化聚落遗址，已有 6 000~6 700 多年历史。从出土的石斧、石锛、石铲、石刀、石碾等生产工具和彩陶生活用具来看，半坡人过着以农业为主，渔猎为辅的生活。彩陶上绘制的人面、鱼、鹿、植物等花纹和几何图案符号，表明半坡人已具有较强的审美观念。

经过几代学者考古研究，在黄河流域发现仰韶文化遗址 5 000 多处，分布范围几乎遍及整个黄河流域。仰韶文化的丰满轮廓以及各阶段相互衔接的关系，逐渐厘清。考古研究表明，仰韶文化是一个内涵极为丰富的文化体系。聚落建筑布局整齐有序，保存较完整，表明当时维系氏族团结的血缘纽带根深蒂固，从一个方面展示了中国由母系氏族社会向父系氏族社会转变的结构形态。黄河文明的阵阵清风吹来，一度产生的异端邪说被一扫而空。

在苍茫的黄河两岸，原始艺术的灵光始终照耀着人类漫长的生命之路。在人们手中，陶土、线条、色彩与火的梦幻组合，催生了仰韶文化制陶业这个中华文明前夜的鼎盛家族。不同时期和地区形成的不同彩陶文化类型，构图元素同源，风格各异，或挺秀饱满，或轻盈飘逸，或朴实厚重，造型优美，绚丽多彩，生动传神，无不为惊世艺术珍品，彰显了当时黄河文化的中心地位和强势特征。

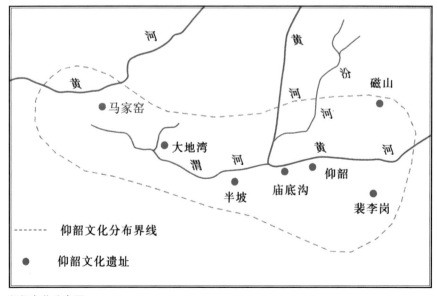

仰韶文化分布图

在人类发展的漫漫长夜中，黄河流域的华夏祖先，正是这样高擎智慧火炬，靠着自己辛勤的劳动，一步一步艰难地通往人类文明的新天地！

五、黄河边的神话故事

世界上许多民族和国家，都曾有过各自的古史传说时代。中国的神话传说时代，更是英雄辈出，丰富多彩。在黄河流域，影响最为深远的是伏羲演绎八卦和黄帝统一华夏的传说故事。

距今大约6000多年前，伏羲率领部落从黄河上游的甘肃天水辗转至山西南部，又迁徙到河南孟津一带。一天，伏羲如惯常一样来到黄河岸边，突然眼前出现一幅美妙的幻境：一只奇异的怪兽凌波而来，龙背马身，肋生双翼，背负以数阵排列的黑点白点图案。伏羲惊诧之际，仔细审视"龙马"背上的数点图案：二七居上，一六居下，三八为左，四九为右，五十居中，奇数点为虚，偶数者为实。伏羲用一片大树叶，将图案描摹下来。谁知刚画完，那"龙马"便大吼一声腾空而起，不见了踪影。

从那之后，伏羲整天对着那片树叶上的图案凝神端详，百思不得其解。又一日，他到池边投喂猎获的白龟，盯着白龟的甲盖出神，发现龟盖上的花纹数列有序，中间5块，周围8块，外圈12块，最外圈24块。从眼前的龟甲花纹，伏羲联想到几天前龙马负图的情景，心中倏地升起一道亮光，一种原始灵感油然产生：一阴一阳，阴阳相抱，方圆相藏，相互为用，天地万物的变化规律不正是如此吗？

于是，在河图和龟纹的启迪下，伏羲以实线作阳，虚线作阴，三个为一组排列组合，演绎出八种图案，这就是著名的原始"八卦图"。

"无端凿破乾坤秘，始自羲皇一画时。"一个重大的中华古老哲学思想在黄河岸边诞生了！

中国后世文献对这个上古神话传说多有记载，说伏羲利用八卦推演占卜天体星象、气候变化等自然现象，指导人们进行生产生活，解释规范人伦秩序，开启了人类对大自然规律的认知。还说他创造了最早的文字，结束了原始社会"结绳记事"时代，教人们编织渔网，提高渔猎技术，发明陶埙、琴瑟等乐器，将乐曲歌谣带入部落族群的精神生活，等等。因此，伏羲被后世尊为三皇之首、人文始祖。

　　与"河出图"紧密相关的另一个生动故事是"洛出书"。相传大禹治水时，洛阳境内黄河支流洛河里浮出一只神龟，龟背驮着一部"洛书"，书上纵、横、斜三条线上的3个数字，相加之和都等于15，十分奇妙。大禹依此原理治理洪水取得成功，遂划天下为九州，又依此定九章大法，治理社会。

　　古籍记载，"河出图，洛出书，圣人则之"，即指这两个中国神话传说。河图洛书历来被认为是河洛文化的滥觞，中华文明的源头，被誉为"宇宙魔方"。中外学者经过长期探索研究，认为这是中国先民心灵思维的结晶，是中国古代文明的第一个里程碑。作为中国历史文化的渊源，对于中华文化发展史产生了深远影响。

　　黄河流域的另一位中华人文始祖是黄帝。

　　相传，黄帝是少典与附宝之子，出生于河南新郑裴李岗氏族。居轩辕

坐落在郑州黄河岸边的炎黄二帝大型塑像

之丘，因此号称"轩辕氏"。黄帝 20 岁时继承有熊部落首领之位。他教导百姓播种五谷，造舟车，有许多发明和制作，使本部落势力迅速发展壮大。

黄帝即位时期，中原各部族互相攻伐，战乱不止。黄帝以军事武力东征西讨，南北转战，统占了黄河中游两岸地区。当时黄帝居中原一带，炎帝居太行山以西，蚩尤居东方，为九黎族首领，形成三方鼎立局面。炎帝与蚩尤争夺黄河下游地区败走，向黄帝求助。黄帝率部与蚩尤苦战三年，九场恶仗未能获胜。最后，黄帝集结各部落在河北涿鹿与蚩尤展开一场旷日持久的大决战，经过惨烈的战斗，终于擒杀蚩尤，获得最后胜利，统一了中原各部落。随后，黄帝率兵进入九黎地区，在泰山之巅会合天下诸部落，举行了隆重的封禅仪式，告祭天地。这一时期，经历三次大变革、大震荡，部落林立的局面逐渐被打破，各部落相互融合与同化，形成中原部落大联盟，奠定了古代中国的国家基础。

天下大定之后，黄帝划野分疆，制定职官制度，建立古国体制。推算和制定历法，创医学，制音律，生产力由量变达到质变，原始农业发展出现空前繁荣。从此，中国古代文明的曙光，由中原大地依稀映照四方，一个华夏文明古国即将闪亮登场，出现在世界东方。

在以农业为主体的中国古代社会，祖根维系是中华民族的鲜明特点。传说后来的尧、舜、禹、皋陶、伯益、汤等，都是黄帝的后裔。几千年来，黄帝一直被尊奉为中华民族的共同始祖受到祭拜。如今，在黄帝故里河南新郑，每年农历三月三日，都举行盛大的拜祖大典。"中华文明，浩浩荡荡。我祖勋德，光被八方。启迪蒙昧，开辟蛮荒。伟烈丰功，恩泽流芳。"来自海内外的炎黄子孙在拜祖现场，共同表达对中华文明始祖、人文共祖的崇敬之情。

六、文明古国的胚胎

现实中，中华文明古国的历史，往往在不经意间徐徐撩开神秘的面纱，给予古老神话传说以实物性佐证。

2020年5月，郑州市文物考古研究院公布一项重大考古成果，在河南省巩义市河洛镇，伊河、洛河之间的华夏腹地，发现一处约5300年前的古国时代都邑遗址——双槐树遗址。这座遗址面积达117万平方米，内有仰韶文化三重大型环壕，封闭式排状布局的大型中心居址，三处共1700余座规划严整的大型公共墓地、9个陶罐模拟的北斗九星天文遗迹以及20多处礼祀遗迹，气势恢宏，惊艳世人。

经考古专家测定，双槐树遗址是仰韶文化中晚期巨型聚落遗址，从遗址的规模、规制、出土文物性质等显明特征来看，可以认为是一座河洛古国遗址。

这项重大考古成果一经公布，立刻引起社会密切关注。

距今5300年前后的仰韶文化后期，是中华文明起源的黄金阶段。自仰韶村遗址发现新石器时代各色石器与精美彩陶开始，以渭河、汾河、洛河等黄河支流汇聚的地带为中心，出现了具有较为统一文明谱系类型的仰韶文化。当时，北方的母系氏族社会逐渐向父系氏族社会转变，处于国家诞生的前夜。根据公布的考古资料，我国迄今发现的史前城址超过40个，主要分布在黄河、长江流域。而令人生疑的是，地处仰韶文明核心区域的中原地区，作为当时最具代表性和影响力的文明中心，却一直没有发现一个政治文化中心都城遗址。这就让古史传说中炎黄先祖定鼎中原、万邦来朝的盛景，一度如空中楼阁般虚无缥缈，甚至出现"中原地区文明洼地现象"之说，给人留下了仰韶文化后期中原地区文明沉寂衰落的印象。

如今，双槐树遗址"河洛古国"的发现，表明在仰韶文化中晚期这一中华文明形成初期阶段，黄河流域确实存在着规格极高、具有都邑性质的中心聚落。它填补了中华文明起源关键时期、关键地区的关键材料的空白，也用考古学的实证为诠释我国的上古神话提供了新的佐证与可能，使人们有理由推测，华夏文明的始祖很可能就是在这里孕育了中华文明国家时代的早期胚胎。

大河奔流，远古悠悠。站在黄河南岸高台地放眼望去，黄河两岸风光尽收眼底。双槐树遗址坐落的位置，位于伊河、洛河汇流入黄河之处。看上去，这的确是那个古老时代精心打造的一处都邑性聚落遗址。前殿后寝的格局与后世中国的都城布局设计高度吻合，甚至在居址区的南部，还出现了中国最早的瓮城结构。两道370多米长的围墙与北部内壕合围形成了一个18 000多平方米的半月形结构，其中有200余平方米的大型房屋，俨然是具有崇高地位的尊贵居所。

对于远古社会而言，建造具有防御与公共管理职能的城郭，制定集体性的宗教礼仪，是走向国家文明的先决条件。只有具备了这样的先决条件，都城及周边的民众才能形成足够的向心力与归属感，进而辐射更大层面的地域文化圈层。从河洛古国遗址的地理位置、测定的所处时代，到呈现出的景象与内涵，这座遗址的王者之气已赫然显现。这既契合了《易经》中"河出图，洛出书，圣人则之"的记载，也符合国家早期孕育阶段的都邑特征。

尤其令考古工作者感到兴奋的是，河洛古国遗址还潜藏着一个天文与人文紧密交织的文化基因密码。

在河洛古国遗址的中心居址区内，出土了9个陶罐模拟的北斗九星天文遗迹。专家认为，这是古代将北斗星作为帝王象征的"天人感应"政治。

河洛古国遗址

天文学古典《甘石星经》记载："北斗星谓之七政，天之诸侯，亦为帝车。"该遗迹中的北斗九星、天坛圜丘及有关建筑，既是科学的天文遗存文物，也具有特殊的人文含义。一方面，它体现了都城主人的天下王者身份，以强烈的政治礼仪功能神化自己，这与后世中国传统君主的天命观一脉相承，是一条源远流长的历史价值观路径。另一方面，表明当时"天地之中"的宇宙观已经形成。

在河洛古国遗址，还发现了一件用野猪獠牙雕刻而成的蚕。这件极为重要的国宝级文物，是一只正在吐丝的家蚕形象。它长6.4厘米，背部凸起，头昂尾翘。雕刻做工精致，惟妙惟肖。意识源于存在，存在决定意识。新石器时代黄河流域的农业居于领先地位，华夏文明的典型特征之一就是农桑文明，这件骨质蚕雕文物，为距今约5300年前黄河中游地区的先民们已经开始养蚕缫丝，从另一方面提供了实证。在河洛古国遗址的出土器物中，还包含很多外来文化因子。如，具有明显大汶口文化特征的折腹鼎、背壶，含屈家岭文化因素的双腹器，等等。证明距今5000年前后河洛地区就是联通四方的交通孔道，体现出黄河文化接川纳流、兼容并蓄的内涵特征。这是黄河文化的底色，是中华文明得以不断纵横推演发展壮大的重要因素。

"天地之中"的宇宙观，合天命而治的礼仪性思维，具有引领性的文明发展模式，双槐树遗址蕴含的这些丰厚的文化内涵，以及种种被后世王朝文明承袭和发扬的现象，表明五千年中华文明主根脉极有可能追溯于此。相信随着考古发掘研究的不断深入，河洛古国遗址将有更多更丰富的内涵得以揭示，中华民族进入国家之门的路径与脉络，也将更加清晰而确凿地展现在世人面前。

七、河东河西石头城

城，作为文明时代的产物，凝聚着人类创造的精华，标志着社会发展水平，在黄河文化框架中占据着十分重要的位置，对黄河文化的发展有着巨大的影响力。

在龙山文化中晚期，黄河流域的建筑就已达到了相当高的水平。这一时期，农业和畜牧业较仰韶文化有了很大的发展，生产工具数量及种类明显增多，大大提高了生产效率。从社会形态看，当时私有财产已经出现，开始跨入阶级社会门槛。龙山文化的氏族代表是东夷族。在信仰上，东夷先人与华夏族祖先对龙的图腾崇拜截然不同。他们从单纯的图腾崇拜，发展为图腾与太阳神崇拜相结合的宗教信仰。他们还把自始于新石器时代的雕刻石头嗜好，变成了对雕琢美玉的挚爱。

构筑坚固营垒，建造大型城郭，是龙山文化最显著的特征。在山东，发现有城子崖龙山城址、日照尧王城遗址、寿光边线王城址，还有阳谷、东阿、茌平三县发现的八座城址等。在河南，发现有淮阳平粮台城址、鹿邑栾台遗址、登封王城岗遗址、郾城郝家台城址、辉县孟庄城址、永城王油坊遗址等。随着北上和西进的脚步，东夷人的宗教信仰、玉石文化连同城池建筑，广泛传播到了长江流域、黄河流域广大地区。

1933年至1934年，山东省日照市两城镇遗址发掘之后，牛津大学《世界史便览》曾刊文称"公元前2800年—前2000年的两城镇为亚洲最早的城市"。其实，东夷人建造城池的博大气魄远远出乎西方人的想象。起码在公元前3200年前，东夷族主导兴建的第一座城市，已经在安徽省巢湖以东的凌家滩出现，面积达160万平方米。而公元前3000年兴建的浙江良渚古城面积更是达到了290万平方米，是迄今发现的5000年前最大规模的人类建筑工程。

东夷族营造大型城郭的思维和技术，也广泛渗透到了黄河流域。考古研究认为，龙山文化是新石器时代晚期最有影响的典型文化。龙山文化遗址大多位于水源丰富、利于农业耕作的山前冲积平原和河湖台地上。农业生产工具数量增多，种类齐全，农业占据主导地位，种植面积和粮食产量明显提高，社会经济多种成分并存，相互补充。"马牛羊，鸡犬豕"六畜俱全，养殖业空前发展，改进了食品结构，增强了人们的体质。人们已经进入稳定的农业定居生活。手工业作为一个独立生产门类，从农业中分离出来，陶器制作、玉石加工、城堡和房屋建筑等，都已达到专业化生产的程度。

　　龙山文化存续的数百年间，原始农业空前发展，剩余产品增加，社会分工规模进一步扩大，商品交流活动日益活跃，贫富分化日趋显著，阶级对立初现，社会生产力有了较快的发展，由此带来了深刻的社会变化。氏族之间、部落之间为争夺财物和地盘，接连不断地发生战争。面对你死我活的残酷战争，只有两种选择，要么迁徙，要么抵御。对于华夏民族来说，在黄河流域这片肥沃的土地上刚刚过上安稳的农耕生活，要他们舍弃家园，重尝颠沛流离的艰辛和苦痛，当然是很不情愿的事情。那么，就只有选择战争，用鲜血和生命誓死保卫家园。而战争的形式，首先就是筑城防御。

　　位于山西省襄汾县陶寺村的陶寺遗址，是黄河中游地区的龙山文化类型。遗址上发现规模空前的大型城址，面积约300万平方米。不仅有气势恢宏的宫殿和王墓，还有很可能是世界上最早的观象台、独立的仓储区、官方管理下的手工业区等。遗址发掘出土的玉琮、璧和玉石钺，承载着鲜明东夷文化基因，尤其是"玉兽面"，不仅具有东夷族图腾鸟的形象，同时清楚地表明其是由崇拜太阳神的神徽演化而来。

　　从陶寺文化的存续年代看，应该是在公元前2500年—前1900年。在此600年间，陶寺文化不仅达到了古史更高阶段的"方国"时代，而且确立了陶寺在当时诸方国中的中心地位。

　　有许多专家学者提出，陶寺遗址相当于古史的尧舜时代，应该就是帝尧都城所在，是最早的"中国"。现场发掘表明，当时的陶寺社会贫富分化悬殊，少数贵族大量聚敛财富，形成特权阶层，出现阶级分化，已经处于国家产生的前夜。

　　在黄河西岸，坐落在陕北神木的石峁城址，同样饱含着鲜明的东夷文化基因。

　　石峁城址由宫城、内城、外城三座基本完整并相对独立的石构城址组成，面积约400万平方米。遗址中最早的一处遗迹皇城台，修建于龙山文化中期，兴盛于龙山文化晚期，距今4300年左右。这座"石头城"的寿命超过300年，属于中国北方地区一个超大型中心聚落。石峁城址出土的玉器达4000件以上。尤其是鸟形器和玉琮、钺、璧、璜、璋等，丰富多彩，精美至极。

陕西神木石峁城遗址

特别耐人寻味的是，石峁城址中大量玉器砌进城墙，这一现象为所有中国史前文化遗址中所独有。对此，专家研究认为，石峁城址所处的时代正值龙山文化晚期，是华夏文明与东夷文明冲突最激烈的时期，属于东夷文明消失的前夜。从古城四周俯拾皆是的燧石箭头可以想见，4000年前，针对这座堡垒攻防战斗的惨烈程度。石峁古城堡，作为东夷人最后也是最重要的一个堡垒，他们把族裔中最重要的礼器、神器砌于墙中，一方面是避免被敌方缴获，同时还寄托着神明护佑的心理诉求，表达用这些神器凝铸起的堡垒坚不可摧，以凝聚精神力量，希冀反败为胜，迎来部族的绝地逢生。

公元前2000年前后，是古代中国的一个重要历史节点。华夏炎黄部族经过多年鏖战，战胜了以蚩尤为代表的东夷族群，旷日持久的两大阵营的部族冲突宣告结束。大约在公元前21世纪，大禹建立起统一的奴隶制国家夏朝，实现中华民族历史上第一次大融合，中华文明社会的脚步声已经侧耳可闻了。

八、洪水时代造就治水英雄

奔腾不息的黄河水虽然哺育了中华民族，但滔天洪水的肆虐与严酷，也在远古人类心中留下了无穷无尽的惊悸和悲怆。

打开那些丰富生动的神话传说宝库，可以明显看到，关于洪水的神话传说，在黄河流域乃至中华大地更大范围内，无论是内容丰富程度，还是流传广度和影响深度，都占据着极为突出的地位。神话传说生动形象，易于流传，在尚未出现文字的远古时代，远古先人以这种特有的形式，曲折地反映历史现象，留下了对于洪水时代的深刻追忆和形象描述。

研究认为，史前时期许多国家都出现过一个大洪水时代。包括中国、古希腊、古印度、玛雅等古老文明在内，世界上有近 200 个国家和民族用神话形式记载过历史上洪水泛滥的情景。

古希腊神话中这样描述道：人们只觉得黑色的暴雨敲打着整个世界，黑色的狂风席卷着整个宇宙，黑色的巨浪吞噬着世间的一切。

两河流域的古巴比伦苏美尔人，根据大洪水幸存者口述所作的《史诗》中写道：大洪灾肆虐了 150 多天，眼看那里的生灵就要灭绝了，这时从天上飞来一座大山，幸存的人们上了山，成为新一代苏美尔人。

一位埃及历史学家在记述尼罗河洪水泛滥时写道：尼罗河每次泛滥，埃及的农民都不免忧心忡忡。他们把每一次河水泛滥，都看成一桩天大的事情。因为一旦泛滥失去控制，他们生活所系的沟渠农田，便会被无情摧毁。

追溯人类与洪水斗争的源流，从中可以发现，中国上古洪水神话与世界上其他民族的洪水神话属于不同的类型，在大洪水面前的应对方式也截然不同。

面对洪水来袭，西方神话中人们主要是寻找或建造避水工具逃生，以诺亚方舟最有代表性。

中国的洪水神话则认为滔天洪水是一种巨大的自然灾害，在应对方式上，体现的是积极主动的治水对策与措施，靠人的主观努力和敢于斗争精神，组织力量战胜洪水灾害。

黄河流域的神话传说中，水神共工曾因争雄天下时怒触不周山引起天崩地裂，被贬低为灾难的"罪魁祸首"。其实，他还是一位最早的治水英雄。据说共工氏住在今河南辉县一带，背靠太行山，河流两岸土地肥沃，水源丰富。那时，黄河在孟津以上，穿行于峡谷峻岭中，在孟津以下，则无所约束，四处奔流游荡，洪水泛滥频繁。共工用"壅防百川，堕高埋庳"的治水方法，也就是削平高丘，填塞洼地，在河流近处修一些土石堤埂，以抵挡洪水。由于擅长治水，共工在各氏族部落中享有较高的声誉，后来"共工"一度成为负责水利工程的官职名称。

在中国，流传最广、影响最大的治水神话是大禹治水的故事。相传尧帝在位的时候，黄河流域连年发生特大洪水。滔天的洪水淹没了广大平原，包围了丘陵和山冈，人畜大量死亡，庄稼与房屋尽被吞没。大水经年不退，天下黎民流离失所，生灵涂炭，蒙受着无边的灾难。唐代大诗人李白在《公无渡河》诗中写道，"黄河西来决昆仑，咆哮万里触龙门。波滔天，尧咨嗟"，就是对上古时期黄河洪水波浪滔天、来势凶猛的意象描述。

面对洪水的巨大威胁，尧决心消除水患，召开了一次部落联盟会议。在众首领推举下，尧将治理洪水的艰巨任务交给了鲧。接受任务后，鲧义无反顾地率领群众投入治水斗争。但是他在治理方法上墨守成规，仍沿用共工以堵治水的老办法，而且修堤筑坝采用的"息壤"也出了问题。"息壤"是一种具有吸水膨胀性的料物，吸水后易挖易夯，脱水变干后十分坚硬，是修筑城墙的好材料。但用来筑堤防水，由于失去水分的"息壤"容易产生收缩裂缝，遇到洪水不仅漏水，而且产生的不均匀膨胀力会造成堤坡崩塌。鲧治水由于违背了自然规律，结果耗费莫大功力所修筑的九仞高墙，顷刻间土崩瓦解。洪水势如万马奔腾，骤然冲向下游。一时间，房屋倒塌，人果鱼腹，积尸如山，导致一场空前浩劫，鲧因此被杀死在羽山。

鲧的人生悲剧，是对单纯"以堵治水"方法的否定，也是对黄河流域上古先民与洪水斗争的经验教训总结。

传说鲧死后，尸首三年没有腐烂，天帝用宝刀剖开他的身体，从其腹部取出一条头上带角的小龙。这是鲧死后精血孕育而成的一个新生命，他就是千古流传的治水英雄大禹。这段神话，分明是在传达中华民族面对艰难曲折的一种价值取向。虽然鲧因为治水方法不当失败了，但是人们并未因此而泯灭与大洪水做斗争的决心。鲧死后，子承父业的禹的出现，实际上就是寄托了黄河两岸人民同包括大洪水在内的自然灾害进行无畏斗争的勇气和信心。

禹是一个勤劳勇敢、聪明智慧的人。他吸取了父亲治水失败的教训，虚心向有经验的人请教，努力探索新的治水方法；还请伯益、后稷以及共工的后代四岳等人做助手，决心制伏洪水，为民除害。

当时大禹刚刚结婚，便告别妻子，踏上了治水征程。他带领一批助手，跋山涉水，风餐露宿。沿途看到无数的人民在洪水中挣扎，更增添了制伏洪水的决心与使命感。

面对滔滔洪水，大禹采取改堵截为疏导的策略，疏通流路，水畅其流，使洪水顺利地东流入海。他拿着准绳和规矩，精心勘察测量，根据山川地理形势，将中国划分为九州，把山川当作一个整体来治理。传说中大禹治水的范围很广，说他凿龙门，辟伊阙，导黄河出积石山，经龙门至华阴，东下三门，过孟津会洛水，而后经大伾山东北流，汇漳水而入海；导渭水自鸟鼠山东流，合沣水、泾水、漆水、沮水等河流而入黄河；导洛水出熊耳山，东北合涧水、瀍水、伊水等入黄河。接着，他又治导长江、淮河。他的足迹，踏遍了黄河流域乃至更广大地区的山山水水。

相传在晋陕峡谷，大禹疏导黄河被山岭挡住了去路，他先治壶口，

大禹治水图

传说大禹治水经过的黄河中游禹门口，又称龙门

再导孟门，后疏龙门，自上而下，依次开山凿石引流，将洪水排往下游。"闻说导河经始地，当年疏凿半留痕"，"四时雾雨迷壶口，两岸波涛撼孟门"。后世游人到此，无不怀着敬仰的心情，吟诗颂词，抒发胸臆，深为这位古代治水英雄的遗迹所感染。

在中国，大禹治水"三过家门而不入"的故事，家喻户晓，被传为一心为民的千古佳话。大禹治水过程中，手执耒锸，劳身焦思，居外十三年，辛苦劳作。三次路过家门，都没顾得上回家看看。有一次路过自己家门口，听到小孩的哭声，那是妻子涂山氏刚给他生了一个儿子，他多么想回去亲眼看一看自己的亲骨肉啊。但转而想到，自己治水重任在身，救民使命在肩，便忍住心痛，眼里噙着泪水，转身离开家门，接着投入了新的治水斗争。

十三年间，为了治理洪水，禹常年和民工在一起，披星戴月，挖山掘石，率先垂范，不辞劳苦，经过艰苦卓绝的劳作，终于完成治水大业。各条河流的汹涌洪水先后被制伏，中华先民们又过上了安定的生活。

大禹作为我国古代最完美的一位治水英雄，利泽万世，功德无量。大禹治水的故事尽管发生在遥远的传说时代，但几千年来，在世人的心目中大禹一直都是中华儿女所崇敬的英雄形象。在当今的中国大地上，仍有大量被认为是大禹足迹所至的地方，禹王宫、禹王庙、禹王台、禹王亭等，各地百姓用不同的形式纪念着这位中华民族的伟大先祖，每一个中国人都为有大禹这样一位先祖而感到骄傲。

在河南禹州，有一个"禹王锁蛟井"。传说大禹治水时，有一只很像蛟龙的怪兽，鳞甲满身，四只凶爪，吼叫如雷，出现于夏秋之交，人们认为洪水泛滥就是这只蛟龙在作怪。禹在这里经过一番苦战，终于降伏了蛟龙，将它锁在深井里，使它永远不得残害百姓。后人为纪念大禹治水的功绩，在这里修凿了禹王锁蛟井。

相传大禹死后安葬在今浙江省绍兴市的会稽山，会稽山现在仍保存着禹庙、大禹陵、禹祠等历史遗迹，成为华夏子孙访古探幽、崇仰大禹功德之地。

在中国五千年的历史长河中，大禹文化，无疑是中华民族精神文明宝库中永放光辉的一颗宝石。大禹公而忘私的家国情怀，不畏艰难的努力奋斗精神，早已深深融入人们的血液当中，成为凝聚中华民族精神，众志成城，同仇敌忾，战胜一切艰难险阻的宝贵文化财富。

大禹因治水获得极大成功，威望空前提高，他不仅通过禅让成为舜的继承人，更是把原本分散的邦国与部落联合起来，建立了一个以夏后氏为中心的邦国。从此，中国历史进入第一个天下共主的时代，大禹成为夏朝的第一位天子。

虽然大禹治水的故事世代相传，脍炙人口，妇孺皆知，然而这些事件发生在没有文字的时代，流传至今的内容出自后来的文献记载，长期以来，历史学界对大禹治水的神话传说以及他所奠基的夏王朝是否真正存在，也提出了许多疑问。

20 世纪 50 年代以来，河南偃师的二里头遗址吸引了大批考古学者。考古学家经过实地考察后断言，这处遗址当时确实为一大都会，根据文献记载的夏族活动中心区域在洛阳，考古学界基本上认定它应该是夏代后期的都城，从而拉开了探索夏朝文化的序幕，一个沉睡数千年的夏王朝，慢慢地开始浮现在世人的眼前。

20 世纪 90 年代以来，该遗址发掘面积进一步扩大，发掘出了一座时代更早、规模更大、结构更为复杂的大型建筑基址，将中国宫城最早年代又提前了一百多年。二里头遗址发现的宫殿基座，是中国目前被确认的最早宫城建筑。考古学家据此判断，这是一处夏代都城遗址。

在夏代，随着国家机制的萌生，社会资源和社会劳动力逐渐集中。随着农业的发展，手工业逐渐分离出来，身怀技艺的人们，或从事纺织，或制陶冶金，其手工业制品，做工精致，造型精美。从这些经历数千年风雨的出土文物中，今天人们依旧能感受到夏朝社会能工巧匠们辛勤劳作的场景。

在二里头遗址的众多文物当中，更让考古工作者感到惊喜的是在部分陶器上发现的刻符。它们形态各异，玄奥难懂，不禁让考古学家对中国古文字产生了新的探索之路。学者认为，这些刻符很可能是比甲骨文更早的中国文字。

自二里头文化遗存发现至今，考古工作者已发现了 500 多座墓葬，通过墓葬大小规模、陪葬品差异以及礼器等差有序的对比，这些墓葬成为解析夏王朝社会结构及礼制的重要线索。

夏王朝后期，统治者渐渐失去民心，夏桀在位时，离心离德，民心大乱，各部落邦国纷纷离散。商汤趁机发动进攻，夏桀被放逐于南巢而死，夏朝灭亡。

2002 年，中华文明探源工程启动后，河南登封王城岗遗址再次被发掘，发现一处面积达 30 多万平方米的庞大都城。经测定，这座城的年代与夏代始年相符。据此，考古专家认为此城应是禹都阳城的所在地。

一个尘封数千年的夏王朝的历史面纱正在徐徐地揭开，它将向我们倾情讲述那个古老王朝蕴含的原始国家基因和丰厚的政体精髓。

九、远古农耕文明的足迹

在原始人类最初的几百万年里，茂密的丛林为人类祖先提供了丰富的食物，人们在丛林中采集野果，猎食野生动物。但是，人类在向大自然索取的过程中也伴随着生死之争，在生存的博弈中，人类不仅仅是狩猎者，也是大型食肉动物的被猎食者。除了丛林中的危险之外，随着冰期结束，人类主要的猎物——食草性动物逐渐减少。严峻的现实逼迫史前先民开始探索能够提供稳定食源的另一种生计。于是他们逐渐放弃擅长的采集捕猎活动，开始走出丛林，尝试种植农作物和安家定居。从此，人类由被动适应自然，转向主动改造与改良自然，踏上了从远古蛮荒通向文明时代之路。

在我国，新石器时代原始农业大体经历了三个发展阶段：10 000~8 000年前为原始刀耕火种阶段；8 000~5 000年前为耜耕阶段；5 000~4 000年前为发达锄耕阶段。

中国古代神话传说中说，神农氏发明制作木耒、木耜，教会人们农业种植，反映了原始时代人类由采集渔猎向农耕生产进步的情景。从考古研究看，在黄河流域，距今六七千年前就已经开始大量种植谷子，古时称谷子为粟。在我国古代农业中，谷子居于首要地位。殷墟出土的甲骨文里有很多关于谷子的记载。在两千多年前的著名农书《氾胜之书》里，谷子被列为五谷之首。公元6世纪，贾思勰所著的《齐民要术》里，谷子仍排在五谷之首。直到明代以后，由于小麦种植面积扩大，玉米、甘薯的引入，谷子的种植相对减少，但是谷子在我国北方地区的生活中仍然占有重要的地位。

原始种植业的发展，使驯养家畜成为可能。黄河流域驯养猪、狗等家畜的历史非常悠久。新石器时代初期，黄土高原遍布沼泽和森林，当时最常被猎杀的就是鹿科动物和野猪，而它们也成了最早被畜养的动物。特别是野猪，脂肪含量高，繁殖能力强，逐渐成为畜养的主要目标。长时间的人工驯化和喂养，野猪用于研磨的臼齿慢慢变短，从生活习性和外形上，越来越接近现代的家猪，家猪也逐渐成为人们重要的生活资源。中国人对猪十分看重，汉语的"家"字，就是宝盖头下面一个"豕"字组成的。豕，就是猪的意思。对古人来说，在家里饲养繁殖力很强的生猪，成了定居生活的标志。除了驯化野猪，黄河流域远古人类又先后驯化了狗、鸡、鸭、牛、马、骆驼等，直到今天，这些动物大部分仍是人类肉类食品中的主要来源。

传说中的华夏农耕始祖神农氏

到了距今 5 000~4 000 年时，我国农业种植进一步发展。在生产工具上，完成了由"刀耕火种"向发达锄耕的进化。在耕作制度上，由生荒耕作转变为轮荒耕作，土地利用率显著提高。充足的粮食使得人类社会可以进行更细致的社会劳动分工，一部分人脱离生产活动，从事社会管理、艺术品创造、手工业生产等社会活动。不同社会阶层的出现，使人类社会结构产生了巨大的变化，直接促进了文明社会的出现。

随着定居范围的扩大，黄河中下游地区人口不断繁衍壮大，成为中原经济文化的中心。史前社会形成的部落联盟不断扩张，一些先进的农业部落联盟成功地完成了从原始文化向邦国文明的过渡，标志着人类文明社会形态的国家随之产生。

夏代，原始公社开始解体逐渐走向奴隶社会，土地制度由农村公社制蜕变为奴隶主国家所有制。国王拥有全部土地，将其分封给诸侯和臣属，最后由"庶民"进行耕种。

这时，黄河流域的农作物种类有了新的增加。葫芦、白菜、芹菜等据推测已开始栽培。在原始畜牧业方面，经长期圈养驯化，家畜种类不断增加。涉及农业生产的主要资源在黄河流域全部出现，五谷丰登，六畜兴旺，显

古代农耕图

示出中国古代农业的昌盛。

　　随着农业生产的发展，管理制度应运而生。考古研究表明，夏代立国之后，开始设立专门掌管水利灌溉的官职。由于国家统治形式的确立及分区管理，在制度上促进了农业生产的发展。有组织的奴隶劳力为水利工程建设提供了人力，夏代能够组织大规模治河导水及沟洫建设。夏代还根据农耕经验，结合农事发展，制定了指导和规范农业生产的历法。随着粮食产量增加，谷物酿酒业已形成，成为农产品加工的先声。至于夏代后期青铜器的出现，更是对后来农业生产工具的变革产生了划时代影响。

第二章

大河文明

中国进入文明社会，黄河流域尤显其凝聚魅力。殷商代夏，避黄河水患之害，数次迁都，民众地广，青铜辉耀，拥为各方共主，使古代中国跃居世界强国首席。周室继兴，立足黄河腹地，水脉兴国，礼义安邦，农业发展，盛况空前。春秋战国，群雄争霸，百家争鸣，修堤治河。在历史的脚步声中，朝代更替，社会进步，黄河文化一脉相承，辐射中华人地，光芒波及东亚大陆，声威震撼远洋各国。

一、辗转在黄河两岸的商代都城

夏朝末年，夏王桀骄奢淫逸，挥霍无度，民不聊生，日益失去人心，朝政危机四伏。这时，黄河下游地区一个强大的部落联盟商族趁机发展起来。

《诗经》中有一首题为《玄鸟》的诗，其中的"天命玄鸟，降而生商，宅殷土芒芒"诗句，反映了商族始祖的传奇出生神话。上古时期黄河下游夷族部落一个叫简狄的女子，在黄河边吞食燕子蛋，生下一个男孩，这就是商族始祖契。据说契协助大禹治水有功而被封于商，商族开始居住在亳，即今河南商丘，后来又辗转在黄河两岸。商族活动区域的东面是东夷地区，因受东夷文化以玄鸟为图腾的影响，从而产生了"玄鸟生商"的传说。

公元前1600年左右，商国君主商汤率战车70辆、敢死士兵6 000人举兵伐夏，各诸侯纷纷投奔商汤，加入伐夏大军。大军长驱直入，在山西鸣条之野，与夏军展开了一场决定历史命运走向的大决战。夏军溃败，夏朝就此灭亡。建立在黄河流域的商王朝正式登上历史舞台。

汤是一个很有成就的开国君王，即位后，他对内减轻征敛，鼓励生产，深得民心，经济社会得以迅速发展。正如《诗经·殷武》中所唱的："昔有成汤，自彼氐羌，莫敢不来享，莫敢不来王，曰商是常。"当时商王朝的疆域范围，西起陕西、东达海滨、南至淮河，控制了黄河中下游及黄淮之间的广大区域。

　　但研究表明，商代又是一个频繁迁都的朝代。据史料记载，"殷人屡迁，前八后五"，说商朝建立前曾有八次迁都，商朝建立后五次迁徙都城。其中商朝建立后五次都城迁徙的范围，都在黄河南北两岸。

　　一个朝代的迁都是至关重要的国家大事，那么，商朝人为何要多次迁都呢？对此，史学界主要有躲避洪灾和重整朝政两种说法。关于商代的洪水灾害，据有关文献记载，这一时期的黄河下游河道，经朝歌（在今河南淇县）以东北流，经今河南浚县西，至河北曲周县合漳水，又北流至宁津县东南接纳泜泽、皋泽之水，北流安平县合滹沱河水，北流至新安县东南合燕水、易水，转东北流，经霸县南、天津北，东流入海。由于当时黄河下游的堤防尚未形成，治理水患的能力还很有限，黄河基本上是顺势漫流，因此难免洪水为患。商王祖乙的都城耿（今河南温县东）曾被黄河水冲毁。商代甲骨文中有不少祭祀河神、占卜水灾的卜辞，如"贞今岁亡大水"，"沉五牛"祭祀祈求保佑。以如此隆重的仪式祈求河神保佑，可见当时洪水非同一般。

　　促使商都迁址的另一个导火索是，解决日益尖锐的国内矛盾，重振朝纲。商朝最后一次迁都"盘庚迁殷"就是在这种背景下发生的。

　　商朝国王盘庚继位后，面临着内忧外患的严重危机。王族内部矛盾日益加剧，许多王室贵族抢占大片土地和大量牲畜，过着骄奢淫逸的生活，奴隶生活得不到保障，致使国势衰弱，每况愈下。面对严重的朝政危机，盘庚决定效法先王，再次迁都。

殷商盘庚迁都

往哪儿迁？盘庚经过精心选择，决定迁到黄河以北的殷地（今河南安阳西北小屯村）。从治理朝政上考虑，都城迁到殷，远离旧都，可以削弱王族在旧都的势力，缓和王族内部矛盾，给国家带来一种清新的政治格局；从战略位置上看，殷地处洹水之滨，既有利于水陆交通，也最适于控制四方，对于防御北方和西北各方国，具有明显的地缘优势；从经济发展上考虑，避开水涝较多的淮、泗流域，更有利于农业发展。综合衡量，可谓一举多得。

然而，这一动议却遭到王族中不少人的反对。他们担心迁都削弱自己的势力，便到处散布流言，蛊惑人心，并煽动老百姓反对迁都。

盘庚是个善于做思想工作的君王，他在迁都前后对臣民进行了三次训话，这就是流传至今的《尚书·盘庚》三篇。在训词中，盘庚利用商代人敬畏祖先、迷信鬼神的思想，威吓臣民说，反对迁都就是违背了上帝和先王们的意旨，必然要受到责罚，招致灾祸降临。经过一番训话，贵族们不敢再反对，老百姓也只能服从。于是，在公元前1300年，盘庚率领满朝文武官员和奄都的人民，驾着牛车，赶着羊群，长途跋涉，渡过滔滔黄河，来到殷地安营扎寨，开始了新的国事生活。

商王盘庚率众迁都到殷地之后，朝政正式稳定下来。从这时到商代灭亡，在殷建都250余年，历经八代十二王，被后世称为"殷商"。

在殷都，商朝的另一个发展高峰是武丁时期。武丁在位59年，他重用贤臣，整顿吏治，改进税收，发展农业，国力不断增强，商王朝出现欣欣向荣的景象。同时不断向周围方国征伐用兵，南征江淮，北伐河套，西讨黄河中游地区，武功显赫，捷报频传。商王朝由此形成"邦畿千里，维民所止，肇域彼四海"的局面，国力达到鼎盛期，史称"武丁盛世"。

二、彪炳千秋的青铜辉煌

时间穿越到3200年前，一场商王国的盛大祭祀场景正在黄河北岸的殷都上演。

在规模宏伟的商朝都城中，一座大型祭台高高筑起，祭台中心位置矗立着九尊青铜方鼎，正中的一尊后母戊大方鼎，器型雄伟，威仪严正，纹图华丽，浮雕凸现，工艺精良。在大方鼎的映衬下，整个祭祀现场，俨然一派繁盛气象。香火缭绕中，商王祖庚和大祭司拾阶而上，祭台下，万千子民伏身跪拜。大祭司高举法器，商王手执黄金权杖，一场商朝君民与上天神明的对话，隆重开始。

他们仰望天空，期盼神明降福于商国大地，福祉万里。然而，当时的人们对于生死祸福，并不真正理解。令他们更为无法想象的是，3 000多年之后，在黄河奔腾流淌的这片黄土地下，昔日的祭祀盛景与青铜辉煌，竟会重见天日，与后人不期而遇。

在河南省安阳殷墟、郑州商城遗址等地，规模宏大的宫殿布局，大量青铜器、甲骨文等珍贵文物浮出历史地表，再现了当年商王朝青铜时代的辉煌盛景。

商朝时期，宗教祭祀是国家政治生活中最重要的大事，青铜礼器成为等级和权力的象征。这些器物，形态多样，造型精美，制作讲究，而且给人以神秘庄重的感觉。器物上面的浮雕花纹，有饕餮纹、云雷纹、凤鸟纹、象纹和虎纹等，图案精巧，内涵丰富。其中的大型青铜鼎，作为青铜文化的代表，被视为立国重器，代表统治天下的共主之权，蕴含着多元一体、家国同构的国家政体礼法内涵。

出土于安阳殷墟的后母戊大方鼎，通高133厘米，重达875公斤，投入铜料在千斤以上。它宏大精美，庄重威严，展示了商代青铜器制作的最高工艺水平。它不仅是迄今为止我国出土的最大青铜器，

殷墟出土的后母戊大方鼎

也是世界古代青铜文化史上的一座高峰。

作为商朝全国青铜铸造业的中心，殷墟遗址集中了众多规模可观的青铜器作坊。其中的一处作坊遗址，面积在1万平方米以上，可容纳上千个奴隶在作坊里劳动。从出土的青铜遗物来看，当时青铜铸造业已成为殷王室和奴隶主贵族垄断的重要手工业。

在郑州发现的两处早商铜器作坊遗址，面积分别为1 000平方米、270平方米。一处以铸造铜镢等农具为主，另一处以铸造铜刀、铜镞等军事武器为主，表明当时的铸铜手工业已出现更细的专业分工。

商代青铜文明的出现，源于这一时期铜矿分布地域的扩大。在黄河流域，甘肃、山西、陕西、宁夏等地，铜矿多有分布，储量丰富，品位较高。其他地区，北至辽宁东部，南到长江流域，东达江浙沿海，在纵横数千里范围内，矿藏丰富，幅员辽阔，为开启举世瞩目的青铜时代提供了先决条件。

青铜器的铸造制作需要高超的技艺。科学分析证明，青铜之所以坚韧耐用，主要是用铜、锡和铅3种元素所熔成的青铜合金铸成。由于铜液热快冷速，器物灌注必须在短时间内快速完成。据推算，那尊875公斤重的后母戊大方鼎，至少需要250人同时工作，才能保证浇铸流程的顺利进行，可见工艺要求之高。

在商代，青铜广泛应用于礼器、兵器、食器、酒器等国事的方方面面，种类繁多，数量巨大。在北方游牧民族，青铜大量用于兵器，而在中原地区，则用于祭祀礼器和盛酒器具居多。或猛烈碰撞，或悠扬歌吟，青铜的身价倍增，在历史的回音中留下了恢宏的余响。青铜冶炼铸造技术的突飞猛进，推动青铜文明进入一个崭新的阶段。

然而，在奴隶社会的商代，只有奴隶主贵族才能使用青铜器，对大多数平民来说，陶器仍是不可缺少的用品。在郑州一处面积约1 400平方米的早商制陶遗址发现14座陶窑，这里出土的带釉的瓷尊等原始瓷器，把我国发明瓷器的历史提早到3 000多年前的早商时代。几千年来，奇妙的瓷品吸引了全世界的目光，许多人不远万里甚至冒着生命的危险，沿着商人的足迹来到中国寻找瓷器。

农业是商代最重要的经济来源。盘庚迁都殷地之后,农业得以稳定发展。商代卜辞中的"田"字,形状像棋盘状的耕地,阡陌沟洫,纵横交织,形成方块田,正是我国古代井田制的特征。甲骨文记载商代农作物最多的是黍、稷、麦、稻、桑、麻等,说明当时已基本具备了主要谷物种类,中国的农耕文明进一步发展。

作为当时的农业大国,商朝结合农业生产确定了历法。商朝历法以太阴纪月,以太阳纪年,以干支纪日。大月30天,小月29天。平年12个月,闰年13个月。闰月放在年终,叫十三月,称为年终置闰法。传统历法的确定,大大促进了商代农业发展和古代历法的演进。

青铜时代创造的文明,与中华民族光辉灿烂的文化一脉相承。收藏于中外博物馆里琳琅满目的商代文物告诉人们,历时五百余年的商王朝青铜文明,不仅对后续的中华文明产生了深远的影响,也为世界文明史书写了厚重的篇章。

三、大河会盟,周室继兴

古往今来,黄河据要位而睥睨神州,得中原者得天下。控扼八方的战略要位,得天独厚的地理形胜,雄峙山河的险关隘口,锁钥天险的通衢古渡,使黄河成为群雄逐鹿、军事征伐的大舞台。从某种意义上说,中国历史就是在黄河岸边的战鼓声中演进的。

著名的周武王伐纣之战,就是这样一幕威武雄壮的黄河战争史剧。

商朝末年,殷纣王残暴肆虐,穷奢极欲,荒淫无道。长期的战争,横征暴敛,致使商朝人民负担沉重,处于水深火热之中。因此,人民反抗情绪日益增长,商王朝隐藏着深刻的社会危机。

就在这时,地处黄河中游腹地的姬姓周族悄然兴盛起来。周族原是西部的一个小部族。早期居于陕西武功一带,到公刘时,由耕牧部族渐变为以农耕为主。经历了数次迁徙的动荡不安生涯。到古公亶父为部族首领时,又辗转至渭河流域岐山之南的周原。

周原物产丰富，土地肥沃，灌溉便利，农耕条件优越。《诗经》中"周原膴膴，堇荼如饴"的诗句，称周原膏壤沃土，即使是堇荼一类的苦菜，种出来也甜如饴糖，表达了对周原大地的由衷赞美。周人在这里安顿下来，设计兴建了云塘及相关沟渠，加上其他湿地湖泊、沟渠等，共同构成了完善的引、供、排水系统，以解决生活生产的水资源需求，并获得水产品和其他原材料及饰品等。从此，造田营舍，建邑筑城，经济迅速发展，部落初具规模，周族国力逐渐壮大。

然而，殷商王朝却一直警惕着这股新生力量。周文王姬昌继位后，商纣王为扼制周族势力发展，曾一度将姬昌囚禁于羑里（在今河南汤阴北），关押长达七年。在失去人身自由的岁月里，姬昌根据伏羲氏先天八卦推演出六十四卦，编成一部奇书。这就是被称为"群经之首"的《周易》。后来，周人以宝马、美女贿赂殷纣王，方求得纣王释放姬昌。

姬昌归国后，一面实行诸多惠民政策，鼓励百姓劳动致富，不断增强周室国力；一面收服附近部落，征讨西方诸侯，继而东伐晋南豫西，逐渐进行武力扩张。占领关中平原地区后，在沣水西岸营建了丰京。经过一个时期的韬光养晦，励精图治，周国的实力日益昌盛。

文王姬昌死后，武王姬发即位。在姜子牙、周公旦等高人贤相的辅佐下，军事力量进一步壮大。而此时，殷纣王残忍暴虐日甚一日，宠信佞幸，沉迷酒色，商王朝危机已现。姬发决心完成周文王的未竟事业，筹谋起兵灭商。

周武王率大军东征，首先攻克了今偃师境内的商朝西亳。为了考察灭商时机是否真正成熟，他在黄河南岸的孟津举行了一次实战演练。

孟津是黄河上的一个重要渡口，南依邙山，北临黄河，地处险关要冲。武王率军来到这里，看到各路诸侯如约而至，摩拳擦掌，群情激昂，由此看到了伐纣克商的人心所向。

不过，武王经过深思熟虑，感到此时举兵灭商仍非最佳时机。一方面，自己一方虽然已具备一定的军事力量，但殷商还有较强的实力，当前展开决战，并没有胜算；另一方面，殷商内部还有一部分人士竭力维护朝政局势。因此，他认为，从灭商大计的全局考虑，目前决战的条件还没有完全成熟。于是，武王在孟津黄河渡口处与各路诸侯进行联合军演之后，便带兵返回关中。

这次周军退兵，反倒给殷纣王造成了一种假象。他认为周军怯懦，无力造反，商都已安然无虞。于是，残暴自负的殷纣王变本加厉，商朝内部乱象丛生，已到了众叛亲离的地步。

趁着这一时期，姬发在黄河中游征伐附近诸侯，解除了后顾之忧。接着移师丰京（在今陕西省西安市长安区西南沣河以西），更加稳固地站稳了脚跟。在此期间，商纣王倒行逆施，愈演愈烈，民怨鼎沸。种种迹象表明，商王朝气数将尽。周武王感到举兵条件已经成熟，于是正式吹响了灭商的进军号。

公元前 1046 年正月，武王出动 300 辆战车、3 000 名虎贲、4.5 万名甲士，会合各部落和诸侯国支援部队，再度会师孟津。在孟津渡口，武王率领的

孟津黄河古渡口

联军浩浩荡荡渡过黄河北上，直抵商朝的都城朝歌。

　　行至牧野（今河南省淇县西南），周武王竖起讨纣大旗，面对阵容威武的军队，发表了气壮山河的《牧誓》，在誓言中，他历数商纣王腐败荒淫、凶恶残暴的种种罪行，宣称此次奉天命伐商，替天行道，克商必胜。同时，宣布了作战纪律和奖惩军规。伐纣大军深受鼓舞，同仇敌忾，士气高昂，精神大振。

　　此时，殷纣王正带着他的爱妃和宠臣，在鹿台饮酒作乐。听闻周军逼近，十分惊恐。当时商王朝的主力部队正在东南地区征伐东夷族，一时抽不回来。庞大的商朝帝国居然没有作战能力抵抗周族联军。情急之下，殷纣王只好下令将关押的大批奴隶和战俘放出来，编入部队，拼凑成一支杂牌军，开往牧野前线，抵抗周军的进攻。

　　这年正月甲子日拂晓，商周两军在牧野展开了一场生死大战，此即中国历史上著名的牧野之战。

　　两军对垒，摆开战场。而殷纣王的军队本来就是奴隶和战俘，他们早就恨透了殷纣王，哪里肯为纣王卖命？于是，阵前纷纷倒戈，调转兵器回杀纣王，商军阵营顿时土崩瓦解。殷纣王一看形势不妙，在几个亲信掩护下逃入朝歌城内，未及关闭城门，周军已潮水般冲进城中。殷纣王见大势已去，知道自己的末日到了。他在鹿台穿上宝玉衣，将多年搜刮来的美玉宝器堆在身边，自焚身亡。

　　绵延近600年的商朝，自此灭亡。周武王灭纣之后，成为新的天下共主，开始了中国历史上兴盛的周朝时代。

四、血脉，水脉，国脉

　　在人类的历史长河中，最早以完整的礼仪思想来治理整个国家的，莫过于中国的西周时代，礼仪三百，威仪三千，标志着中国由此迈入礼仪之邦。

　　1963年8月的一天，在黄河最大支流渭河流经的陕西宝鸡，一位农民在坍塌土崖里，意外发现了一尊西周早期青铜器。这件铜尊的底部镌刻有

122个字的铭文，记载了周朝建国之初至周成王营建洛邑王城的重要国事。令人万分惊奇的是，铭文中竟有"宅兹中国"四个字，这不仅是周朝的镇国之宝，更是"中国"国名最早的实证啊！

有专家研究认为，铭文中的"宅兹中国"之意，是周武王克商成功后向上天报告，自己成为天子统治中国了。换言之，这是一份镌刻于青铜礼器之上昭告天下的庄重宣言。

然而，在这庄重宣言的背后，值此建国之初，最令武王殚精竭虑的还是如何才能尽快稳定国家的政治局势。

为了巩固周室天下政权统治，武王首先从建立政治制度入手。他采纳周公的治国方略，实行分封制，以公、侯、伯、子、男五等爵位分封王室裔亲，让他们建立诸侯国。在这种精心设计的政治体制格局中，周天子分封诸侯，诸侯分封卿大夫，卿大夫再将封邑分成田让士人去管理。诸侯成为西周王室的地方代理人，每个地盘都是王室的一个军事据点，从而有力促进了西周初年国家政治局势稳定和社会发展。

周武王去世，太子姬诵即位，他就是周成王。成王年幼，周公以摄政身份总领全局。他在推行分封制的同时，又采取宗法制，通过加强血缘等级关系，进一步巩固周王朝内部的凝聚力。所谓宗法制，就是在同一宗族内部，长子为大宗，其余诸子为小宗，大宗和小宗之间是等级从属关系，如此层层下推，逐级分宗，如同树干和树枝、枝杈一样，形成一套严谨有序的宗法体系，将周王室的人心紧紧凝聚在一起。宗法制还规定，周王室成员必须与异姓诸侯国通婚，将血缘关系引入政治领域，使整个国家结构宛如一个庞大的家族系统，血脉相连，休戚与共，创造出了一种家国同构的"家天下"政治结构。

这种政治结构，若从今天治国选贤任能的角度而论，显然是不合理的。但站在当时周人的角度，周朝建国不久，核心区域在渭河平原、汾河谷地与洛阳盆地。黄河北岸聚集着商族旧部，辽河平原、山东丘陵和环太湖平原则是东部族群的传统势力范围。各地的商朝残余势力不时蠢蠢欲动，国家稳定是压倒一切的任务。分封制和宗法制，二者相辅相成，便成为一种行之有效的国家治理体系。事实正是如此，西周以分封制和宗法制为核心的周礼文化，迅速覆盖了黄河中下游地区乃至整个中华大地，并且保持了惊人的稳定性和延续性。武王、成王、康王三代，政治清明，领土辽阔，国力强大，呈现出空前繁荣的鼎盛局面。

在河南省三门峡市陕州一座被称为"陕陌"的地方，是周公、召公分陕而治的地界。据史书记载，当时周朝为缓和阶级矛盾，推行"明德慎罚"的政治政策。召公在治理陕西时，十分体恤劳动人民的疾苦，一次他在出行巡察中，随从人员要召集附近的百姓来见，召公制止说："不劳己身而劳百姓，这有违先君文王的德政之志。"于是，坚持徒步巡行乡邑，深入民间。召公的德行深深感动了当地百姓。这次巡行途中，他曾在一棵甘棠树下席地休憩。召公去世后，当地人对这棵树悉心呵护，由此流传下一首民谣："蔽芾甘棠，勿剪勿伐，召伯所茇；蔽芾甘棠，勿剪勿败，召伯所憩；蔽芾甘棠，勿剪勿拜，召伯所说。"这首民谣就是《诗经·召南·甘棠》。诗歌以甘棠树为兴，反复吟唱，古朴隽永，成为我国最早的去思之作。

在周礼文化体系中，黄河祭祀是一个很重要的内容。传说河伯为大禹

洛阳市西周洛邑祭祀遗址考古发掘现场

治水献了《河图》被尊为河神。祭祀黄河，表示人们对黄河的敬畏和虔诚。黄河祭祀传统最早可以追溯到史前时期，根据《竹书纪年》记载，黄帝、唐尧、大禹都曾祭拜过黄河。尧禅位于舜时，举行了隆重的黄河、洛水祭祀仪式。周朝的黄河祭祀主要有望祀、巡祀等形式。所谓望祀，就是国王不亲临现场，采取远眺的方式，举行祭祀仪式。巡祀，即国王外出巡视途经黄河必须对黄河进行祭拜。西周祭祀系统等级分明，礼节繁冗。《礼记·王制》记载："天子祭天下名山大川，五岳视三公，四渎视诸侯。诸侯祭名山大川之在其地者。"鲁人祭泰山，晋人祭河就是循制而为。这种等级分明的礼制，反映了传统文化中深刻的天命和王权观念，传统的黄河信仰与国家权力相结合，为黄河祭祀赋予了安邦治国的社会政治功能。

水利是农业的命脉。华夏先民叩石垦壤、辟土植谷，将农耕文明的火种播撒在黄河两岸之时，灌溉沟洫工程即相伴而生。作为最早以农业起家的部族，西周王朝深谙此道，因此建国后，把发展水利事业摆在了治国全局中非常突出的位置。

《周礼》有关篇章中，详尽记载了周朝制定的水利典章制度。国家将全国水资源分为泽薮、川、浸三种类型。泽薮，是人们可以从事水产和渔业的水域湖泊；川，是用以水运通航的河流水道；浸，指有灌溉之利的塘泊或河流。依此进行分类管理，以典章法令规范社会生产活动，把水管理上升为国家层面的制度，使之有序运行。

周朝"虞衡"制度的核心是水官的设置。明确规定"虞衡，掌山泽之官，主山泽之民者"。川衡是负责管理河流的河官，赋有依法实施惩罚的权力。泽虞是负责管理湖泊的官员，负责划分湖泽范围、设置藩界和禁令标志等。湖泊管理制度规定，民众捕捞的皮、角、珠贝等水产资源，除了向国家交纳外，剩余全部归百姓个人所有，其他部门不得盘剥，充分体现了西周时期"民为邦本、本固邦宁"的民本思想。

创制并推行农田水利灌溉标准体系，是西周王朝水资源管理的一大特色。据《周礼·考工记》记载，当时农田水利灌溉沟渠的建造标准规定得非常细致：宽深各一尺的渠道叫作畎，宽深各二尺的叫作遂，宽深各四尺的叫作沟，宽深各八尺的叫作洫，宽二寻、深二仞的干渠叫作浍。各种灌溉沟渠具有不同的功能，相当于现代干渠、支渠、斗渠、农渠、毛渠的作用。这套有灌有排的农田灌溉体系，助推了西周井田制的实行，也成为后世大规模兴修水利的基础。

经过数代经营，西周王朝国家疆域进一步扩大，社会秩序稳定。强盛的王者之气和定型的礼仪制度一相逢，便胜却人间无数。

然而，在强盛繁华之下，西周王朝的危机也逐渐显露。分封制与宗法制度的建立，形成了浸润九州乃至惠及荒蛮之地的文明，深远而博大，精深而和谐。但分封制又是一柄双刃剑。它赋予诸侯的高度自治权，为西周王室提供有力的屏障，但随着各诸侯国实力增强，又不可避免地会形成武装割据之势。当信义之本被漠视与背离时，整个王朝的根基也开始受到腐蚀。即便是周王朝建立起了强固的根基，也无法抵御诸侯国的瓦解。到了西周后期，周王朝国家权力基本被架空。

周幽王二年（前780年），周王朝的老家发生一场大地震，"三川竭，岐山崩"，高岸为谷，深谷为陵。黄河三大支流泾河、洛河、渭河，因山体崩塌、水源阻塞而干枯。然而全无忧患意识的周幽王，荒废朝政，一心只想着如何让宠妃褒姒高兴，甚至上演出"烽火戏诸侯"的荒唐闹剧。血脉离心，水脉阻塞，国脉衰微，在天灾内患的合力作用下，最终导致了周王朝的分崩离析。

五、春秋争霸与河防盟约

公元前770年，周平王从镐京迁往东都雒邑，也就是今天的河南洛阳，中国历史由此进入春秋战国时期。

这是中国历史上第一个大分裂、大动荡的群雄争霸时代，也是人们与黄河依恋与纠葛、亲近与冲突悲壮交融的崭新阶段。

作为民族摇篮的黄河，哺育了世世代代的中华儿女，缔造了古老的中华文明。但频繁的决口泛滥也对人们的生存和发展产生了极大的威胁，使人们饱尝洪水为患的灾难。

历史上黄河以善淤、善决、善徙而著称。但在传世文献中，先秦时期的黄河下游河道，流经何处，怎样变迁，一直是个众说纷纭的问题。

最早记载黄河的地理著作有《尚书·禹贡》和《山海经》。前者记载的是战国及其以前的古黄河，史称禹河。夏、商、周很长一段时期内，黄河下游古河道呈自然状态，低洼处有许多湖泊，河道串通湖泊后，分为数支，游荡弥漫，同归于海。其大致流路是，黄河在今河南荥阳广武山北麓进入下游，东北流至浚县大伾山、宿胥口，折向北流，在今河北省曲周县汇合西来的漳水，到达一片广阔的平陆与沼泽之后，在此来回游荡摆动，先后形成多条河汊，最后流入渤海。

《山海经》记载的先秦时期的黄河下游河道流路是，在今河南孟州和温县之间折向北流，经沁阳、修武、获嘉、新乡、卫辉、淇县、汤阴及安阳、邯郸、邢台等地东侧，穿过大陆泽，在安新、霸州之间接纳拒马河，东流至今天津，呈散流状汇入渤海。自今河南武陟以下北流，至今河北深州，与《禹贡》记载的河道相同，自此以下东北流汇合滹沱河，又北流至今蠡县北流，至清苑折向东流。此外，《山海经》还记述了从太行山东流汇入黄河的 10 条支流，黄河沿途接纳的这些太行山支流，水势较大，流路相对稳定，在黄河自然漫流期间，对于下游河道的形成起了主要作用。

古代人们为治理黄河下游水患，付出了许多努力。在与洪水做斗争的过程中，对于黄河的认识由浅入深，产生了治水观念。西周末年，中国经济重心向东转移，下游平原区逐渐得到开发。春秋时期，黄河两岸诸侯"壅防百川，各以自利"，为了自保相继开始修筑堤防。黄河下游河道逐渐归一，早期的黄河堤防工程也应运而生。

当时，春秋五霸中的齐国国君齐桓公拜管仲为相，一代英主贤臣共图霸业的宏伟画卷正在展开。位居黄河下游的齐国，因地势低下，常有河决之害，为此，管仲把水患列为"五害"之首，率先开始修筑黄河堤防，防范黄河决溢，同时开发河道淤积的滩地，此举提高了人民的生产生活水平，助推了国力的增强，齐国气象由此一新。

　　集纳管仲论述的《管子》一书中，对于黄河堤防修筑的工程技术有多处论述，强调要掌握好堤防梯形横断面和堤坡角度的设计，以保证堤防稳定。关于堤防施工季节，认为夏历春三月是堤防施工的最好时机。此时气候干燥，土料含水量比较适宜，能够保证堤防施工质量。同时，这个季节筑堤取土于河床滩地，既可以起到疏浚河道的作用，也节约了堤外的土源。在施工组织和工具配备方面也有规定，如每年秋天从百姓中组织治河队伍，按土地和人数多少征集。劳动力的等级，根据男女及其身体条件而定。凡参加治河的人员造册上报，免服兵役。为提高劳动力工效，规定了赏罚制度。早在两千六七百年前的春秋时期，对于修筑黄河堤防能够有如此认识并付诸实施，实属难能可贵。

　　然而，在那个诸侯称雄的时代，黄河河道游荡不定，流路冗长复杂，无论哪个诸侯国，都难以独自完成如此大规模的整个下游修堤工程，更何况上下游、左右岸，有关诸侯国为了自身利益，以邻为壑的水事争端时有发生。

　　在此期间，齐桓公正在打着"尊王攘夷"旗号，以周天子的名义号召诸侯，共同抵御戎蛮部族对中原的侵袭。在一系列的国际事件中，齐桓公的威望越来越高，霸主地位端倪已现。面对黄河筑堤防水的不利状况，齐桓公决计对各国的不轨行为立规建制，予以约束。

　　机会终于来了。因楚国屡次侵犯中原宋、郑两国，堵塞河流，毁坏沿河城池，百姓伤亡惨重。宋、郑两国无力对抗，向齐国求助。周惠王二十一年（前656年），齐

齐桓公

桓公为了体现霸主权威，以楚国不遵守周礼为由，率中原诸国联军，远途奔袭，前往伐楚。

面对齐国大军压境，楚国自知失礼于周天子，便委派大夫屈完求见齐桓公，按照周礼向周王室进贡了祭祀所用的礼物，说明楚成王深有悔意，希望双方经过沟通，达成和议。

齐桓公见楚国低头认错，心想此次不战而屈人之兵，主要目的已经达到，表示同意停战。于是，各方出于自身实际的衡量，在召陵（在今河南漯河市）举行了声势浩大的会盟，史称"召陵之盟"。与会的国君、大臣，代表各自国家签署了盟约。盟约规定：各诸侯国"毋贮粟，毋曲堤，无擅废嫡子，无置妾以为妻"等。其中的"毋曲堤"，即针对各国不合理修筑黄河堤防、对邻邦造成威胁的问题，首次作为一项约束性条款列入了盟约。

召陵会盟，实际上是中原霸主齐国和新兴大国楚国的一次媾和之会。此次会盟不但避免了齐、楚两个大国之间的正面军事碰撞，而且加深了两国的经济往来。召陵会盟后，齐楚之间的贸易往来日趋活跃，实现了南北经济互补的双赢。

不过，在一代霸主齐桓公看来，黄河筑堤防水中的诸多弊端，终归是个挥之不去的心结。五年后，也即周襄王元年（前651年），齐桓公于葵丘（今河南民权东北）大会诸侯，在签订葵丘盟约中，再次重申了黄河"无曲防"的规定。

据史书记载，这年齐桓公在葵丘大会诸侯，参加会盟的有齐、鲁、宋、卫、郑、许、曹等国国君和周襄王的代表。会议上，齐桓公以维护周礼为原则，向诸侯各国宣读了共同遵守的盟约。其主要内容有：凡不孝子嗣，当斩不恕；各国的太子一经确定，不得擅自更换；要尊重贤士，表彰有德行之人；不许乱筑黄河堤坝，把水患引向别国；邻国有饥荒，不许限制粮食出口。盟约号召与会各国："凡我同盟之人，既盟之后，言归于好。"这次诸侯会盟，周襄王派人参加，表明周王室已经认可齐桓公的霸主地位。会盟中制定的盟约，维护了以嫡长子继承制为核心的宗法制，重申了西周时期以来一贯的尊贤重德思想，要求中原诸国之间相互扶持。在盟约中，再次强调了对各国不合理修筑黄河堤防的约束，充分体现出齐国等诸侯国对黄河修堤防洪问题的高度重视。

据史书记载，春秋时期的近 300 年间，各国诸侯举行朝聘和会盟共 450 余次，齐桓公曾九合诸侯。此次葵丘会盟，是齐桓公召集诸侯会盟中规模最大的一次，充分显示出齐国强大的号召力。从此，齐桓公霸业达到顶峰，成为中原的首位霸主。

在黄河筑堤防洪问题上，齐国虽然以春秋霸主之威召集诸侯订立了盟约，但在实际执行中，却难以真正控制各国的修堤行为，更难遏制的是黄河洪水在河道内的剧烈游荡。随着黄河中游来沙增多，河床不断淤积抬高，堤防险情迭出，终于酿成了有历史记载以来的黄河第一次大改道。

周定王五年（前 602 年），黄河在黎阳宿胥口决口迁徙，主流由北流改往偏东北方向，经今河南内黄、清丰、南乐，河北大名、馆陶，山东临清、平原与河北沧州等地，于黄骅入渤海，由此形成了新的黄河下游河道。

黄河堤防是几千年来华夏民族与河流相抗相争、相近相亲、相互适应的产物，它见证了黄河河道的盈枯轮回，中华民族的发轫成长，历代王朝的兴衰更替，承载着人与黄河相处的时光记忆，已成为黄河文化的重要实体形态。

六、百舸争流，浪遏飞舟

进入战国时期，中华文明走到了又一个转折点。诸侯国之间以强并弱的步伐大大加快，各国君主纷纷进行变法改制，采用富国强兵之策，意图兼并天下。密集分布的黄河天然水系以及人工开挖的运河渠网，成为各国军事征伐、纵横联盟和转运物资的水运重器。

黄河被尊为"四渎之宗""百泉之首"，华夏祖先利用黄河天然河道进行航运历史久远。据《易经》记载："黄帝刳木为舟，剡木为楫，舟楫之利，以济不通，致远以利天下，盖取诸涣。"所谓"涣"，就是木浮水上，象征着筏与船。黄帝部落主要的活动区域在黄河流域。如果当时有了舟楫，应是黄河航运的先声。在商代的甲骨文中，记载了帝乙、帝辛时代，殷商军队南征方国时，曾渡过黄河、淮河，历时达200天左右，如此遥远的征程、旷日持久的征战和大规模军事运输，没有黄河水路的航运是很难完成的。周武王伐纣时，率数万人之众，挥师渡过黄河，直捣朝歌，说明商末的黄河军运已经具有可观的能力。

春秋时期，黄河水系航运有了更加显著的发展。著名的"泛舟之役"就是在黄河中游发生的。当时晋惠公即位后，晋国连年干旱，五谷不收。晋惠公四年（前647年），晋国又发生灾情，仓廪空虚，国民遭受严重饥荒。考虑到秦国离晋国最近，两国又有婚姻关系，于是晋国提出向秦国买粮。秦国和晋国当时虽然有些矛盾，但最后还是决定把粮食卖给晋国。为此，秦国派了大量船只运载了万斛粮食，由秦都雍城（今陕西凤翔南）出发，沿渭水自西向东走五百里水路押运粮食。横渡黄河后，再改山西汾河水道漕运北上，直达晋都绛城（今山西翼城东南）。八百里运粮的路途，船帆首尾相连，络绎不绝，史称"泛舟之役"。由此可见，春秋时期黄河水运的规模已相当可观。

然而随着形势发展，单纯依靠天然河道进行水运，已不能满足各诸侯国军事、经济等方面急剧增长的需求。从河流特性看，每到汛期，天然河流洪水暴涨，泥沙俱下，时常泛滥成灾；枯水季节，水位下降，水位变幅大，河床宽浅不定，航运能力受到很大限制。于是，人们便把开挖人工运河，作为增强军事实力、沟通南北往来、促进经济发展的新型重要途径。

周敬王三十八年（前482年），吴国开挖了运河菏水，引菏泽水东南流，入于泗水，连接济水和泗水，沟通了江、淮、河、济四大水系，从而使位于济水与菏水交汇处的定陶"扼河济之要，据淮、徐、宋、卫、燕、赵之脊"，成为黄河下游地区著名的军事战略要地和水运交通中心。

进入战国时期，经过数百年的相互征战，大多数诸侯国被蚕食分解，逐渐消失在战争的硝烟中。秦、齐、楚、燕、韩、赵、魏七个最强大的国家，最后脱颖而出，史称战国七雄。此间，群雄逐鹿中原，争城掠地的战争史剧在黄河两岸反复上演。加之策略谋士游往穿行其间、纵横捭阖，展现了一幅风雨诡谲的历史画卷。在此社会背景下，开发运河就是强军争雄之路，黄河水运因此更成为诸国优先发展的重要策略。

　　当时，魏国在黄河下游今郑州至开封为中心修凿的鸿沟水系，就是一个以人工运河沟通黄河、淮河水系的经典案例。魏国原来的国都在黄河东岸的安邑（山西夏县西北禹王），其近邻是秦、赵、韩三国。魏惠王为了称霸中原，于魏惠王九年（前361年）迁都大梁（今河南开封）。大梁地处平原，城北有济水，但是水源有限，位置也明显偏北。为了发展经济，富国强兵，必须改变交通状况。因此，魏惠王便着手开挖鸿沟。据《水经注·渠》引述《竹书纪年》的记载，鸿沟第一期工程的大致路线：从北面的黄河和荥泽引水入中牟县境的圃田泽，然后从这里开挖大型沟道东至大梁。

　　20年后，魏国又实施了鸿沟第二期工程。从大梁城开大沟，引圃田水

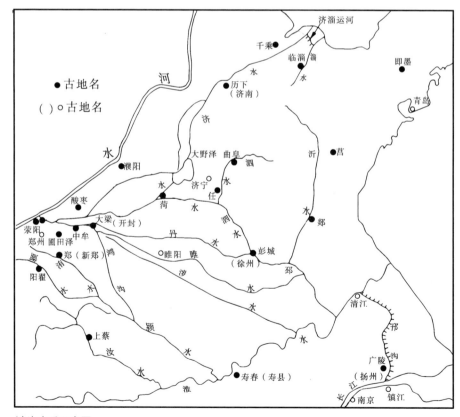

鸿沟水系示意图

东行，向南与淮河连接起来。自此，连通了中原地区济、濮、颍、汝、泗等天然河道，在黄淮之间形成了一个以鸿沟为骨干的河网交通水系。通过这一水系，淮河以南，可以连接起吴国的邗沟，同长江连接起来；东北方向，又可沿济水连接起齐国开凿的淄博、济南之间的运河，直抵齐都临淄。当时，各诸侯国的工商业都已相当发达，一些重要的城市大都设立在水道沿线，如鸿沟绕行两面的大梁，济水、菏水交汇之处的定陶，濒临淄水的临淄，濮水之滨的濮阳，颍水岸畔的阳翟（今河南禹州），淝水入淮之处的寿春（今安徽寿县），等等。这些地方，都是因为水运方便、农业发达，先后发展成为经济中心和政治中心的。

《史记》记载："自是之后，荥阳下引河东南为鸿沟，以通宋、郑、陈、蔡、曹、卫，与济、汝、淮、泗会。……于齐，则通菑（淄）、济之间。……此渠皆可行舟，有余则用溉浸，百姓飨其利。至于所过，往往引其水益用溉田畴之渠，以万亿计，然莫足数也。""水盛则北注，渠溢则南播"，从中表明，从鸿沟引出的黄河水，既可灌溉，又可行舟，大量的来水分别进入荥泽和圃田泽，使之成为两座天然调节水库，既保证了航运水位，又能起到分减黄河洪水的作用。丰枯双保，两全其美。

鸿沟水系的开挖，在中国历史上，首次沟通了黄河、淮河、长江三大水系。千里水路，通航无阻，呈现出千帆竞发，百舸争流，浪遏飞舟的繁盛景象。它不仅适应了当时魏国政治经济变革图强的需要，大大加强了各诸侯国之间的政治、经济、文化交流，而且对于战国时期全局形势的发展，都产生了重大而深远的影响。

七、水战功成万骨枯

战国时期，随着生产力的发展，铁器被广泛使用，大型水利工程相继修建，系统的黄河堤防业已形成。战国七雄中，齐与赵、魏大致以黄河为界。黄河最下游的齐国，境内地势低平，为防止洪水东泛，在距离大河主流25里处修筑了黄河堤防；其上游的赵、魏两国，靠近太行山区，为防洪水西泛，也距河 25 里筑起堤防。由于修筑的堤防，各以其利，不可能进行统一规划，因此河道产生很多弯曲。黄河冲出峡谷东北流至黎阳（今河南浚县东南）折向东流，至濮阳西北又转向北流，至馆陶又拐向东流，继而至灵县（治今山东高唐县西南）折向东北，流入渤海。至于小的河道弯曲，更是数不胜数。

这种人为扭曲的河势，对于洪水下泄入海、防御堤防决口十分不利。每当暴雨洪水之际，诸侯国之间筑坝挑流，祸水外引，反复上演。而遇到枯水年份，"东周欲为稻，西周不下水"，干旱缺水又成了家常便饭，地处下游的国家饱受旱魃肆虐之苦。

更为险峻的是，当时冷兵器时代的战争模式也在悄然发生变化，以往那种贵族交战、揖让有礼的情况早已不复存在，取而代之的是千方百计消灭对方的有生力量。此时，穿越韩、魏、齐、赵的黄河两岸已建成百里长堤，河床亦有所抬高。因此，以水代兵，便成为一种特殊的战争手段，争战双方互相决堤攻击，酿成一次次人为决口泛滥的惨剧。

在黄河流域最早将"水攻"用于军事，是春秋末期晋国的内部争斗。当时晋国势力最大的智伯联合韩、魏两家，进攻据守晋阳的赵国。时值汛期，连降大雨，河水暴涨。智伯下令在河上堆起一道石坝蓄满河水，然后掘开堤坝。一时间，大水奔腾咆哮，直扑晋阳城。然而，令智伯没想到的是，此时赵国使出离间计，魏、韩两家突然临阵倒戈，枪口调头转向。魏、韩、赵三国联手，反将智伯一边的堤坝挖破，决堤之水直冲智军。三国联盟乘势夹击，全歼智伯部属，最终魏、韩、赵三家分晋。

此后，以水代兵的战争惨剧反复上演。周显王十年（前 359 年），楚国攻伐魏国，"楚师掘河水，以水长垣之东"，掘开黄河堤坝水淹魏兵，导致魏国之地大面积被淹。周显王三十七年，为遏制赵国复兴强势，秦惠王联合齐、魏出兵伐赵。面对强敌，赵国采用水攻之策，决开黄河，以水浸灌，迫使齐魏联军退兵。周赧王三十四年（前 281 年），赵王伐魏，故伎重演，于东阳（今河北省邢台、邯郸之间）决黄河水，攻击魏国。

秦王政二十二年（前 225 年），秦军伐魏，也是"以水代兵"取得决胜的。魏国自三家分晋后，获得河东（今山西西南部）、河内（今河南黄河以北）最丰厚的地区。此后开始向南扩张，占领了中原地区的大梁。魏国的国都原来在黄河中游东岸的安邑，西倚太行，南濒黄河，表里山河，土地富饶，凭险可依。由于山路崎岖，交通不便，为了加强对东方诸侯的控制，魏国将国都迁到了大梁。经过数代经营，大梁城已成为一座异常坚固的军事堡垒，城高十仞，池深数丈，箭垛林立，易守难攻。这里不仅陆路交通四通八达，而且周围水系众多，通过开挖人工运河鸿沟，沟通了黄河和淮河两大流域。凭借强大的交通优势，大梁城很快便成为经济发达、富甲中原的大都市。

　　这一年，秦王嬴政命青年将领王贲率军队直奔魏都大梁，力求毕其功于一役，彻底灭魏。大梁城外，秦军大兵压境，阵列如林。面对秦军兵临城下，魏王命守军日夜加固城墙，挖深护城河，紧闭城门，坚守不出。大梁城防经过多年修建，异常坚固，秦军久攻不下，一时奈何不得。

　　王贲经视察大梁周边地形，发现这里地势低洼，水系环绕，立刻计上心头。雨幕之中，他手执宝剑指着河堤厉声喝道："破大梁城，只一个水字便可！"

　　于是，王贲命大批军士在大梁城外开渠，引黄河之水入鸿沟，筑坝壅

魏国国都大梁城复建图

水。时值春汛时节，阴雨一连十日，水势越发浩大，待到壅水到达一定高度，王贲一声令下，决堤通沟！只见黄河之水倾泻而下，刹那间城外田园村舍尽成泽国，一片汪洋，水高几与城墙齐平。三个月后，大梁城墙在洪水长期浸泡下，轰然倒塌。水势如狂龙巨魔一般冲入城内，摧房倾屋，横扫人群，满城惨叫哭号声不绝于耳，无数百姓军士被淹没毙命。紧接着，秦军乘着木排斗船，手持长戈大戟，杀入城中。一时间，血水翻腾，浮尸累累。

此战秦军以水为兵，使百年繁华的大梁城变成了一座死亡之城，城中魏国军民死伤数十万，房屋庐舍荡然无存，魏王投降被杀，魏国就此灭亡。

当初魏国迁都大梁，享尽舟楫水运之利，也为后来遭水攻兵败埋下了祸根。秦国曾威胁魏国说："决荥口，魏无大梁；决白马之口，魏无外黄、济阳；决宿胥之口，魏无虚、顿丘。陆攻则击河内，水攻则灭大梁。"事实证明，迁都之举真成了导致魏国灭亡的重要原因。

纵观整个战国时代，兴兵交战不再是为了争霸纳臣，而是求存图强，统一天下。因此各国都尽最大可能削弱敌国的战争潜能，最终消灭敌国。据统计，从公元前475年至公元前221年的255年中，有大小战争230余次。参战双方，动辄出动几万乃至几十万人。战争之惨烈，实属空前。而利用黄河以水代兵，也为后世提供了惨绝人寰的反面样本。正可谓：一部水战史，功成万骨枯。

第三章

河山一统

　　崛起于黄河中游腹地的秦国，在中国历史上建立了第一个多民族中央集权制封建国家，变法改革，修建万里长城，实行郡县制，车同轨，书同文，统一度量衡，黄河分散河防归于一统，对中国历史的发展产生了深远的影响。以黄河流域为中心建立起的汉王朝，承袭秦制，中国统一多民族国家进一步扩大，治理黄河被提到国家治理的重要位置，从治河堵口、农田灌溉到黄河漕运，有了突飞猛进的发展。三国魏晋南北朝，黄河流域成为割据政权争夺的焦点，在战争期间，间歇出现了生产恢复和经济繁荣的形势。在这一漫长历史时期内，黄河流域以其显著的政治、经济、文化地位，在国家的各领域一直发挥着主导作用。

一、从"疲秦计"到富国渠

　　春秋战国时期，在诸侯称霸群雄割据的漫长过程中，位居黄河中游腹地的秦国，广泛招贤纳士，锐意变法革新，走富民强军之路，经过十几代人的艰苦奋斗，国力逐渐强盛起来。至公元前247年秦王嬴政即位时，秦国在政治、经济、军事等方面已占据优势，一跃成为战国七雄中的强国。

　　就在这时，因一桩著名的间谍案而诞生了一项宏伟的水利工程。它流经今天陕西省泾阳、三原、高陵、富平等地，绵延300余里，使关中地区成为最早的天府之国，对秦国的经济发展起到了非常重要的作用。这项水利工程就是历史上著名的郑国渠。

　　战国末期，秦国迅速强大，经济、军事实力远远超过其他诸侯国。凭借关中这块地盘，秦国连续对关东各国用兵，以虎狼之师先后消灭关东六国150多万军队，东方各国危如累卵。尤其是与秦国相邻、实力最弱的韩国，更是首当其冲，随时都会被秦国吞并。面对秦国咄咄逼人的攻势，公元前

246 年，韩国使出"疲秦"之计，派出水工郑国前去秦国游说，建议秦国开凿一条利国益民的水渠，引泾水灌溉关中平原的干旱土地，实则以此耗用秦国大量人力、物力和财力，在国力上拖垮秦国，使其无暇东顾。

郑国来到秦国，面见秦王嬴政，从秦国发展大计、灌溉效益、渠道规模、施工组织等方面，极力陈述修建这座灌溉工程的重大意义。他说，秦国所在的关中平原，由黄土沉积而成，土层深厚，土质疏松，无霜期长，这些都有利于农业发展。但最大的问题是干旱缺水，加之关中东部地区地势低洼，土壤盐碱化严重，形成大片泽卤之地，因此严重影响了粮食产量。泾河自北向南注入渭河，流经黄土高原，"泾水一石，其泥数斗"，冲下来的众多泥沙，含有丰富的肥效。如若在泾阳县西北的泾河北岸，从引水口到关中平原修建一条灌溉干渠，不仅能利用高含沙量的泾河水，淤高沿途地面，增加耕地面积，还可以淤灌冲压盐碱，改良土地，增加土质肥力。如此一来，将对秦国的农业经济发展发挥显著的效益。

郑国的游说有理有据。秦王嬴政听后，认为他的建议确实切中了制约秦国经济发展之弊端，表示同意采纳其意见，并任命郑国担任总水工，以客卿李斯为总监，开始征调大量人力与物料，投入渠道施工建设。

这的确是一项非常浩繁的工程。引泾渠首进水口位于泾河瓠口一带的老虎岭，出水口高出水面 16.7 米，干渠宽 24.5 米，渠堤高 3~5 米，堤顶宽 15~20 米，渠深 10 米。沿北山南麓自西向东，沿途需要开挖长达 126 公里的干渠，其长度，是四川都江堰灌溉干渠的 2 倍多，是魏国漳水十二渠中邺渠的 15 倍。为了加大水量，还要拦腰截断许多山川，将冶峪河、清峪河、浊峪河、石川河等收入渠中。开山劈石，拦河筑堰，在当时的生产力条件下，其工程难度不可想象，财力物力耗费巨大。

也正是在修建过程中，嬴政发现这是韩国施出的一个阴谋。这一事件在秦国宗室大臣中引起了激烈反应。他们认为，外国谋士来秦献计都是为了本国利益，企图削弱秦国，因此强烈要求杀郑国，并驱逐所有外国说客。嬴政一怒之下，接受宗室大臣进言，颁布逐客令，驱逐六国客，传令将郑国以死罪关押大牢，待审后立斩。

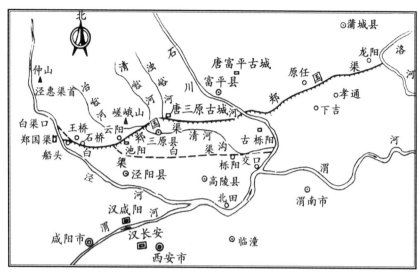

郑国渠遗迹布局示意图

时任客卿的李斯是楚国上蔡人，也在被逐之列。看到秦王的逐客令，他在惶恐不安中，置个人安危于不顾，愤然上书劝说秦王不要逐客，写下了流传千古的《谏逐客书》。

这篇奏章以秦王统一天下为立意，从穆公、孝公、惠王、昭王四位国君重用客卿，变法图强，击破六国合纵，使秦国民以殷盛，国以富强，诸侯亲服，举地千里，攻城略地，秦国转盛，铸成霸业的历史事实，纵论人才强国的重要性。之后，文章笔锋一转，发出诘问道，这些外来客卿，哪个不是对秦国立下大功，谁曾负于秦王？如今秦王对外来人才弃而不用，实在是对秦国不利，而秦国也无强大之名也。奏章最后说，"太山不让土壤，故能成其大，河海不择细流，故能就其深"，秦王欲成大业，必须不拘国别，唯才是用。李斯此文立意高远，正反论证，利害并举，雄辩滔滔，深深打动了秦王嬴政。他从秦国的长远大计考虑，宣布废除逐客令，恢复了李斯的官职，允许各国人才继续为秦国效力。

此间，郑国在牢狱中，也为自己来秦修建引泾灌溉工程辩解，称："秦王啊，当初韩王派我来，确实是施疲秦之计。可是大王是否想过，修建这座水渠所用的时间，只不过为韩国延缓几年之寿命，但却是为秦国建万世之功啊！"

秦王嬴政感到郑国说得颇有道理，他从秦国宏图大业着想，鉴于引泾灌溉工程正在修建之中，箭在弦上，若中途放弃，劳民伤财，委实可惜。于是，便亲临牢狱宣布赦免郑国，让他继续主持修渠，并将郑国提升为河渠令，兼领总水工，掌印发令，总决一切有关修渠事务。

郑国深为秦王的宽宏隆恩所感动，作为这项浩大工程的筹划设计者和总负责人，他在设计施工中表现出了杰出的智慧和才能。引泾灌渠的设计，充分利用关中平原西北高、东南低的地形特点和水系特征，干渠布置在渭北平原二级阶地的最高地带，沿等高线修筑，最大限度地控制灌溉面积，形成了全部自流灌溉系统。

为了保证灌溉水源，郑国采用独特的"横绝"工程技术，即通过拦堵沿途的清峪河和浊峪河等大小河流，让河水流入总干渠，使河流下游的灌溉土地面积得到扩大。同时，在渠岸南堤的横绝处修建了一条退水渠，可以把多余的水量退回泾河，既保证了渠道的蓄水安全，也起到了排沙的功效。取之于水，用之于地，归之于水，其设计十分精妙。他还利用横向环流，巧妙地解决了粗沙入渠、堵塞渠道等工程技术难题。据后世测量，该灌溉干渠平均坡降为 0.64%，反映出很高的测量技术水平。

公元前 236 年，这项历时 10 年的浩大工程正式竣工。据史书记载，当时修建该渠出动人力多达 10 万人。它首开引泾灌溉之先河，灌溉今泾阳、三原、高陵、富平、蒲城、白水等县的面积达 4 万顷之多。开渠之前，这里是一片不宜耕种的盐碱地，引灌之后，泾河水中的大量有机质泥沙，增加了土地肥力，盐碱地得以改良，亩产达一钟，一钟相当于六斛四斗（1 斛 =10 斗），产量相当可观。

引泾灌溉工程的建成，使关中平原成为旱涝保收的天府之国。《史记·河渠书》记载，"于是关中为沃野，无凶年，秦以富强，卒并诸侯"，为秦国最终完成统一中国的大业，奠定了坚实的经济基础。公元前 221 年，秦王嬴政荡平诸侯，实现了河山一统的伟业，中国历史结束数百年的分裂局面，从此翻开了新的一页。

秦国郑国渠，经历代修整发展成为如今的泾惠渠

　　为了纪念这位古代卓越的水利工程专家，人们将这项引泾灌溉工程称为"郑国渠"。它从一条"疲秦"计谋，逆袭嬗变成为一项强秦工程，在中国历史上留下了千古佳话。郑国渠规模浩大，设计科学，技术先进，实效显著，在世界水利史上亦属罕见。1996年被国务院公布为全国重点文物保护单位，2016年成功入选世界灌溉工程遗产，其珍贵的历史科技文化价值被永久保护和传承，"天下第一渠"的美名将永载史册。

二、秦始皇跑马修金堤

　　秦统一中国之后，持续开疆拓土，西起今甘肃东部，东至东海、朝鲜，北起阴山及辽东，南至今越南北部，疆域得到空前的扩展，加速了民族融合，建立起了统一的多民族帝国。

为了加强对广阔领土的管理，抵御匈奴入侵，秦始皇采取了一系列卓有成效的措施。他从内地征发上百万民工，在燕、赵、秦原来修建的长城基础上，筑起了西起临洮、东至辽东绵延 5 000 余公里的长城。万里长城，依山就险，对巩固秦国北方边地发挥了重要作用。举世闻名的万里长城，成为中华民族古老悠久历史的象征。

同时，为保证国家统治畅通运转，秦国建立了庞大的道路、交通和邮驿系统。修建咸阳通往各地的驰道，总长度约 6 800 公里，比 400 多年后罗马道路总长度 5 984 公里还多。四通八达的交通道路，促进了各地物资的交流和商业的发展，更为军队及人员的快速运输提供了便利，显著提高了秦朝中央政府对全国的管辖和统治能力。

随着全国实现统一，原来诸侯各国分治黄河的局面宣告结束，治理黄河的堤防建设也被提到了大秦帝国的重要日程。

首先是对黄河的更名。先秦时期，黄河称"河"或"大河""泰河"。秦始皇统一中国后，由大河奔涌、浩浩荡荡之气象，认为秦朝荡平群雄，继周而兴，一统天下，乃天意所赐。由"五行"衍生的朝代兴替"五德"说，夏朝属木德，商朝属金德，周朝属火德，秦朝继兴，水克火，秦朝属水德，黄河又是国家最重要的大河。于是，秦始皇下令将黄河改称"德水"。

此时的黄河下游，依然是周定王五年（前 602 年）改道后的流路，行经今滑县、浚县、濮阳、内黄、清丰、南乐、大名、馆陶、临清、高唐、德州、沧州等地，注入渤海。黄河在国家政治、经济、军事上的特殊地位，使秦始皇深知治理黄河对于治国安邦的举足轻重。特别是战国争雄期间，他曾令王贲以水代兵、决开黄河堤防淹没魏国都城大梁，从而一举制胜的铁血战事，更令这位帝王感到加强黄河统一管理的重要性。于是，他决定"决通川防，夷去险阻"，拆除所有阻碍水流的工事和妨碍交通的关卡，将整个黄河大堤连接起来，以此抵御洪水，以保黄河防洪安全。

当时，民间广泛流传着"秦始皇跑马修金堤"的轶闻。据说，秦始皇统一中国不久，就提出"北修长城挡鞑兵，南修金堤挡洪水"的基本国策。那时黄河年年决堤泛滥，秦始皇下旨要在黄河涨水前，修一条黄河大堤，取名"金堤"，即固若金汤之义。然而，在哪儿修呢？秦始皇骑上马，叫监工大臣跟着，马跑到哪里，就修到哪里。他沿着黄河跑了二百多里。于是，马蹄印就成了修金堤的河防线路。

当时北方正在修着万里长城，天下的青壮男人都被征发走了。修堤监工大臣费尽心力，也没找来多少能修堤的劳力，只好把那些老弱病残也都强征硬派，逼到了黄河边。

开工时节，正值三冬严寒。中原地区经过多年战争离乱，老百姓们积贫积弱，个个穿着薄衣，又冻又饿，加上修堤劳累，病的死的倒下了许多人。冬去春来，大堤修建进展非常缓慢。

秦始皇闻言大怒，下旨杀了监工大臣。新任监工大臣战战兢兢，如履薄冰，日夜想着怎样能如期交差。他在沿黄河各州县的村镇贴出告示，要每家每户必须出人去修金堤，违者就抓。结果，更多的老弱病残被赶到了修堤工地上。

挖土，抬筐，打夯，在繁重的劳役之下，每天都有大批民工病倒累死。汛期将临，秦始皇又传圣旨，严令10天之内务必完工。这可吓坏了监工大臣，他想反正不能完工也是杀头，就冒死呈上奏章，陈述10天期限实在难以完成的理由。

秦始皇阅过奏章，本欲传旨再杀这个监工大臣，转念一想，杀了监工也于修堤无补。于是，便决定届时亲临修堤工地来巡视察看。

这一下更苦了修堤的老百姓，披星戴月，昼夜不停。堤上累死病倒的人越来越多，大堤上许多低洼之处因缺乏土料仍然没有填平。这时，监工大臣突发奇想，工地上缺乏土料，反正死人也得埋，还不如把累死的民工填进洼处，上边盖些土，也能省些土料。尸体填完了，监工大臣又下令把病倒的民工也填进去。顿时，堤上齐哭乱叫，百姓们谁也不动手。监工大臣就命士兵生拖硬拽，把许多活生生的人也填进堤中。多少年来，当地老百姓提起这事，都恨得咬牙切齿的，骂声不断。

民间传说自然难免有夸张成分。不过，秦代修筑加固黄河大堤，史籍

位于山东省莘县西曹营村的秦皇堤遗址

确有记载。秦始皇完成统一大业后第二年，在全国各地修筑的驰道中，由咸阳出函谷关，沿黄河经山东定陶、临淄至成山角的东方大道，与当时黄河走向完全一致。《汉书·贾山传》载，秦始皇决策修筑的驰道，"厚筑其外，隐以金椎，树以青松"。明代万恭《治水筌蹄》也有这样的记载："始皇堤二，屹寿张、范县之中，南北相距数里，厚可三十丈，崇可五六丈。始皇筑，以象天之二河。东人言，起咸阳迄登、莱，一以障河之南徙，一以为驰道，从咸阳至东海，求神仙，辇驰南堤，属车驰北堤。""东人呼始皇堤，又云万里堤，盖万古雄堤也。"记述当时秦始皇修筑黄河堤防兼作驰道，合二为一，既是对堤防进行一次有规模的加固整治，又可以利用部分旧有堤防作基础，减少修驰道的工程量。据山东当地民间传说，始皇堤修建过程中，堤防路面由铁椎夯打牢固，两边每隔三丈植树一株，或青松杨柳，或槐柏榆桧，绵延间隔，壮观秀美，既发挥障水防洪作用，又兼有上下交通运输功能。在此期间，黄河下游河道通过修治，分散的堤防走向统一，黄河水害在一定程度上得以缓解。

然而，此时的人们并不知道，黄河的自然环境已在悄然发生重大变化。随着黄土高原气温转寒，暴雨集中，黄土本身结构松散，很容易受到侵蚀而崩塌。加之人口增长，大兴土木，大量开垦放牧，草木植被遭受严重破坏，黄土高原失去天然的保护层，助长了水土流失，使大量泥沙进入黄河。因而，黄河频繁决口改道的历史随之反复上演。

公元前 210 年,秦始皇巡游泰山途中病死在黄河以北的沙丘。不久,盛极一时的大秦帝国即轰然倾覆。如今,残留在河南原阳、濮阳等地的秦代黄河金堤遗迹,依然依稀可见。人们透过两千多年的沧桑风云,在深刻感悟祖国河山一统、中华民族不断融合发展的同时,也在感怀这位伟大帝王治理黄河的历史功绩。

三、汉武帝瓠子堵口

公元前 202 年,历时四年的楚汉战争宣告结束,国家重归统一。

汉武帝刘彻即位后,为了构建强大的大汉帝国,他怀着开疆拓土的雄心,经过几番金戈铁马的激战,奠定了汉王朝的北边境土。黄河上游的河套平原,是长安帝都的北方屏障,数十万汉军将士长年戍守在这里,守边部队的军粮需要从关中等地千里辇运,随着战事的频繁,粮草需求剧增。为解决军粮供给的不足,守边部队走上了亦屯亦戍、就地解决军需供给的道路。在掀起河套屯垦浪潮的同时,逐渐形成了相应的水利灌溉系统。兴屯田,开水渠,置田官,涓涓渠水滋润着千顷农田,养育了数十万大军,成为一条"水上边防线"。

然而,在这雄武繁华的极盛时刻,一件关乎黎民百姓安危的国家大事一直盘桓在汉武帝的心头。

汉元光三年(前 132 年),黄河洪水疾速暴涨,东郡濮阳瓠子堤防决开大口。滔滔洪水,偏离黄河主流,肆虐奔涌,冲向山东巨野泽,夺泗水进入淮河。洪水过处,淮泗十六郡沦为汪洋泽国,百姓流离失所,灾情十分严重。

消息传来,朝廷震惊。汉武帝当时令汲黯、郑当时两位大臣率十万军民前往堵口抢险。二人率众经过数月奋战,堵住了决口。本以为大功告成,不料黄河中游洪流,恣意狂啸,卷土重来,堵口工程迅即又被洪水冲毁,功亏一篑。

此时,汉武帝正欲下令继续抢堵,他的舅舅、丞相田蚡阻挠说:"江河之决皆天事，未易以人力为强塞，塞之未必应天。"意思是，黄河决口是天意所趋，非人力堵塞之为，以此极力阻挠堵复决口。其实田蚡此言背后，还有为自己私利的考虑。他的封地在黄河北岸，时常担心洪水北泛，而瓠子决口黄河改流东南，若长此以往，北岸即可永久避免水灾。

田蚡的建言，使汉武帝陷入了深思：一来，此时正值对匈奴作战的关键阶段，尽快解除匈奴的边关威胁是大汉帝国当前的第一要务，这需要足够的国力财力支撑。再则，黄河洪水防不胜防，从目前瓠子堵而复决的形势看来，能否彻底堵复也没绝对把握。于是，汉武帝经过一番思考，下令"不事复塞"，黄河堵口计划就此搁浅。

这一时期，汉武帝把国家水利事业的重心放到了塞外草原戍边和发展关中地区灌溉工程上。他在奏章批阅中把兴修水利作为安邦之策，深刻阐明兴修水利的治国思想。许多治水专家和大臣也都纷纷上书，陈述治水方略。水利建设空前繁荣昌盛。为开发利用渭河、泾河、北洛河三条河流丰富的水资源，当时开工修建了一系列灌溉工程。在泾河上兴建了六辅渠，扩大了郑国渠灌区的范围。另一座引泾灌溉工程白渠，也在抓紧筹划之中。在渭河流域，修建了成国渠、灵轵渠、沣渠等引渭灌溉工程。在北洛河，穿山凿岭，战胜黄土塌方，开创隧洞竖井施工法先例，修建了龙首渠。靠着这些水利工程的滋润，关中平原收获丰硕，汉王朝正创造着历史的灿烂辉煌。

然而，作为大汉王朝的帝王，多年前黄河下游瓠子决口的遗患未能消除，一直成为他牵挂于怀的一块心病。在去泰山封禅路上，途经山东黄泛区，他看到因当年黄河决口造成河水连年漫流，泛区满目疮痍，百姓苦不堪言的凄惨情状，心中顿时激起悲悯与自责的波澜。汉武帝深深感到，堵复黄河决口已刻不容缓。于是，在前去泰山封禅的路上，他就命九卿之一的汲仁和中郎将郭昌统领士卒数万，先期前往堵塞决口。

汲仁、郭昌率领士卒抵达瓠子决口处，经过深入考察分析，决定采用沿决口全面打桩填堵的方法，即打桩填塞柴草土石，减缓口门水势，填土压石，层层夯筑，直至高出水面拦截水流。如此一来，堵口施工需要大量薪柴，尤其是打桩的竹材，当地极其缺乏。接到奏报，汉武帝果断下令砍伐百里之外的淇园之竹，紧急运往堵口工地。前期准备就绪之后，一场空前规模的黄河堵口战役开始打响。

为了夺取瓠子堵口决胜，汉武帝在从泰山封禅归来途中，亲临工地现场，指挥数万军民进行这项重大堵口工程。他严令将军以下的随行官员，每人都要背负木料和柴草，投入堵口施工。皇帝驾临，群情振奋。堵口现场如火如荼，黄河咆哮声、筑坝打桩声、人喊马嘶声，雄浑交融，激越回荡在瓠子堵口工地上空。

在堵口现场，汉武帝举行了隆重的祭河仪式。随从官员及数万将士一齐跪伏于黄河之畔，汉武帝登临高坛依礼祭拜，向滔滔黄河沉入白马、玉璧，祈求河伯保佑堵口成功。汉武帝不仅是一位雄才大略的政治家，也是一位喜爱文学、提倡辞赋的诗人。置身此境，他心潮澎湃，思绪万千，在乐工高奏声中，面对黄河，伟岸屹立，引吭高歌《瓠子歌》：

> 瓠子决兮将奈何？皓皓旰旰兮闾殚为河！
> 殚为河兮地不得宁，功无已时兮吾山平。
> 吾山平兮巨野溢，鱼沸郁兮柏冬日。
> 延道弛兮离常流，蛟龙骋兮方远游。
> 归旧川兮神哉沛，不封禅兮安知外！
> 为我谓河伯兮何不仁，泛滥不止兮愁吾人？
> ……

在时而慷慨激昂，时而低吟浅唱，时而自我反省，时而据理发问的诗兴中，汉武帝历数河水泛滥、民众疾苦的景况，陈述军民为堵塞决口所付出的艰苦努力，深刻反省自己作为帝王对黄河泛滥关注不够，若不是东巡封禅途中所见，竟不知黄河泛滥如此严重。同时，严厉批评当地官员对河防疏于管理，并以天子帝王的身份向河神发出诘问，"你为何如此不仁，泛滥不止，愁煞我大汉国民！"最后，"宣房塞兮万福来"，汉武帝面对滔滔黄水，激情宣示了对此次堵口成功的期盼与决心。

在汉武帝激情澎湃的鼓舞和坚强指挥下，经过一场惊天动地的鏖战，瓠子决口成功堵复。为了减缓洪水暴涨压力，防止堵而复决，汉武帝又命

挖掘两条引河，将黄河水流向北
导入故道。至此，黄河下游复归
故道，泛滥多年的水患得以扼制，
广大黄河洪泛区恢复了安宁，为
汉王朝除去一个心腹大患。

　　为了庆贺堵口的胜利，汉武
帝命在瓠子口门堵复处修建了一
座纪念建筑物，名叫"宣房宫"，
以此警示臣民，镇守河防，不可
懈怠，防止黄河再次决口。当时，
随行的司马迁也背负薪柴，参加
了这次堵口。对此，他怀着切身
体会，在其著述中感慨道："甚哉，
水之为利害也！"

坐落在河南滑县的汉武帝瓠子堵口纪念碑

　　汉武帝有着伟大而传奇的一生。他扫除外患、开拓疆域，建立了强盛
的大汉帝国，文治武功，影响深远，但也因穷兵黩武、征伐不休而受到后
世非议。然而，作为中国历史上唯一亲临工地指挥黄河堵口的皇帝，并取
得成功，其千古盛誉神州传颂，彪炳史册。

四、漕运兴，国运兴

　　西汉时期，在国家政治经济军事格局中，渭河漕运和黄河航运占有十
分重要的地位。西汉建都关中，地处黄河腹地，千里沃野，条件优越，东
有函谷关，可防御东来之敌。然而，关中一旦作为全国的政治文化中心，
其经济资源则显得捉襟见肘，而要巩固朝廷统治，将东部经济区的资源不
断运往京都长安，必须依靠黄河水运。因此，开凿漕渠，发展黄河航运就
成为大汉王朝的重要经济命脉。

　　早在西汉之初，张良劝说汉高祖刘邦建都关中时就曾说过："河渭漕挽

天下，西给京师，诸侯有变，顺流而下，足以委输，此所谓金城千里，天府之国也。"刘邦的另一位高参郦生，分析天下形势时也说："王者以民为天，而民以食为天。夫敖仓，天下转输久矣，臣闻其下乃有藏粟甚多。"他认为，河南荥阳居于古鸿沟与黄河交汇处，是江淮、齐鲁通往河洛以达关中的咽喉要道，因此，建议把粮仓建在荥阳敖仓，通过黄河及支流和鸿沟水系漕运，转输到都城长安。可见，西汉建国伊始，就充分认识到了黄河漕运在稳定国家政权、繁荣经济方面的重大作用。

为此，汉高祖元年（前 206 年），朝廷在今潼关专门设置了管理黄河、渭河与汾河船库及水运事宜的机构"船司空"，机构所在地就在华阴县东的渭水入于黄河附近。汉高祖五年，朝廷在"船司空"基础上又设置了船司空县，成为管理京城粮食、物资漕运，制造、储存船舶的县级地方行政机构，汉代黄河漕运就此拉开序幕。

不过，西汉之初，由于黄河航运受水情变化影响太大，水浅干涸或洪峰期间通航困难，从崤山以东到长安，往往需要半年多的时间。所以，漕运量并不很大，汉文帝以前每年不过数十万石。

汉武帝时期，关中一带人口大量增长，加之北部戍边士卒的衣食所需，粮食物资等耗用量急剧增加。关中漕运由于渭河河道多弯，时有险阻，严重影响了航运效率。元光六年（前 129 年），大司农郑当时向汉武帝建议，开凿一条引渭水的通漕直渠，其线路为，自长安经渭河南岸的秦岭北麓向东，经陕西华阴、华县、渭南、临潼，至潼关风陵渡附近汇入黄河。该漕渠总长 300 余里，既可缩短航程，又能灌溉农田，可谓一举两得。

此言正中汉武帝下怀，于是征发兵民数万，令水工徐伯开凿关中漕渠。自长安城西北引渭水东流，经今西安、临潼、渭南，至华阴东北注入渭河。崤山以东的粮船从黄河进入渭河漕渠，因河水条件变化必须转运，为此在黄渭交汇处的漕渠东段修建了一座大型粮仓，史称华仓，又称京师仓，作为向首都长安转运粮食的中转基地。

经过三年多艰苦施工，漕运工程全部竣工，成为京师供给的一条大动脉，岁运漕运量猛增到 400 万石，最高年份达 600 万石。沿途水陆码头，车水马龙，络绎不绝；漕渠河面，百舸争流，往来如梭，呈现一派繁盛景象。

元鼎四年（前113年），汉武帝率领群臣乘龙舟自渭河经黄河，到河东郡汾阴县祭祀后土。时值秋风萧飒，鸿雁南归，他饮宴中流，触景生情，感慨万千，写下一首《秋风辞》："秋风起兮白云飞，草木黄落兮雁南归。兰有秀兮菊有芳，怀佳人兮不能忘。泛楼船兮济汾河，横中流兮扬素波。箫鼓鸣兮发棹歌，欢乐极兮哀情多，少壮几时兮奈老何！"该诗以景物起兴，比兴并用、情景交融，意境优美，音韵流畅，成为中国文学史上的悲秋佳作。

后来，东汉初年杜笃在其著名赋作《论都赋》中描绘长安漕运说："鸿渭之流，径入于河；大船万艘，转漕相过；东综沧海，西纲流沙。"在诸多政治家、文学家心目中，黄河、渭河航运的畅通，就是关中的生命，就是京都长安的生命。

然而，从黄河下游到长安漕渠，途经三门峡谷天险。这里两岸夹水，壁立千仞，水深流急，舟楫难行。河水撞过三门后又被两岸半岛巨石束合为一，浊浪排空，吼声震天，成为制约漕运通航的巨大险隘。对此，有人提出避开三门峡谷绕道转运的建议。即从南阳郡溯汉水抵汉中，从褒谷口溯汉江支流褒水至秦岭，通过陆路转运到渭水支流斜水，顺斜水入渭水运

三门峡原貌

抵长安。但由于褒水、斜水都是山区河流，不仅水势湍急，而且水中有许多大石块，无法通航。因此，这一方案也随之夭折。

另寻他路的尝试未能奏效，又有人提出凿宽三门峡砥柱航道，以改善黄河航运的建议。鸿嘉四年（前17年），丞相史杨焉奏章称："从河上下，患底柱隘，可镌广之。"意思是说，克服黄河三门峡砥柱河段的通航障碍，可劈山凿石，扩宽河面，以便利航运。但开凿之后，劈开的大型石块坠入湍急的黄河激流，反而使水流更加湍急，仍然不解决问题。如此反反复复，怎样克服三门峡砥柱天险，始终是西汉漕运的心腹大患。

在黄河下游，西汉时期重整了鸿沟水系，此时称"浪荡渠"。自今河南荥阳引黄河水东流，经中牟、开封而后折向南流。经尉氏、太康、淮阳，分为两支，南支入颍河，东支入沙河，两支分别注入淮河。中途在开封东分水入汳水（后称古汴水）。又南，向东分水入睢水，皆经泗水入淮河。再南，向东分水入涡河。在黄河、淮河之间组成扇形漕运水系，为联系中原与东南地区漕运发挥着十分重要的作用。

东汉建都洛阳，供给都城的漕运不需通过三门天险，避开了一个大难题。东汉建武二十四年（48年），朝廷在洛阳城西开渠引洛河水一支绕城而东，接纳谷水、瀍河，至偃师复注洛河开通漕运，时称"阳渠"。这条渠道的开通，使山东漕船由黄河入济水，经阳渠直抵洛阳，为东汉王朝输送粮食物资补给发挥了很大作用。《水经注·谷水》记载了东汉年间刻在洛阳建春门石桥柱上的诏书，其中"城下漕渠，东通河济、南引江淮，方贡委输，所由而至"，记述的即为当时江淮一带的贡赋由汴渠转输抵达洛阳的情况。但是，东汉时期由于黄河发生剧烈变化，河道大幅度向南摆动，造成黄河、济水、汴渠水系乱流的局面，黄河不断南侵，漕运航道淤塞，航运条件恶化。

东汉永平十二年（69年），汉明帝刘庄命水利专家王景主持对黄河与汴渠进行治理，修复荥阳以下千余里黄河大堤，整治汴渠水道，自今开封附近的浚仪分水东流至徐州入泗水，新建引黄闸门，积石为堰，经过大规模整治，维系黄淮间的漕运骨干水道得到了恢复与发展。

东汉末年至魏晋南北朝时期，运河多为军事割据的产物。这一时期，为了军事和统治需要，对黄河下游险要河段进行了整治，使黄河漕运在汉代基础上有了进一步发展。

占据中国北方地区的曹魏政权先后在黄河两岸开凿了白沟、睢阳渠、平虏渠、泉州渠、利漕渠等六条运河。建安十八年（213年），曹操为改善其封地邺都（今河北临漳）的漕粮和交通条件，自今河北曲周县南至馆陶县，开凿了利漕渠，引漳水入白沟，大大增加了水量，漕船可经漳水溯流而上直驶邺城。一系列水运渠系的落成，漕粮有济，为曹操扫平群雄，统一中国北方铺平了道路。

曹魏代汉迁都洛阳，为便利交通，陆续在黄淮之间改造开凿了讨虏渠、贾侯渠、白马渠、广济渠、淮阳渠、百尺渠等水道，更加密切了黄河、淮河水系的联系。从此，"每东南有事，大军出征，泛舟而下，达于江淮，资食有储，而无水害"。诸多运河的开凿，推动了北方统一和社会经济发展。

三国归晋后，司马政权为改善京都洛阳和关中水路运道，曾两次组织数千人力，克服艰难险阻，在陕州整治黄河三门峡险滩，疏通运道。晋泰始十年（274年），武帝下诏"凿陕南山，决河，东注洛以通运漕"，试图使来往于洛阳和关中的船只避开三门峡天险。

西晋灭亡后，大批中原人士逃往江南，重建政权，史称东晋。太和四年（369年），桓温率水军溯泗水北伐前燕，正值大旱之年，菏水、济水断流，命军士开渠三百余里，南接菏水，北通巨野泽，引汶河水入该渠，使泗、汶、济三水相连，江淮船艘可入黄河，西去陕洛。太元八年（383年），北方的前秦政权80多万大军借助这一水道，向南方的东晋发起进攻。自长安出发，出动战船万艘，水陆并进，两军会战于淝水之滨，此即著名的"淝水之战"。此次战争的最后结果是前秦兵败，这自然有多方面的原因，但前秦能通过水路出动数十万大军，可见当时黄河水运规模之大。

北魏统一黄河流域迁都洛阳后，为了经略江淮，保持东南航运，整治修建了汴、蔡二渠，修建了八所漕运中转站。并尝试在黄河中游龙门峡谷疏浚河道，以利通漕。尽管由于当时各方面条件所限，此举未能成功，但在1400多年前，人们敢于在凶险的黄河中游峡谷，挑战激流，开辟航道，确属难能可贵。

魏晋南北朝时期，不仅充分挖掘了黄河的航运能力，而且在大河两岸修建了一系列人工运渠，提高了人们驾驭河流、开发漕运的能力，为后世大规模开发黄河航运打下了基础。

五、洪魔惊魂汉宫哀

西汉时期，黄河决口泛滥日益增多。据记载，自汉文帝十二年（前168年）到汉平帝的170余年间，黄河共决溢11次，特别是西汉中后期的50年间，平均7年就决溢1次。究其原因，暴雨洪水频发，泥沙淤积严重，可谓两大元凶。

汉代以前的很长历史时期内，黄河的名字叫"河"，也称"大河"。到了西汉时期，由于人口迅速增加，黄土高原人为乱垦滥伐，植被不断遭到破坏，千沟万壑曼延，水土流失日益严重，致使大量泥沙进入黄河，故有"河水重浊，号为一石水而六斗泥"之说。"黄河"名称的出现，最早见于《汉书》"使黄河如带，泰山若厉"的记述。可见这时黄河水浑沙多已经十分显著。

黄河进入下游，地势平缓，水流变慢，大量泥沙在河道里淤积，河床逐年抬高，形成了高出两岸地面的"地上悬河"。西汉末年，黎阳一带（今河南浚县境）"河高出民屋"，淇水口河段堤防高一丈，遮害亭堤高四五丈。在这种形势下，黄河洪水极易破堤决溢，每次决口，冲毁大量村舍田园，都给人民带来巨大灾难。

汉建始四年（前29年）汛期，黄河在馆陶及东郡（治今河南濮阳）破堤决口，泛滥兖州、豫州，致使东郡、平原、济南、千乘四郡32个县受灾，洪水深达3丈，淹没田地15万顷，冲毁官署民房4万多所，徙民避水居丘陵9.7万多人。升任御史大夫不久的尹忠受命前往堵口，他到达工地，连续数十昼夜不停，全力组织军民抢险堵口。由于当时黄河水深湍急，屡堵屡冲，终致堵口失败，尹忠因不堪受责而自杀。

次年春，朝廷再派河堤使者、校尉王延世前往主持堵口。王延世是一位蜀地人士，对战国时期李冰父子的都江堰治水方案了然于心。特别是对于修建都江堰的竹笼之法谙熟于胸。

王延世上任后，立即组织民夫编成长四丈、大九围的竹笼，竹笼里面装上石头，先自口门两端分别向中间进堵，待口门缩窄到一定宽度，"两船夹载而下"，将大船带竹石笼一齐沉于决口处，使决口塞合，然后培土加高增厚，历时 36 天，最终将决口彻底堵复。

新堤筑就，堵口成功，百姓欢呼雀跃，当地官吏士绅也异常振奋，高兴地把这段新修大堤取名为"惬山堰"。消息传到京城，汉成帝大喜，为纪念堵口成功，特地将这年的年号改为"河平"，并册封王延世为关内侯，拜光禄大夫，赐黄金百斤。

然而，堵口成功，年号改元，并未能扭转危若累卵的悬河形势，更不可能改变日益衰落的西汉政权。

此时的汉成帝刘骜，整日沉湎酒色淫乐，荒于朝政国事，任由外戚专政。也是他命该绝后，喜好美色的他，一生阅女无数，竟然没有留下子嗣，汉王朝的光耀火星一失往日的光彩。

绥和二年（前 7 年）汉成帝病亡。汉哀帝刘欣继位不久，黄河又在今河南浚县境内的黎阳白马决口，河患不止，农田荒废、民不聊生。惆怅之下，汉哀帝命人在京畿地区和沿河州县贴出黄榜，征求治河贤能良策。

这时，金马门署内走出一位待诏，慨然揭榜。此人名叫贾让，是一位勤学聪敏、酷爱治水典籍的年轻学者。看到朝廷招贤御榜，连日来，他思绪连绵，夜不能寐，心想："黄河水患沉疴已久，百姓疾苦不堪，自己身为待诏，若不能为朝廷解忧、为百姓纾困，如何对得起这身袍服？"

于是，他奋笔疾书，尽平生研学，写成千余言奏疏，这就是著名的"贾让治河三策"。

贾让提出的上策是"让黄河改道"。"徙冀州之民当水冲者，决黎阳遮害亭，放河使北入海。河西薄大山，东薄金堤，势不能远泛滥，期月自定"。针对当时黄河下游的悬河形势，他主张在黎阳遮害亭破除堤防，采取人工改道的方案，将黄河改向北流。他认为，那一带，西有大山阻挡，东有金

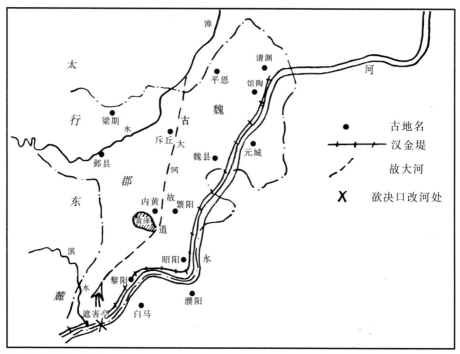

贾让治河上策示意图

堤拱卫，河势可以控制，不会泛滥太远，经过一段时间，河势将自行稳定。
至于淹没区的损失，可拿出几年治河费用，用以迁徙安置，虽然也要付出
较大代价，但此功一立，可使"河定民安，千载无患"。

　　贾让提出的中策是，开渠引水分洪，发展灌溉和航运。他认为，"多穿
漕渠于冀州地，使民得以溉田，分杀水怒"。通渠有三利，不通有三害。"三利"：
盐卤下湿，填淤加肥；换种粳稻，作物增产；转漕舟船，便利交通。"三害"：
民疲救水，荒废耕作；卤不生谷，民病木枯；决溢有败，为鱼鳖食。实施开
渠引水方案，在黄河大堤上修建若干分水口门，组成许多分水渠。干旱时
用来引水灌溉，遇有洪涝分减洪水。这样既能减轻魏郡以下地区黄河灾害，
同时还可以改造冀州"卤不生谷"的土地，改种水稻，并具有通航漕运的便利。

　　贾让提出的下策是修复堤防。他认为，现有的堤防把河道束得太窄，
已经成为阻止洪水下泄的严重障碍。"濒河十郡治堤岁费且万万，及其大决，
所残无数"，"若乃缮完故堤，增卑倍薄，劳费无已，数逢其害，此最下策也"。

意思是说，如果继续加高培厚原来的堤防，年年修补，劳费无穷，即使花费很大气力，仍不会有好的效果。因此认为，修堤治河是不得已而为之的下策。

贾让三策，是保留至今我国最早的比较全面的治河文献。它不仅提出了防御黄河洪水的对策，还提出了放淤、改土、漕运通航等措施。在两千多年前的历史条件下，能提出如此治河方策，实属难能可贵。

但此时的西汉王朝，已是风烛残年。本想有所作为的汉哀帝，因革新政策受到朝中贵族官僚反对而失败，锐气荡然无存，代之而来的是在声色犬马之中求刺激，贪色纵情，宠幸男宠，导致外戚专权，朝纲不整。对于黄河决口造成水患，他已心灰意冷。在这样的国家政治状态下，贾让的"治河三策"自然也被束之高阁。公元前1年，在位6年的汉哀帝病死。

汉哀帝死后，汉王朝已是风雨飘摇，行将就木。此时，官居大司马的王莽执掌军政大权。公元8年，他在汉长安城未央宫接受西汉末代皇帝刘婴"禅让"称帝，改国号为新。至此西汉灭亡。

王莽做了皇帝后，曾雄心勃勃地革故鼎新，推行改革政策。然而，儒生改革集团的迅速分化，给了他致命的打击，致使改革全盘崩溃。

这一时期，黄河水患的巨大天灾也加速了王莽政权的灭亡。始建国三年(11年)，黄河在大名县附近的魏郡河段发生决口，汹涌的洪水肆虐泛滥，离开原先自今天津入海的旧河道，经河南南乐，山东朝城、阳谷、聊城、临清、惠民等地，至利津一带入海，形成了有历史记载的黄河第二次大改道。黄河洪水在华北平原纵横乱流，致使生灵涂炭，大量耕地被毁。按理说，此时王莽的工作重心应该迅速转移到抗洪救灾上来，但是王莽却执意坚持土地改革和抗洪救灾同时进行，这就使本来已经混乱的朝政局势更加混乱。当时山东的形势最为危急，夹在黄河散乱新河道之间的难民众多，生存极度困难。一批难民在抢劫中不断壮大，最后合并为一支庞大的起义军队。他们将眉毛染成红色，用来与官军区别，自称赤眉军。在赤眉军与另一股义军绿林军的猛烈进逼下，王莽在长安死于乱军之中，新朝政权宣告灭亡。

兴亡谁人定，盛衰岂无凭。几千年来，黄河，这条大河冲来了巨浪，又淘尽了泥沙。一条条河床故道上，留下了悠悠岁月刻画的印痕。那一道道黄沙印痕，记录着朝代更替的历史春秋，也在诉说着人世间曾经的辉煌、苦难与兴衰。

六、伏波安流八百年

王莽新朝末年，西汉宗室刘秀趁势而起。公元25年刘秀称帝，定都于洛阳，建立了继西汉之后又一个帝国王朝，史称东汉。

汉光武帝刘秀在位33年，励精图治。政治上，整饬吏治，精简结构，优待功臣；经济上，休养生息，实施度田，丈量土地，核实户口，增加政府收入；文化上，大兴儒学、推崇气节。这一段时期被后世史家推崇为中国历史上"风化最美、儒学最盛"的光武中兴时代。

但这时黄河却很不安定，由于西汉末年黄河决溢，纵横乱流，河南荥阳境内黄河发生剧烈变化，河道大幅度南移，导致黄河、济水分流处的堤岸严重坍塌。王莽新朝时期发生黄河第二次大改道后，今鲁西、豫东一带洪水泛滥，漫溢乱流。进入东汉，黄河与济水、汴渠各支系复杂交织，水患愈演愈烈。

汉建武十年（34年），黄河决口，冲毁济水堤防，淹没数十县。当时光武帝也曾有意治理，因当时正值战后恢复时期，深恐大兴工役，劳民太重，民不堪命，治河工程刚开始便又作罢。

汉明帝刘庄继位后，躬亲政务，注重刑名文法，吏治清明，社会安定，人口迅增，东汉王朝进入鼎盛时期。但连年黄河水灾，始终是压在汉明帝心头的大患。即位之初，汉明帝就想着手治理黄河，但在廷议时，议者不同，莫衷一是，久而未决。在此期间，黄河不断南侵，汴渠原有水门大都浸淹水中，破坏更为严重。黄河与汴渠之间，"漭瀁广溢，莫测圻岸，荡荡极望，不知纲纪"，汪洋无际，纵横弥漫，主支莫辨，黄河、淮河之间大范围地区的人民，经常蒙受惨痛的水患灾难。

永平十二年（69年），朝廷再次商议治理汴渠。此时，司空伏恭谈到他府中有一位名叫王景的中年人，熟悉天文地理和工程技术，富有治水才干，对于治理黄河颇有见解。此前，他协助朝廷侍臣王吴修治开封附近的浚仪渠，创新采用"堰流法"，在堤岸设置侧向溢流堰的方法分泄洪水，效果甚佳。

汉明帝闻言，立即下诏宣王景进宫商议治河事宜。身为一介无名微臣，突然获得皇帝召见，王景既感到惊喜又不免忐忑。他想，一定要把握住这个机会，把自己平时积累的治水研究与工程实践经验，向皇上和盘托出，为国效力。

王景来到崇德殿，只见汉明帝龙椅高坐，文武百官两班肃立。王景跪拜礼罢，汉明帝问道："先帝听取浚仪县令的意见，不修汴渠无大损失，你认为如何？"王景道："陛下请想，汴渠流域接近洛阳，对京城威胁甚大，附近十几个县，产粮丰富，不可不顾，虽然治理经费巨大，役使的民众较多，不免产生怨言，但修成之后受益的还是民众与国家，尤其是对京都洛阳，其利更大。"

汉明帝又问："今黄河、汴河纵横乱流，顽疾难医，河患不除，百姓深受其害，朕寝食难安，你有何应对之策？"王景答道："陛下圣明，今烽火渐息，百姓思安，正是治理河患的大好时机。黄河是汴渠危害之源，汴渠为黄河水患之表，若使黄河、汴渠分流，则漕运水路无患，黄河、汴渠兼治，则受益无穷。黄河此前已经改道，河道流程缩短，河道相对稳定，此番治河应以整修、加固堤防为主，同时解决好引水口门的问题。"

接着，王景从四个方面提出了详细的治河措施：一是，要治好黄河水患，首先必须把汴渠治理好；二是，必须给黄河选择一条新的入海河道，这条新河道要比旧河道短，河道坡度要陡，以利于洪水把泥沙冲走，避免黄河河床不断升高；三是，为了使治理后的汴渠既可泄洪又能行船，需要在黄河与汴渠大堤上开设若干引水门，使汴渠随时可以引入黄河水，从而解决黄河、汴渠泛滥的问题；四是，要把黄河下游的其他河流连通起来，以便于黄河泛滥时，可以起到分洪的作用。

明帝听后大为赞赏，决定采纳王景的意见，传旨由他主持治理黄河及汴渠事宜，并赏赐其《山海经》《河渠书》《禹贡图》等书籍及钱帛衣物等。

由此，泛滥多年的水患治理，终于作为东汉王朝的一件重要国事，付诸实施。

当年夏，朝廷征发士卒民夫数十万人，由王景指挥开始了一场大规模治河战役。

王景走马上任后，沿黄河两岸观察水势，勘察地形，精确测算，制定了详细的治理计划，概括起来就是：筑堤，理渠，绝水，立门，河汴分流，复其旧迹。

首先是规划河道路线，新筑和培固堤防。王景深知，黄河下游泛滥不止，是因为河道常年泥沙淤积进而造成地上悬河，洪水一来，极易造成决堤漫溢。为此，他经过认真测算，根据王莽时期大河改道的新流路，选择了一条比较合理的行水入海路线，据此，裁直弯曲迂回的沟涧，加固险要河段堤防，疏浚泥沙淤积的流路，修筑从荥阳到千乘（治今山东高青县高城镇北）入海口千余里的黄河两岸大堤，河水重新被置于两道大堤约束之中，形成了一条入海最近、水流最畅、输沙能力最强的行洪路线。

接着整理河渠。汴渠联系黄河、淮河两大水系，是东汉时期中原与东南地区的漕运要道。为实现"河不侵汴"的目的，王景经过反复"商度地势"，

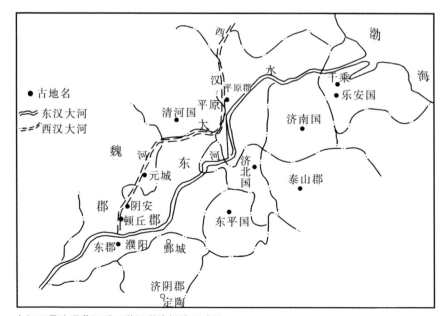

东汉王景治理黄河后下游河道流经地区略图

规划了新的汴渠线路。从渠首开始，黄河、汴渠并行前进，然后分流，汴渠行北济河故道，至长寿渡口转入新朝时期黄河河道，以下又与黄河并行，直至千乘附近注入大海。在济河故道，另分出一部分水走原汴渠，专供漕运之用。

理渠的关键在于汴渠水门位置的确定，若选择不当，不是无水可引，汴渠干涸，就是渠口被淹没，遗患无穷。

为此，王景在黄河大堤与汴堤之间，约隔十里开凿一个引水口，实行多水口分水，交替引河入汴，从而解决了多泥沙河流的引水、分洪和减淤三个大难题。

由于规划合理、措施得当、施工有序，这项规模浩大的治水工程仅用一年时间便顺利完工。经过治理，黄河、汴渠各得其流，为患数十年的水灾得以平息。整个工程治理黄河、汴渠河道长度共计2 000里，耗资达百亿钱，约相当于当时朝廷十年的国库岁入。

此次治河取得成功，汉明帝龙颜大悦，先后两次亲巡河工，并钦点王景随驾。一路上，汉明帝看到堤防固实，河渠畅流，舟船便利，良田万顷，两岸民众深得其利，遂颁诏曰：“今既筑堤理渠，绝水立门，河、汴分流，复其旧迹。陶丘之北，渐就壤坟。故荐嘉玉絜牲，以礼河神。东过洛汭，叹禹之绩。”诏令规定，黄河两岸土地一律由贫苦百姓耕种，官府和豪门任何人不得干涉搅扰。这道诏令，有力推动了黄河泛区的农业振兴。从此，黄河下游两岸受洪水淹没的几十个县，土地变成良田，百姓粮食丰殷，也使东汉政府国库得以充实。

汉明帝对王景的治河业绩大加赞赏，将其官职连提三级，晋升为侍御史，拜为“河堤谒者”，执掌全国江河治理事务。同时，下令在沿河各郡设置护堤官吏，从体制上对治理黄河、管理黄河予以加强。

泛滥半个多世纪的黄河水患终于平息。由于治理后的河道坡度较陡，冲刷河床能力强，泥沙淤积显著减轻，黄河出现了历史上少有的安流时期。这一时期一直持续到宋朝，史称“黄河安流八百年”。王景治河在中国古代治河史上产生了极其深远的影响。

七、割据争雄中的曹魏水利

东汉末年，乱政之下，民不聊生，一场黄巾军起义使东汉王朝面临土崩瓦解。继而，群雄逐鹿中原，大河上下军阀割据，互相攻伐，硝烟迭起，天下大乱。旧的统治走向消亡，新的秩序尚未建立，战争的苦难笼罩着神州大地。

军阀混战的直接后果，使饱经战乱蹂躏的农民流离失所，农业生产受到极大破坏，原本物产丰饶的黄河中下游地区，人口大量死亡，处处土地荒芜，荆棘丛生。"名都空而不居，百里绝而无民者，不可胜数。"当时中原人口，只有原来的 1/10。大都市人去城空，百里之内渺无人烟。"白骨露于野，千里无鸡鸣。生民百遗一，念之断人肠。"曹操《蒿里行》的诗句，形象反映了当时的残破凄凉景象。

河山满目疮痍，但战争尚未结束，争雄各方仍在挥舞着巨戟长刀，奔驰在黄河两岸焦枯的土地上。社会荒乱之中，那些具有远见卓识的军阀，往往是一手挥舞着战争的令旗，一手在谋划着恢复生产的棋局。谁能尽可能多地控制人口和粮草，谁就能在乱世中摘取新霸主的桂冠。

乱世英雄曹操深谙此理。他在拥汉献帝迁都许昌不久，就对众臣说："安定国家的办法，在于使军队强大，让大家吃饱，秦国人凭快速的农业发展兼并天下，汉武帝利用士兵戍边屯田平定西域，这些都是先祖留给我们的良好方式。"于是，他发布屯田令，建立了一套严密的管理制度。在许昌周围命令士兵屯田种地，招抚流亡，募集百姓耕种荒田。据《晋书·食货志》载，许下屯田的当年，就"得谷百万斛"。数年

曹操画像

之中，"所在积粟，仓廪皆满"。收获的大量稻谷，解决了军队的给养。然后，曹操将屯田制度推广到所控制的关中等地，规定州郡设置田官，经过几年的努力，遭受战争破坏的农业生产有了很大起色。逃往南方的十余万户关中流民，纷纷返回乡土，从事农业生产。

相比之下，其他乱世豪强，没有长久之计，全靠掠夺为生，一旦缺乏供给，便奔流离散。黄河以北的袁绍，粮草被烧，军队靠吃桑果活命。江淮之间的袁术，统治区内一片荒凉，人相食，军队靠捞取水草螺肉过活。当袁绍等人还沉醉于一味扩张地盘，做着帝业虚幻之梦的时候，曹操已领先一步，经营起自己稳固的后方。官渡一战，曹操以少胜多，击败了强大对手袁绍。之后出击乌桓，歼灭各个豪强势力，统一了黄河流域。"往事越千年，魏武挥鞭，东临碣石有遗篇。"在这一历史进程中，曹操的成功，除了人才和计谋，屯田得到的丰实粮草补给，更是一个重要的战略因素。

后来，魏、蜀、吴三国鼎立局面正式形成。曹魏建都洛阳，以都城为中心的黄河两岸一直是其经略的重点。由于蜀、吴大敌当前，军队供应的迫切需要，曹魏政权对屯田仍然给予极大重视，兴修了一批水利工程。洛阳北岸的河内郡，沁水、济水、清水、淇水等流经其间。当时，典农中郎将司马孚负责这一带的屯田事宜。此处的引沁灌溉工程渠首枋口堰，之前以"枋木为门，以备蓄泄"。司马孚奉诏兴修河内水利，在巡视中看到该堰的木质建筑已经朽坏，由于沁河坡降较大，若"天时霖雨，众谷走水，小石漂迸"，腐朽的木质闸门根本无法控制进水量。于是，司马孚上书魏文帝曹丕，建议就地取材，改木门为石门，同时兴建配套的拦河溢水堰，使之真正能发挥调节作用。这样，天旱时，开水门可使沁水入渠灌田，下雨时则关闭闸门，仅留雨水灌田，"云雨由人"。

曹丕批准了这一改造扩建计划，命司马孚主持重修枋口堰。魏黄初六年（225 年）前后正式动工，渠首闸底板、边墩以至翼墙及护岸皆用石砌，坚固结实。工程完毕后，沁水灌区焕发了青春，沿岸农田得到渠水的浇灌，使后世数朝都深受其益。

关中地区是曹魏重点屯田区，这里原有的水利基础雄厚。西汉时期汉武帝修建的成国渠，引渭河水浇灌眉县、扶风、武功、兴平一带，曾发挥了显著效益，但年代已久，急需整修扩建。魏青龙元年（233年），魏明帝曹叡命重臣卫臻主持重新修整该渠。工程分首尾两段：首段在汉代的基础上，将成国渠引水口向西扩展至百里外的陈仓东北，引汧水浇灌渭河北岸的农田；尾段向东延伸百余里，大大拓展了成国渠灌区。同年，曹魏还在北洛水东岸开渠引水，筑临晋陂浇灌农田。两项工程建成后，使3000余顷"泻卤之地"变为良田，大幅提升了关中地区的农业生产能力，为抗拒蜀汉助了一臂之力。

正始三年(242年)，曹魏在河南开封一带修建的水利工程也颇有建树。在黄河南岸今开封浚仪修筑淮阳渠、百尺渠，把黄河与颍水连接起来，颍水两岸300余里范围内得到渠水的灌溉。依靠水利工程恢复发展起来的农业生产，"资食有储，而无水害"，成为曹魏称霸中原、灭蜀平吴的雄厚物质基础。

曹魏时期农田水利的发展，使东汉以来遭受战乱破坏的农业得到了恢复发展。到魏国末年，魏国力量更加强大。景元四年(263年)，魏灭蜀。两年后，司马炎代魏，建立晋朝。太康元年(280年)，晋出兵平吴，结束了群雄割据、三国分立的分裂状态，国家重归统一。

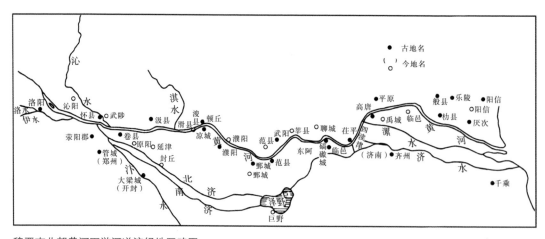

魏晋南北朝黄河下游河道流经地区略图

然而，西晋的统一不过 20 多年。西晋灭亡后，中华大地重新陷入战火硝烟之中。由于长期分裂割据，战争连绵，黄河河防失修，大堤残破薄弱，洪水灾害时有发生。根据《晋书》等文献统计，从魏景初元年到晋太安元年（237—302 年）的 66 年间，有明确地点的大水记载有 12 次。南北朝时期的 170 年间，有 17 年黄河下游发生大水，平均 10 年 1 次。魏黄初四年（223 年）六月，大雨滂沱，伊河、洛河洪水暴涨决溢，大水冲至洛阳津阳城门，淹没数千户；魏太和四年（230 年）八月，大雨连降 30 余日，伊河、洛河再次发生决溢，造成严重饥荒；晋泰始七年（271 年）六月，黄河及支流洛河、伊河、沁河并涨，200 多人葬身洪水，灾情严重；汉（前赵）麟嘉二年（317 年），黄河、汾河大水漫溢，漂没数千家。这几次大水，由于长时间下暴雨，黄河干流及主要支流伊河、洛河洪水急速上涨，导致黄河下游发生严重漫溢。其中，黄初四年洪水刻于洛阳伊阙的石壁上，铭文写道："黄初四年六月二十四日，辛巳，大出水，举高四丈五尺，齐此已下。"当时的洪水四丈五尺，约合现在的 10.9 米。据后来水文工作者现场考察推算，那年伊河洪水流量接近 20 000 米^3/秒。支流伊河发生如此之大的洪峰，可以想见黄河干流惊涛拍岸、险象环生、漫溢决口的严重场面。

据《元和郡县志》记载，济州的治所碻磝城，其城西临黄河，晋末为河水所毁，治所迁到河北博州界。碻磝，是北魏时期重要的黄河渡口，故址在今山东茌平西南，也是当时的军事重地。如此军事要地被洪水冲毁，可见洪水之大，灾害之重。

北魏延昌至熙平年间（512—518 年），黄河下游北岸的冀州等地不断发生泛滥。时任伏波将军、左中郎将的崔楷在给皇帝的上书中，以触目惊心的词句，痛切地陈述了冀州、定州等地黄河洪水灾害的严重情况："频年淫雨，长河激浪，洪波泪流，川陆连涛，原隰通望，弥漫不已，泛滥为灾。户无担石之储，家有藜藿之色，华壤膏腴，变为舄卤；菽麦禾黍，化作蕇蒲。"大片良田盐碱沙化，地里长满萝藦和蒲草，广大民众家无隔夜粮，靠吃野菜过日子，处境十分悲惨。

然而，即使在兵荒马乱的战争期间，割据政权为维护统治，对黄河流域水利工程的修复也在时而进行。

北方诸国中，立国于陕西关中的前秦，在与汉民族长期交融中，深刻认识到水利对发展农业生产的重要性。建元十三年（377 年），国王苻坚下令依照修筑郑白渠旧例，发动王侯以下及豪望富室家的僮隶 3 万人，开泾上水源，凿山起堤，通渠引渎。次年春天，在战乱中堙弃的郑国渠、白渠重新恢复了灌溉功能。通过兴修水利，农业生产得到发展，前秦的国力大为增强，逐步统一了北方，为再图南下积蓄了物质基础。

南北朝时期，经过几十年的战争，鲜卑拓跋部建立的北魏政权在乱世中崛起，再次统一了北方。在此之前，北魏就以河套地区为重点，在五原一带开挖了 70 里长的渠道，建成了南北宽 20 里的灌区。统一北方后，北魏太平真君五年（444 年），位于今宁夏灵武市的薄骨律镇守将刁雍向朝廷上书称，由于黄河变迁，古渠道高出黄河 2 丈多，无法引水，农业受制约，该镇百姓和军人艰困。因此，请求修建艾山渠引黄河水灌溉。

这一计划得到了魏太武帝的批准。刁雍率领 4 000 多军民，在旧渠口下游开辟新口，利用河中沙洲筑坝，分河水入河西渠道。新开渠道向北长 40 里，下接古渠道 80 里至灌区。建成后，灌田 4 万余顷，粮食产量明显提高。此前农民一年劳动所收，连国家赋税都交不起。渠道修成后，该镇变成了"官课常充，民亦丰赡"的富庶地区，成为北魏边镇的重要粮食基地。

北魏孝文帝登基后，这位鲜卑族杰出的政治家，其复兴和扩大黄河灌区的决心与气魄超过了前辈。他在推行政治制度改革的同时，重视农业生产，致力于兴修水利。两次下诏令云中、河西及关内六郡"各修水田，通灌溉"，并组织水工赴各地指导施工。在他的强力推动下，北魏的农业生产与水利事业蓬勃发展起来。

农业为立国之本，水利为农业之基。处于战争乱世的君主正是牢牢把握了这一点，在黄河流域称雄立足的。

第四章

漕运辉煌

隋朝的建立，结束了我国长期分裂的局面，社会生产力获得了恢复和发展。开凿修建大运河，沟通了长江、淮河、黄河等水系，为我国古代水利史写下了波澜壮阔的一页。唐朝继而兴起，社会安定，八方来朝，文化兴盛，盛世气象喷薄而出，黄河流域的农田水利和漕运事业蓬勃开展，成就辉煌。"安史之乱"后，唐王朝渐趋衰落。五代十国时期，国家分裂，大河两岸处于藩镇割据状态，黄河水患频繁，民不聊生。虽然朝代更替，风云变幻，世事沉浮，然而，中华民族统一发展的历史潮流，始终如黄河巨浪，浩浩荡荡，奔腾向前。

一、盛世京都，漕运极地

自西晋末年到北朝结束的 200 多年间，中国大地上，黄河流域的割据政权，像走马灯一样，你方唱罢我登场，国家分裂，社会动荡，给人民带来了深重苦难。

公元 581 年，隋朝建立，结束了长期分裂的局面，国家复归统一。隋朝国都定于关中平原的长安。

自周朝以后，秦汉隋唐各朝多选择定都黄河腹地的关中地区，这主要有几方面的原因：第一，关中平原地处战略要地，北面、东面有黄河天险，南面有巍峨险峻的秦岭、华山，易守难攻，可以抵御来自各方面的侵扰；第二，古代的关中平原，气候宜人，温暖湿润，适合农作物生长，具有农耕经济优势；第三，关中平原能够避开江河泛滥的冲击，而黄河下游平原常年发生洪水灾害，虽然土壤肥沃，但不适宜做一国之都；第四，关中平原地处丝绸之路中心，驿站等交通设施成熟，东西方贸易往来便利，而其他地区当时不具备这样的条件；第五，关中平原农业技术领先，传统文化基础丰厚，这些均为当时立国建都的得天独厚条件。

关中平原的长安，四周河流密集，泾、渭、浐、灞、沣、滈、涝、潏诸水环绕，有"八水绕长安"之称。从西周到唐朝，先后有十三个朝代建都于此，历时长达一千多年，是我国建都王朝最多、时间最长的城市。

隋朝建立后，国家进入新的稳定发展时期。开皇二年（582年），隋文帝在汉长安城基础上兴建大兴城。唐朝又进行了局部改造，至唐高宗永徽五年（654年）完工，历经70多年。隋唐时期的长安城，规模宏大，建筑壮丽，规划整齐，布局严谨，是我国都城建筑史上的一个里程碑，被称为"盛世长安"。

然而，由于历史上战乱频繁、自然灾害等原因，长安城屡建屡毁，历经沧桑。仁寿四年（604年）七月，隋炀帝杨广即位后，决定另选一座具有良好交通条件的新都城，最终将目光聚焦在号称"天下之中"的洛阳。

洛阳位于洛水之北，古名雒阳，又称洛邑。这里地处黄河中下游之交，西靠秦岭，东临嵩岳，南偎伏牛，北依太行，河山拱戴，形胜甲于天下，位居天下之中。十省通衢，经略四方，素有"八关都邑，四面环山，五水绕城"之誉称。

隋朝之前，东周、东汉、曹魏、西晋、北魏曾先后在洛阳建都。周平王迁都洛阳后，东周共有22世王居于洛阳。洛阳作为东汉首都长达100多年，其间得到较大规模的建设，成为丝绸之路的东方起点。

设计建造新的洛阳都城，事关隋朝帝国的形象和气质，谁能担负这一重任呢？大业元年（605年）三月，隋炀帝决定将这个神圣使命，交由尚书令杨素及将作大匠宇文恺等人承担。

接到营建东都的诏令，杨素、宇文恺等几位大臣立即行动起来。仿佛一夜之间，隋朝开国以来最大的工地忽然出现在洛河边上，几百万民工被征调到洛阳，杨素等人没有让皇帝失望，不到一年，第二年春正月辛酉，"东京成"，一座周长27.5公里的巍峨都城即拔地而起。这在当时的施工条件下，是难以想象的。据记载，为了建设洛阳都城，当时每天路上运送民工尸体的车辆来往不绝。东都洛阳这座辉煌城市，正是在几百万民工的苦难劳役和大量牺牲上建成的。

如果说，长安彰显的是礼法庄重峻严，那么，洛阳展现的则是绝代锦绣繁盛。

隋朝洛阳城的建制有宫城、皇城、外郭城三个部分。城内宫殿巍峨，气势恢弘，雕梁画栋，蔚为壮观。宫城两侧有东城和上阳宫。特别是东城以北修建了含嘉仓，面积约 45 万平方米，内筑 400 余座窖仓，可储存粮食达百万石之多，是当时全国最大的粮仓。

洛阳龙门石窟

洛阳的外郭城南抵伊阙，北依邙山，东出瀍水，西至涧水以西，总面积达 47 平方公里。商业区内"一百二十行，三千余肆，甍宇齐平，四望一如，榆柳交阴，通衢相注。市四壁有四百余店，重楼延阁，互相临映，招致商旅，珍奇山积"，一派繁华景象。

武则天即位后，都城从长安迁至洛阳，洛阳再度成为中国政治、经济、文化中心，鼎盛时期人口逾百万，创造了这座古都的繁盛巅峰。

实际上，从黄河腹地的咸阳、长安，到"天下之中"的洛阳，直至后来宋代建都于汴京开封，中国古代都城逐步从西向东，由内向外，进行移动迁建，也是顺应中国经济重心不断东移趋势的要求。

随着黄河中游地区人口的增长，西部与东部、北方与南方经济差距的不断拉大，单纯靠黄河腹地的经济产出支撑国家统治，已经远远不够。而利用漕运弥补朝政经济的不足，三门峡等黄河天险的阻碍，又成为长期困扰的难题。另一方面，由于中国政治传统和历史文化的影响，国都又不宜南迁。因此，在边境军事因素没有发生更大改变的情势下，把国都迁至水上运输更为便利的黄河中下游，以东西互补、南北互通，来调节地区经济均衡，以政治文化的纽带作用维护和强化国家统治，就成为必然选择。

如此可以看出，创制宏伟的长安，风华绝代的洛阳，及其一座座誉满神州的珍贵古建筑，确实成为隋唐京都的辉煌标志。

二、千帆竞发大运河

隋朝建立之初，隋文帝杨坚致力于社会生产力的恢复和发展，实行富国强民政策，继续推行均田制，扩大田租税源，减征赋税和徭役，减轻农民负担，国力迅速增强。全国的家庭发展到 907 万多户，人口约 4 602 万，国家每年财政收入折算约 558 万贯。全国呈现出"户口滋盛，中外仓库，无不盈积"的局面，积累起了强大的物质基础。

这一时期，中国经济重心逐渐南移，江南为主要粮食产地。京师长安所在的关中八百里秦川经过几百年开发，地力渐尽，且耕地有限，难以供养官民所需。为把江南地区的粮食物品运输至京都长安，进一步开凿运河，大力发展漕运事业，成为隋王朝的一项急迫任务。

开皇三年（583年），隋文帝下令在黄河沿岸各州设置仓廪，征发陕西、山西、河南十三州兵丁，专门从事漕粮转运。其中，在卫州、陕州、洛阳、华州设置的黎阳仓、常平仓、河阳仓、广通仓，以及隋炀帝杨广即位后修建的兴洛仓、回洛仓，合称"隋代六大粮仓"。最大的兴洛仓有3 000个粮窖，单窖储量达80万斤，约合24亿斤，围绕粮仓的城墙方圆达20里，堪称超级粮仓。仓储体系的形成，为开发漕运做好了前期准备。

当时，由于渭河水量无常，泥沙淤积，时常阻塞漕运，开皇四年，杨坚命建筑专家宇文恺率领水工另开一条漕渠，自长安城西北引渭水，沿汉代漕渠故道向东，至潼关入黄河，全长150多公里，名为广通渠。开皇七年，又在今河南荥阳西北的河阴增筑了汴口堰，在扬州开凿了古运河山阳渎（亦称邗沟）。通过一系列工程建设，呈现出一个新的漕运体系。据《隋书·食货志》记载："京邑所居，五方辐凑，重关四塞，水陆艰难。大河之流，波澜东注，百川海渎，万里交通。虽三门之下，或有危虑，但发自小平，陆运至陕，还从河水，入于渭川，兼及上流，控引汾、晋。舟车来去，为益殊广。"至此，除孟津至陕州之间为避开三门天险采用陆路转运外，其余黄河、渭河皆可通航。

隋炀帝杨广登基后，为进一步改善黄河、淮河、长江之间的漕运交通，加强对东南地区的控制，于大业元年（605年）动工开凿了通济渠。

当时黄河南岸的漕运路线是，沿江南运河到今镇江过长江，再顺山阳渎北上转入通济渠，沿黄河、渭河逆流而上，最后抵达长安。其中，通济渠是联系黄河、淮河、长江三大水系的重要纽带，分东西两段。西段主要是疏浚整治汉魏故渠，西起洛阳，以洛水为水源，穿过洛阳城南，到偃师东南，再顺洛水入黄河。东段的"引河通淮"工程则十分艰巨，首先是在黄河岸边的荥阳板渚与开封之间，对汉魏汴渠故道进行疏浚、扩宽、改建，引黄河水向东至开封，与原汴渠上游合流。开封以下与原汴渠分流，另开新渠，直趋东南。经今河南杞县、睢县、宁陵、商丘、夏邑、永城，安徽宿州、泗县，江苏的泗洪县，至盱眙县注入淮河。两段全长近 1 000 公里，河渠宽 50 多米。运河两岸，筑有宽阔的御道，种植成行的柳树，工程规模宏伟而浩繁。

同年，杨广又征发淮南民工十余万，疏浚扩建了北起江苏淮安、南到扬州的山阳渎，沟通了长江与淮河的水上联系。至此，黄河南岸的大运河全部沟通。工程完工后，隋炀帝多次乘坐高大龙舟，率领庞大船队往返于洛阳和扬州之间。

黄河南岸的运河水系建成后，大业四年（608 年），隋炀帝又诏发河北诸郡男女百余万劳力，开凿了黄河以北的永济渠。这条渠主要是利用沁河、淇河、卫河以及永定河等天然河道修建而成。南引沁河与黄河连通，向北分出一部分沁河水与清河、白沟相接，经今卫辉、浚县、内黄、大名、馆陶、德州、南皮、沧县等地，至天津附近折向西北，最后到达今北京市通州，全长约 1 000 公里。

在短短六年间，隋炀帝相继改建开凿了通济渠、永济渠、山阳渎与江南运河，连通长江、钱塘江、淮河、黄河、海河五大水系，形成了以洛阳为中心，西通长安、南至余杭、北抵涿郡的庞大水运交通线。这条大运河总长达 2700 多公里，水面宽 30~70 米，史称"隋唐大运河"。其中，位于黄河南北两岸的通济渠和永济渠，是最重要的两段。两条渠以丰富的黄河水作通航水源，工程布局以洛阳为起点，呈扇形向东南和东北张开，充分利用东低西高的特点，既节省开凿人力物力，又便利通航畅达，体现了很高的水利工程科技水平。

通济渠和永济渠建成后，对隋朝南北交通发挥了至关重要的作用。江淮地区的粮食财物，经山阳渎、通济渠进入黄河，西行可抵达长安。同时，通过通济渠口过黄河，进入永济渠，一直可以到达北方重镇涿郡，即今北京。大业七年（611 年），隋炀帝自扬州乘龙舟进入永济渠，率大军赴涿郡攻打高丽。出动战船5万多艘，水陆兵士7万，征发江淮民夫及船只运送军粮，船队前后长达千余里。隋炀帝还多次乘龙舟到扬州游幸，并准备设置沿河驿宫，将航线拓展到杭州。

　　然而，修建通济渠、永济渠耗费了隋王朝巨大的人力财力。隋朝全国总人口5 000多万，仅兴建通济渠就征用役丁300多万。修筑永济渠时，因男劳力不够，只得以妇女从事劳役。沉重的劳役，加之连年征讨，引发了尖锐的社会矛盾。永济渠开通不久，各路起义烽火先后点燃。杨广最终不

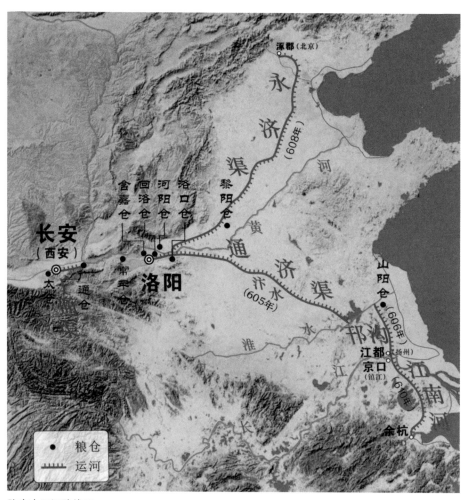

隋唐大运河路线图

仅杭州没能成行，连京都洛阳也未及返回，便死在扬州，隋王朝随之宣告灭亡。

对此，唐代诗人李商隐以"玉玺不缘归日角，锦帆应是到天涯"的诗句，调侃杨广说，如果不是皇帝的玉印落到了李渊的手中，大概他的龙舟锦帆要飘到天边去吧。

唐朝继而建立，定都长安。随着社会安定，经济发展，京师日益繁华，唐王朝的漕运要求越发迫切，对于大运河的依赖更加强烈。

唐时的通济渠改称汴渠，这里仍是连接黄河与淮河的锁钥，由于汴渠渠首紧连着黄河，靠近渠首的河道经常淤塞，为了保持漕运通畅，唐朝初期，每年都要征发附近州县的民工对渠口进行清淤疏浚。

当时，漕运难过三门峡险关的问题依然十分突出。船艘过往三门峡需要艄公"门将"领航。他们虽然世代居于黄河岸边，熟悉水情，但通过三门峡时，仍然难免触礁碰石，船毁人亡，顷刻卷入漩涡。三门砥柱天险，给关中漕粮带来很大制约。

为了克服三门峡段水运困难，开元初，李杰获任为水陆运使，加强了陆路转运，从洛阳含嘉仓到陕州太原仓设置了8个转运站，每年运量由80万石增加到100万石。

开元十五年（727年），朝廷征发河南府、怀州、郑州、汴州、滑州等地3万多人，由将作大匠范安及主持，对郑州附近的板渚口旧河进行了大规模疏浚、维护和开凿，漕运能力大为提高。

但这时，在三门峡修栈道靠拉纤渡河，仍经常出现船毁人亡事件。开元十八年，宣州刺史裴耀卿上奏皇帝：江南漕粮二月入扬州斗门，遇水浅，四月才能由淮入汴，六七月才到黄河。夏季是黄河洪水期，不能入黄河，又要停一两个月，再加上三门峡这道难关，因此漕运粮食物品损耗较大。于是他建议加强仓廪贮藏转运，江南船不入汴，汴船不入黄河，河船不入洛水，采取水陆连运、分段转输、完善仓廪的方法。当时未被采纳。三年后，京师雨水害稼，粮价跃涨。唐玄宗就漕运问题问计调任京兆尹的裴耀卿，前述建议始被采纳。经过实施，三年漕运量上升到 700 万石，节省陆运费用 40 万贯，成效显著。

裴氏漕运法实行了四五年，便随其罢相而终止。开元二十九年，陕州刺史李齐物重提"变陆为水"的漕运方案。在三门峡人门左岸开凿一条新的人工运渠，长约 300 米，宽 6~8 米，深 5~10 米，史称"开元新河"。这项宏伟的凿山开河工程，历时仅 3 个月，开挖石头 10 000 多立方米。凿山破石采用烧岩石浇醋法，即用薪炭把岩石烧红，再用食醋浇在岩石上，产生热胀冷缩使岩石炸裂。开元新河开通后，东来的货船不再靠陆路转运装卸，每年运力可省去 50 万人，同时，避开了三门峡激流，航道大为改善，漕粮数额显著增多。

天宝元年（742 年），唐朝又命水陆转运使韦坚对关中漕渠故道进行了修整。在咸阳以西的渭河上筑堰分水，截灞水、浐水东流到潼关以西的永丰仓与渭水汇合。又在浐水上开辟了大型码头，可以停泊漕船数百艘。从此，江淮漕船可直抵长安，开创了隋唐大运河全程通运的新局面。据记载，天宝二年通过黄河与运河输送至关中的粮食达 400 万石，创造了唐代漕运量的最高纪录。

对此，后来元代诗人萨都剌《黄河舟中月夜》诗曰："十丈雪帆拂斗杓，星槎风急浪花飘。夜深露冷银河近，卧听天孙织绛绡。"形象追述了黄河漕运的繁盛景象。

三、刘晏与唐代漕运中兴

唐代的漕运辉煌局面持续了 100 多年。安史之乱后，汴渠疏浚陷入停滞状态。唐广德二年（764 年），由于关中缺粮，饥荒四伏，刘晏临危受命，奉旨接办漕运。他组织人力疏浚汴渠，打造大型漕船，对漕运体制进行了深度改革，使唐代漕运又出现了一段繁盛局面，为大唐实现中兴、延续荣光奠定了财政基础。

战乱后唐王朝经济陷入极度困境。尤其是沟通江南与关中的经济命脉漕运受阻，连接淮河与黄河的漕运大通道汴水，因年久失修，埋废淤塞不能行船。江南粮船只能从长江绕道汉水，然后下船改走陆路，用马拉车运的方式翻越秦岭山路，才能运抵长安。这条运粮之路不但遥远，而且沿途险象环生，运输时间与成本耗损极大，由此导致关中地区一斗米卖到一千钱，比贞观年间的一斗米三四钱高出二百多倍。朝野上下都为生计发愁，甚至田里的麦穗还没成熟，就被捋下来充作禁军军粮，就连皇宫里也经常是吃了上顿没下顿。

面对严重的经济困局，刘晏虽被罢相，仍担任着度支盐铁转运租庸使及东都、河南、江淮、山南等道转运租庸盐铁使，统筹负责从江南到河南的漕运事务，筹划疏浚汴水河道。唐代宗下令刘晏与各地方节度使商讨筹集整治汴水事宜，并特地授权他根据漕运需要，无需请旨即可先行实施，事后再行奏报。

刘晏得到授权之后，即着手恢复从江南到关中之间的漕运通道。他亲自带领属下实地勘测从淮河、泗水到汴水、黄河的各条漕路河段，深入考察三门峡的栈道石渠，河口仓、洛口仓等转运粮仓，全面总结了前人办理漕运的经验教训。

刘晏深知，疏通汴水、重修漕路，最难的是从朝廷到地方各种势力的掣肘。为此，他上书宰相元载，系统提出了整理漕运的全盘思路和整体改革方案。

刘晏认为，整理漕运有"四利"：一利减轻关中地区百姓税负。从江南调粮到关中，至少可以减轻百姓一半的赋税徭役。二利战乱恢复。安史之乱期间，东都洛阳毁于兵火，民生凋敝，漕路恢复后，可招引流民落户定居，渐次恢复经济。三利重振朝纲。修复漕运充实国库，震慑地方节度使尾大不掉局势，维护国家统一，巩固国防安全。四利重构经济秩序。漕运水路打通后，可以重构全国统一的商品流通网络，活跃城乡交易，可望恢复至战前经济水平。

从刘晏分析"四利"可见，他不只是把恢复漕运当成是打通粮运通道的手段，而且是要以整理漕运为基础，恢复整个大唐经济体系内的商品流通，逐渐医治战争创伤，进而扭转中央在与地方藩镇和周边强邻关系中的弱势地位，收拾旧河山，重建大一统的盛世荣光。

刘晏也深知，在当时满目疮痍的战后环境中，整理漕运无疑面临着重重困难。他对此直言分析，漕运有"四病"：一是受长期战乱影响，漕运河道所经地区人烟稀少，没有足够的劳动力可以支撑如此浩大工程。二是黄河、汴水因多年失修，泥沙沉积，河床淤塞，千里河道到处是浅滩，吃水很深的粮船根本无法通行，即使勉强通航，漕运速度也很缓慢，不能解关中缺粮燃眉之急。三是漕路沿线还很不太平，经常有小股乱兵袭击黄河沿线，粮船航行安全得不到保障。四是从江淮到关中长达三千里的水路运输线上，藩镇林立，地方武装往往借口军粮不足，抢夺朝廷漕粮。

为了争取朝中重臣支持，克服"四病"，刘晏在上书中恳请宰相元载总揽漕运，自己负责具体事务，坦言愿用一生所学报效朝廷。

当时，元载正在全力巩固朝中权势，无暇旁顾，加之皇上已经授权刘晏，于是就把改革漕运之事全权委托给刘晏。

在实地勘测水情，全面分析利弊的基础上，刘晏采取了多项措施，对漕运进行了系统性改革，重新打通了从江南到关中的输血大通道。

首先是重新疏通河道。安史之乱后漕运不畅，直接原因在于汴水航道不通。为此，刘晏借助河南驻

立在江苏盐城中国海盐博物馆的刘晏雕像

军力量，并发动两岸百姓对汴水等淤塞河道进行清淤疏浚，恢复漕运功能。

为保证漕运所需水量，刘晏"分黄河水入通济渠"，又分派官吏管理今皖南地区的丹阳湖，禁止沿湖百姓随意取水灌溉，由此基本满足了河漕水量。为避免沿岸兵匪劫掠漕粮，刘晏还组织起了护粮军队，每十艘船为一队，由军将带领一百军士武装护航。解决了疏通汴水的首要关节，各段河道逐步恢复了航运能力，江南租赋重新源源北上。著名诗人岑参为此有诗云："刘公领舟楫，汴水扬波澜。"

刘晏改革漕运的第二步是完善分段运输。唐代漕运刚开始沿用传统的直运方式，即从江南直接运输到长安。由于各段河道水力不同，水情不一，涨落时间各异，漕船辗转进入各条河道往往需要长时间等候，导致运速慢，运粮少，不能满足关中地区日益增长的粮食需求。

开元年间，裴耀卿曾经调整运输方式，由全程直运改为分段运输，江南漕船到黄河后卸粮即回，然后再由黄河漕船分送到长安和洛阳。但裴耀卿的改革很不彻底，尤其是经安史之乱，分段运输基本废弛。

刘晏在裴耀卿改革的基础上，对分段运输方式进行优化升级，沿各条河道设置粮仓，分地储存粮食，分段接力运输。漕运航线划分为长江、汴水、黄河、渭水四个河段，"江船不入汴，汴船不入河，河船不入渭"，江南漕船运粮到扬州粮仓，然后由汴水漕船输送至河阴粮库，接着由黄河漕船运至渭河入黄河口仓库，最终由渭水漕船运送到长安太仓。各河段漕船均可根据具体水情择机行船，节省了等候时间，运时缩短，运力提升。各河段的船工对所属航道水情也更加熟悉，往来自如，不易出事，运输稳定性得到保障。

在此之前，漕粮都是散装散运，装卸损耗严重，也给贪官污吏偷窃提供了便利。刘晏改为袋装整运，漕粮装进麻袋，装船起运。不仅便于分段转运时装卸运输，还减少了损失。

第三步是变水陆联运为全程水运。从黄河转漕至渭水，最为危险的是三门峡。三门之中，神门、鬼门均万分凶险，只有人门可以行船，但此处也是暗礁遍布，危石林立，险情多发，漕船逆流上行，稍不留神就会翻船，粮沉人亡。刘晏将三门峡段陆路改回水运，为了避免翻船，刘晏筹资打造了坚固耐用的漕船，即"上门填阙船"，同时从巴蜀购买大量竹子麻皮，制作坚韧绳索用来挽舟拉纤。他还雇用经验丰富的纤夫船工，漕船通过三门峡时，30 名纤夫拉纤，5 名船工撑篙，齐心协力，互相配合，把漕船拉过三门峡险谷激流。

第四步是变造船私人承办为朝廷操办。将漕船建造统一收归朝廷，在扬州设立了 10 个官办造船厂。根据不同河面水情，制造相应功用船只。如"歇艎支江船"，船型肥阔，浅仓平底，载重大，可装四五十吨粮食，适合在江南水流平缓的河道航行。而"上门填阙船"，尖底小腹，船底坚实笨重，船头船尾高翘，船身两侧配有较高的护舷板，适宜在黄河三门峡等水流湍急、峡谷险滩的河道航行。

在朝廷出面开办造船厂的同时，刘晏还改变了私人组织漕运的方式。在此之前，漕运由富户组织贫民无偿服徭役、出义务工进行，富户从中牟利，贫民叫苦不迭。刘晏实行漕运官办，用官营盐业获得的利润雇用水性好、身强力壮、经验丰富的船工水手，付给他们丰厚的工资，取得了"不发丁男，不劳郡县"而劳力充裕的良好效果。

经过刘晏对漕运体系的全面改革，从江南到关中的运输时间从八九个月削减至 40 天左右。运粮成本也大幅下降，每斗米从镇江运至长江对岸扬州的运费从 19 钱降至 4 钱，从扬州到河阴（治今河南荥阳东北）的运费从 120 钱降至 30 钱，其他商品从扬州到开封的综合运输成本从 2 200 钱降至 1 300 钱，"岁省十余万缗"。通过漕运每年可向长安调粮 110 万石左右，长安粮价很快被平抑。当年第一批漕粮运到长安时，代宗亲自派皇宫卫士敲锣打鼓到渭河码头迎接，并派人传口谕给刘晏："卿，朕酂侯也。"酂侯是汉高祖刘邦封萧何的爵位，这里唐代宗将刘晏比作汉初贤相萧何，给予他很高的赞赏。

唐代自安史之乱后，长安政权之所以继续维持，江南财富效应之所以能够有效转化为关中朝廷的治理能力，与刘晏对唐代漕运的系统改革密不可分。正如岑参诗所言，从此"万里江海通，九州天地宽"。

唐朝中后期，黄河、汴渠漕运多次因战乱而中断。唐德宗时期，叛将李希烈占据汴州，堵塞运河漕运，唐朝政权危在旦夕。幸而镇海军节度使兼浙江东西道观察使韩滉将三万斛米运到陕州，唐德宗喜极而泣，对太子说："米已至陕，吾父子得生矣！"可见漕运已经到了影响唐王朝生死存亡的境地。最终，还是由于藩镇割据，漕运阻断，国家的经济命脉难以为继，唐王朝走向灭亡。

四、在希望的田野上

在以农立国的古代中国，农业发展状况直接影响到国家政权的兴衰与存亡。隋王朝虽然寿命不过短短 30 多年，但也兴修了一批农田水利工程。据《隋书》记载，当时在京都长安和其周围及关中一带，修建有永丰渠、普济渠、茂农渠、白渠、金氏陂等。

隋开皇元年（581 年），都官尚书元晖奏请，引杜阳川之水灌溉武功县西南的三畤原，工程完成后，数千顷盐碱地得以明显改良。在黄河中游下端的怀州（治今河南省沁阳市），修建了利民渠和温润渠。这些水利工程，对于隋朝政权的巩固和南北统一，促进农业经济发展起到了相当大的作用。

唐王朝继兴，以其辽阔的国土，开明的政治，发达的生产，繁荣的文化，强盛的国力，将中国封建社会推上了顶峰，引来八方使者争相朝觐，四海之滨咸服称颂。

为了医治隋末战争造成的创伤，巩固国家的统一，维护和加强自己的统治，唐初的统治者推行了一系列有利于统一安定和发展农田水利的政策。伴随着关中平原再次成为东方帝国的国都，这一地区的水利事业又一次进入高潮。

久负盛名的陕西的郑白渠是这时扩建的重点。此前由于该渠已大部分淤废，因此扩建工程首先从兴修引水工程开始。具体工程措施是，在泾河中用块石筑起一座类似都江堰分水鱼嘴的石堰，将泾水分为两支，南支为泾水主流，东支则流入郑白渠。石渠用铁器相连十分牢固，长宽各约150米，人称为"将军翼"。这座灌区引水建筑物的首次出现，显著扩大了引水量。

郑白渠扩建工程的第二步，是将白渠改造为太白、中白、南白三条渠道，称之为三白渠。位于陕西泾阳县西北处的太白渠为三渠之首，在这里与将军翼引水工程相连，东流到陕西富平县，南入漆水、沮水。在泾阳县之南分出的中白渠，向东流至陕西下邽县与渭河相连。南白渠是中白渠分出的一条渠道，在高陵县东南入渭河。经过这样一番改造，扩大了灌溉面积，灌田可达4万顷。

郑白渠的扩建大大增强了关中平原的富庶，但由于利益驱动，此时王公权贵也竞相建造水碓水磨，截流水源，大大缩小了灌区面积，至永徽年间（650—655年）灌溉面积已下降到1万多顷。对此，虽然皇帝多次出面干预，敕令拆除，但私建之风屡禁不止。安史之乱后，随着中央政权日益衰落，灌溉管理制度更难为皇亲国戚所遵守，干支渠上擅自兴建的截流工程越来越高，数量越来越多，连唐代宗李豫的女儿升平公主和戡乱有功的汾阳王郭子仪也参与其中。致使郑白渠灌溉面积与日俱减。至大历年间（766—779年），整个灌区可灌面积锐减到6200余顷，仅为唐前期的一半左右。长期以来，郑白渠上下游的水利争讼不断。长庆三年（823年），白渠下游高陵县县令刘仁师忍无可忍，为新开引泾灌渠奔走呼号，将水案打到了中央。官司打了两年，终以允准高陵县另修新渠而结案，当地旱田得以浇灌，民众欢欣鼓舞。

唐代关中水利的另一处工程是对陕西成国渠的扩建改造。此前的贞观、永徽、圣历、久视年间曾对该渠进行多次整修。这次改造扩建重点主要是扩大水源。咸通十三年（872年），将莘川、莫谷、香谷、武安四水导入成国渠，大大增加了灌区的水量。此后又经过对干渠的修复与渠系的调整，灌区面积大为扩展，陕西武功、兴平、咸阳、高陵等县1万多顷农田深受其益。

　　唐代的关内道，大致包括今陕西省的中部、北部，甘肃省的东部，宁夏及内蒙古的河套农田水利地区，是黄河流域农田水利最兴盛的地区。在这个地区内，黄河及较大支流渭河、泾河、北洛河、无定河，长安附近的沣、滈、灞、滈、潏、涝诸水，大都进行了水利开发。这些水利工程，有些是专为农田灌溉而兴建的，有的则兼有灌溉、漕运、供水综合利用效益。所谓"八水绕长安"，就是唐代京城附近丰沛水系的生动写照。

　　与关内道隔黄河相望的河东道，是李渊、李世民父子太原起兵的根据地，称为北都，因而唐代对河东水利投入了极大的关注。

　　黄河支流汾河是流经河东最大的一条河流，汾河中下游是一片平原川谷，是发展农业生产的理想场所。作为龙兴之地，唐太宗李世民入都长安后，尤其重视汾河水利的兴复。在朝廷的大力支持下，贞观年间（627—649年），先后在太原、文水县开凿了晋渠、文谷水引水工程，在此基础上开凿的甘泉渠、荡沙渠、灵长渠、千亩渠将整个工程的灌溉面积扩展至数千顷。绛州一带的引汾灌区是汾河流域一处较大的水利工程，仅唐永徽元年（650年）山西的曲沃县所开新绛渠就灌溉农田百余顷。唐贞元年间（785—805年），绛州刺史韦武在朝廷的支持下，将原来分散的工程统一规划，协调布局，重新修建为一个统一的大型水利工程，灌溉效益大大提高，13 000余顷农田得到渠水的浇灌。经过不断增修补缀，汾河沿岸，水到之处都留下了渠堰布施甘泽的遗迹。

　　随着黄河干支流水资源的开发利用，唐代人们对水利重要性的认识日益加深，水利管理制度逐渐完善。

　　黄河水利管理体制上，唐朝设立了专门水利主管机构，在中央尚书省工部之下设水部，置水部郎、员外郎各一人，掌管全国水利、航运、灌溉事务。同时设置都水监，具体负责管理水利工程。对于京都附近的泾河、渭河、白渠等河渠的水利灌溉，朝廷则确定由京兆尹直接领导，各渠设渠长、斗门长；兴成、五门、六门、龙首、泾堰、滋堤等六堰，设有具体管理水利

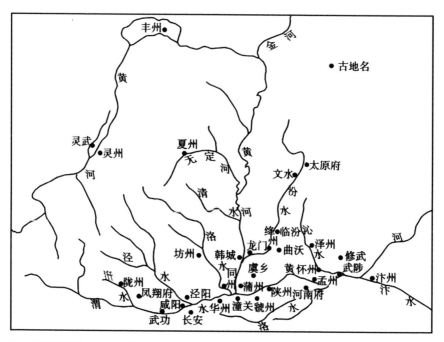

隋唐黄河流域灌溉工程所在地示意图

渠系设施的官员，一些重要渠系还特设了渠堰使、渠堰副使等高一级职务。对于渠长、斗门长，年龄、资历都有明确要求，据唐代官制的行政法典《唐六典》注释记载："以庶人年五十已上，并勋官及停家职资有干用者为之。"整个水利管理的职权架构分明，中央负责发布重大决策与命令，基层渠长、斗门长负责调节不同季节的用水量，州县官吏则负责协调工程建设，督查渠长、斗门长的工作。

唐代水利管理水平的提高，提水工具的改进，水利机械的使用，城市供水的出现，测量制图学的成就，有力促进了水利事业的发展。

《水部式》是唐朝关于水资源管理的专门行政法规，对于水资源的利用、分配、节水等内容有着较为详细的规定。这部法规曾对高陵县的适时灌溉，合理用水管理制度做了详细的记载，规定：高陵县清、白二渠交口处设立斗门，"清水恒准水为五分，三分入中白渠，二分入清渠，若水雨过多，即与上下用水处相知开放，还入清水。二月一日以前，八月三十日以后，亦任开放"。在同一灌区既要防止在雨多时节下游灌区闭闸拒水，使上游灌区因排水不畅而受灾，更要防止上游截流使下游滴水无所得。此外，对于渠道的走向、宽度、斗门安放的地点，渠闸用料，如何组织人力物力进行维修，都有明确规定。正是由于这些水利管理制度的有效施行，肥美的黄河水进入农家田畴，换来了千斛万石的丰收，促进唐代黄河水利灌溉事业的迅速发展。

纵观唐代黄河流域农田水利事业的发展，大致经历了三个阶段。从唐初到天宝年间，水利工程如雨后春笋般兴起，是农田水利事业欣欣向荣的大发展时期，这一时期修建、扩建、修整的水利工程，多达42处。安史之乱后，唐代水利事业由停滞到衰落，逐步走向下坡路。唐武宗以后，朝政腐败，藩镇割据演变成连绵战争，农民起义烽火四起，唐代水利彻底没落，一度极为兴盛的黄河流域农田水利事业，基本上陷于荒废。由此可见，国家的治和乱，对于水利事业的发展，有着多么密切的关系。

五、文化宝库中的明珠

唐代是我国历史上的辉煌盛世，也是诗歌文化的高峰期。政治的开明，军事的强盛，经济的繁荣，疆域的辽阔，蓬勃高昂的民族士气，以及诗歌自身发展的高度成熟，使诗歌创作进入一个黄金时代。诗作范围之广，上至皇帝下至平民，诗人众多，群星灿烂，出现了李白、杜甫这样名扬千古的杰出代表。诗量之大，多达四五万首。诗歌形式，无论古体律绝，还是五言七言，都由完备而达全盛之境。内容的丰富，风格的多样，派别的分立，思潮的演变，呈现着百花齐放的繁荣景象。

与巩固的黄河流域政治、经济中心地位相适应，唐代反映黄河的诗作也达到了空前广泛的程度。在这些黄河诗作中，有的以黄河为主体，直接反映其景状，歌咏其精神；有的以大河为背景，抒情寄志，记述活动。各种风格、各种流派的诗人几乎都有吟咏黄河的诗作，并产生了许多光彩夺目的黄河诗篇。

　　唐天宝十一载（752年），大诗人李白与岑勋应邀到嵩山好友元丹丘的颍阳山居做客。自从八年前李白被排挤出京后，几年间因怀才不遇，常云游山河，借酒放歌，以此来摇荡心灵，抒发不平之气。这天，三人把盏饮宴，登高纵目。遥望源远流长的黄河，如从天而降，一泻千里，李白顿生感慨，不禁诗兴大发，于是高声唱道："君不见黄河之水天上来，奔流到海不复回！"一个壮阔恢宏、彪炳千古的黄河诗句，在感发人生遭际的《将进酒》中产生了。

　　如同李白《将进酒》把冲天的激愤之情化作奔腾豪放的情感一样，他在《公无渡河》《西岳云台歌送丹丘子》中的诗句——"黄河西来决昆仑，咆哮万里触龙门""西岳峥嵘何壮哉，黄河如丝天际来。黄河万里触山动，盘涡毂转秦地雷。荣光休气纷五彩，千年一清圣人在。巨灵咆哮擘两山，洪波喷箭射东海"同样豪情四溢，熠熠生辉，表现出浪漫主义的杰出艺术成就。

　　黄河雄浑壮阔的奔腾气势，赋予了唐代诗人胸襟宽广的政治抱负和创作灵感，使之成为唐代黄河诗所表现的共有内容。文人如此，帝王亦然。唐玄宗李隆基执政早期，任用贤相，励精图治，钟情文化艺术，创下"开元盛世"。他在题为《早度蒲津关》一诗中，放眼黄河两岸，情景交融："钟鼓严更曙，山河野望通。鸣銮下蒲坂，飞旆入秦中。地险关逾壮，天平镇尚雄。春来津树合，月落戍楼空。马色分朝景，鸡声逐晓风。所希常道泰，非复弃繻同。"对黄河雄奇壮美的景观给予了由衷的赞美，抒发了唐朝极盛时期的自信和豪放。

　　黄河两岸壮美的景物风光，是唐代诗人很感兴趣的题材。唐诗中涉及的地点又大多集中在一些雄关险隘、名胜古迹和古老渡口。在选取角度上，他们或放眼全河，神思飞扬；或驻足局部河段，借眼前所见，凭吊怀古，寄托情怀。由于时期不同，心情各异，即使是登临同一名胜，观瞻同一古迹，诗作的风格与情调也各不相同。姚合的诗，清新古雅，形神俱佳；李商隐的诗，神思飞越，色彩瑰丽；薛逢的诗，摹状若画，饱含浓情；薛能的诗，有闻有见，旷远雄浑；李频的诗，情趣盎然，清兴悠长。异彩纷呈，百花齐放，表现出了那个时代包容开放的鲜明特征。

　　三门砥柱，相传是大禹治水导河的遗迹。千百年来，砥柱石傲然屹立于激流漩涡中，任凭浊浪排空，乱石崩云，始终岿然不动，一向被人们所吟咏。魏征的《砥柱铭》，遥想茫茫禹迹，抒发了对"浩浩长源"治水功德的仰慕，表达了对河山一统大唐气象的自豪与感奋。柳公权《砥柱》诗，"孤峰浮水面，一柱钉波心。顶压三门险，根随九曲深。挂天形突兀，逐浪势浮沉。岸向秋涛射，祠斑夜涨侵"，更以隽永的笔触，

明刊本《唐诗画谱》中李益《汴河曲》配图

精致刻画了三门峡谷的凶险景状，酣畅淋漓地颂扬了中流砥柱不屈不挠的坚强精神。

　　唐代先后以长安、洛阳为京都，此时的大量诗作产生于黄河中游地区。著名的陕州河亭、潼关、蒲津关等，诗人多有登临之作。

　　这些黄河登临之作，寓情于景、寓理于景，意境开阔，哲理深邃，展现了诗人博大的民族胸怀和昂扬进取精神。王之涣《登鹳雀楼》："白日依山尽，黄河入海流，欲穷千里目，更上一层楼。"张蠙《登单于台》："白日地中出，黄河天外来。"温庭筠《公无渡河》："黄河怒浪连天来，大响珍珍如殷雷。龙伯驱风不敢上，百川喷雪高崔嵬。"崔颢《题潼关楼》："山势雄三辅，关门扼九州，川从陕路去，河绕华阴流。"王维《渡河到清河作》："天波忽开拆，郡邑千万家。"刘禹锡《浪淘沙》："九曲黄河万里沙，浪淘风簸自天涯，如今直上银河去，同到牵牛织女家。"笔力传神的佳句，不仅真切地写出了

黄河的波澜壮阔，变化万千，舒卷自如，并可以透视出黄河对当时政治、经济、文化等方面产生的作用和影响。

黄河流域幅员辽阔，战略位置极为重要，历代王朝在这里演绎出了一幕幕威武雄壮的历史活剧。由此，唐诗中产生了大量以黄河为背景、具有恢宏苍凉之气的征战边塞诗。

此类诗作又表现为三个方面：一是歌颂从军报国、建功立业。如王维《使至塞上》、高适《九曲词》等，洋溢着歌颂军功、称赞雄武的英雄气概与豪情。二是反对战争、抒写征怨之情。诗人们并不一味讴歌战争，在表达胜利喜悦时，也反映了战争对广大人民和平生活的干扰和破坏。如柳中庸《征怨》、李颀《古从军行》、李益《塞下曲》等，这些诗悲壮哀怨，怀乡思归，交织着悲凉慷慨、缠绵宛转的复杂情怀。其中，陈陶《陇西行》："誓扫匈奴不顾身，五千貂锦丧胡尘。可怜无定河边骨，犹是春闺梦里人。"常建《塞下曲》："黄河直北千余里，冤气苍茫成黑云。"等等，是这类诗作的典型代表。三是描写边地风光的。如周朴《塞上曲》："一阵风来一阵砂，有人行处没人家。黄河九曲冰先合，紫塞三春不见花。"一幅大漠边地的萧瑟苍凉景象，跃然纸上。李贺《北中寒》："一方黑照三方紫，黄河冰合鱼龙死。"以夸张手法，将黄河上中游严酷而瑰丽的冬景，凝聚笔端，形象再现。此外，张乔、贯休等人的边地诗作，对黄河也有多方面的反映。

唐朝末年，因藩镇割据、朋党争斗、宦官专权，唐王朝一步步陷入衰落困局。这一时期以黄河为背景的诗作，表现更多的是格调低沉、忧愁凄楚的情绪。罗隐《黄河》"解通银汉应须曲，才出昆仑便不清……三千年后知谁在？何必劳君报太平！"借咏叹黄河，抨击和讽喻唐末统治，表达对当时社会的绝望。罗邺《黄河晓渡》"大河平野正穷秋，羸马羸僮古渡头，昨夜莲花峰下月，隔帘相伴到明愁"，写连年落第、怀才不遇的惆怅心情。这时的诗作，或由黄河寄托远行悲思，或借黄河感发个人身世，嘲讽宦海沉浮，成为那个动荡离乱年代的主导感情。

唐代黄河诗从不同侧面和不同角度反映了唐时各个阶段的国情、水情以及大河两岸的自然特征。同时，由于诗歌的形象性和抒情性特点，它还使我们了解到那个时代人们的心理、感情、精神等，具有很高的认识价值、艺术价值和审美价值，堪称黄河文化宝库中的一颗璀璨明珠。

六、繁华盛世背后的隐忧

隋唐时期，黄河洪水灾害时有发生，在繁华盛世的背后也存在着深深的隐忧。

当时的黄河下游河道流路，大致和魏晋南北朝时相同，过河南荥阳，经今原阳、新乡、卫辉、延津、滑县、浚县、清丰、濮阳、范县，山东鄄城、阳谷、莘县、聊城、平阴、长清、临邑、邹平、惠民等地，向东注入渤海。

由于这条河道行水已久，到隋唐已进入它的晚期，河患显著增加。隋朝建立后，山东、河南一带就发生了四次大的黄河洪水。开皇十八年（598 年）河南八州郡发生大水；仁寿二年（602 年）河南、河北诸州大水；大业三年（607 年）黄河大水决堤，漂没河南三十余郡；大业七年秋，黄河大水，山东、河南决口多处，"漂没四十余郡，民相食，相卖为奴婢"。最严重的大业十三年，黄河大洪水，河南、山东饿殍遍野。隋炀帝下诏开滑州白马县的黎阳仓赈灾。由于地方官吏腐败无能，灾民未能得到及时赈济，每日死者多达数万人，一片悲惨景象。

隋朝水利的重心在于开挖大运河，在其统治期间，没有关于治理河患的记载。大业十四年，也就是最严重的那场黄河洪灾发生后次年，隋朝即告灭亡。

进入唐代，关于黄河大水的记载明显增多，不少年份的大水相当惊人。如永隆元年（680 年）、二年，河南、河北连续两年发生大水，冲坏民居 10 万余家，溺死者甚众。开元二十九年（741 年）黄河决口，河南、河北诸州漂溺民众无数。贞元八年（792 年）秋，河南、河北、江淮 40 余州大水，淹死 2 万余人。开成四年（839 年）秋，沧州、淄州、青州多地普降大雨，河水暴涨，山东德州平地水深 8 尺，冲毁农田及民房无数。遍及黄河南北两岸的大水，带来的灾情相当严重。

　　唐代以长安为京城，洛阳为东都，这两座都城也都发生了严重的洪灾。从永徽元年到开成元年（650—836 年），京城长安一带有记载的严重水灾 24 年。东都洛阳地区，从贞观十一年到咸通六年（637—865 年）的 229 年中，有记载的黄河及其支流决溢年份 20 年，发生决溢 23 次，洪水频繁程度和灾害的严重情况十分惊人。如贞观十一年七月，大水溢入洛阳宫殿紫微城，水深 4 尺，冲毁左掖门、官寺 19 座，淹没 600 余户。永徽五年（654 年）五月山洪暴发，直冲到万年宫玄武门，洪水漫入寝殿，甚至淹死了朝廷卫士。永淳元年（682 年）六月，长安、洛阳两地连降大雨，平地水深 4 尺多，渭河、洛河洪水上涨漫溢，大片麦田被淹，造成粮食减产甚至绝收，导致严重饥荒，死者不可胜数。洪水灾害频繁发生，对长安、洛阳两座京城产生了严重威胁。

　　唐代关于河患治理的最早记载是开元十年（722 年）。这年六月，博州黄河堤防决口，洪水汹涌，四散漫溢，势不可挡。唐玄宗李隆基急令按察使萧嵩为总领，并派博州、冀州、赵州三州刺史，火速组织人力前往抢险堵口。

　　开元十四年黄河发大水，济州河防被冲毁。济州刺史裴耀卿出于公心，恐贻误抢险时机酿成大灾，在朝廷尚未下达命令的情况下率领群众抢护堤防。抢险工程尚未竣工时，接到朝廷调他迁任宣州刺史的旨令。他担心走后工程不了了之，便暂时封锁了自己调离的消息，同时加紧督促赶工，直至修堤完成才领诏离去。

　　开元二十九年至天宝四载（741—745 年），诗人杜甫的弟弟杜颖在齐州临邑县任文书主簿。一次，杜甫接到其弟的家书，内称近日临邑大雨连绵，黄河堤防薄弱，为防御黄河水患，他们正在紧张进行修堤工作。杜甫看过来信，感同身受，遂回信附诗一首，写道："二仪积风雨，百谷漏波涛。闻道洪河圻，遥连沧海高。职思忧悄悄，郡国诉嗷嗷。舍弟卑栖邑，防川领簿曹。尺书前日至，版筑不时操。……"诗中借弟弟来信所谈情况联想起水患连天的惨状，对百姓修筑黄河堤防的繁重劳役寄予了深切的同情，同时也表达了对弟弟处境的担忧。

唐代黄河在滑州境内因河道狭窄，行洪不畅，多次发生险情。唐元和八年（813年），由于黄河漫溢，洪水淹没滑州城墙高度的一半。当时毗邻的卫州黎阳黄河故道（今河南浚县东北）有不少可耕用的富余田地，郑滑节度观察使薛平心想，若将现行河道中的农田置换到黎阳故道，可拓宽行洪河面，有效削减黄河水势。于是，他便与黎阳节度使协商，并经唐宪宗批准，动员民工万余人，在黎阳界古黄河道开出南北长十四里、东西阔六十步、深一丈七尺的河床。这一方案相当于今天的滞洪区，经过实施，滑州河道加宽，黄河水势大为削减，不仅解决了当年水患，此后很长时期内，滑州一带没有发生大的水患。远在1200多年前，能够提出这种滞洪措施，确属难能可贵。后来，薛平被朝廷接连加封，直至做到司徒，位居三公。

安史之乱后，在长达一个半世纪中，唐王朝致力重建，试图恢复盛世辉煌。但因藩镇割据、兵变事件此起彼伏，加之朝廷朋党争斗、宦官专权，陷入困局的唐王朝被一步步推向灭亡的深渊。

在此期间，黄河多次发生决口泛滥，但仅有一次治理水患的记载。唐咸通四年（863年），滑州北岸黄河大堤被冲垮，刺史萧仿奏请皇帝批准，采取人工改道的办法，使黄河北移四里远离滑州，暂时保证了安全。

然而，这不过是一时之功。随着唐王朝的急速衰落，黄河洪水灾害愈演愈烈。天祐四年（907年），左右唐末政局的大将朱温废唐哀帝而自立，改国号梁，定都开封，至此，享国289年、曾经创造出盛世辉煌的大唐帝国宣告灭亡。

唐末至五代结束的55年间，有记载的黄河决溢年份18年，决溢三四十处。在此期间，黄河流域先后更换了后梁、后唐、后晋、后汉、后周5个政权，攻伐不断，甚至以水代兵，更加剧了黄河的频繁决口泛滥。

后梁期间，梁军与后唐李存勖军作战，曾两次决开黄河。后唐灭梁以后，黄河连年决口为患，多次发生决溢。后晋统治的11年间，黄河决溢6年，仅开运三年（946年）就决口11处。上起郑州，中段滑州、濮州、郓城、澶州等地，下至近海地带，到处泛滥成灾，灾情十分惨重。后汉、后周两朝共 13 年，有 6 年黄河发生决溢，洪水为患已经到了不可收拾的地步。

五代时期，国家政权统治中心转至黄河下游。频繁的河决灾害愈加严重，直接危及统治者的切身利益，后唐、后晋、后周曾对黄河洪患进行了一定的治理。

后唐同光二年（924 年）七月，因曹州、濮州连年为河水所淹没，唐庄宗李存勖命右监门上将军娄继英督令汴州、滑州兵士堵塞酸枣决口，修复黄河大堤。同光四年，又派民夫 1500 人，修卫州界河堤。长兴初年（930 年），河水连年溢堤，滑州节度使张敬询自酸枣县至濮州，将二百里堤防加宽到一丈五尺。

后晋天福六年（941 年），黄河在滑州决口东流，兖州、濮州一带尽被洪水淹没。晋高祖石敬瑭派宋州节度使率各路军民，自滑州韦城之北筑堰数十里，堵塞了滑州决口。

开运元年（944 年）六月，黄河相继在滑州、原武、荥阳等河段决口，汴、曹、单、濮、郓五州一片汪洋，灾情十分严重。朝廷下令征调大量劳力堵

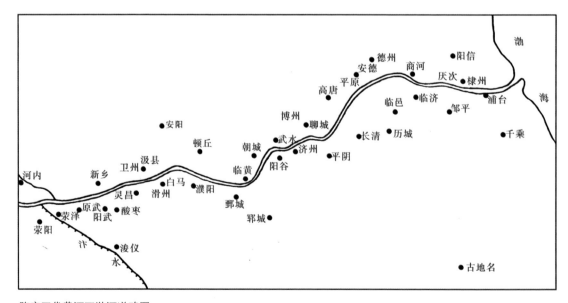

隋唐五代黄河下游河道略图

塞决口。堵口成功后，晋出帝石重贵欲将这一战胜洪水灾害的功绩刻碑记之。但在朝廷商议时，受到了中书舍人杨昭俭的直言力阻，杨说："陛下刻石纪功，不若降哀痛之诏；染翰颂美，不若颁罪己之文。"意思是说，不但不能刻碑颂功，因黄河决口，哀鸿遍地，皇帝还应颁布"罪己诏"以谢国人。皇帝听从了杨的谏诤之言，改立功德碑为下"罪己诏"，成为五代乱世时期的治河佳话。

郭威在汴京建立后周，努力革除唐末积弊，对黄河也进行了一定的治理。广顺二年（952 年）十二月，黄河在郑州和滑州之间决口，太祖郭威派员筑堤填塞，并诏令枢密使王峻现场巡察黄河堵口施工。但堵口未完，王峻便擅自返朝，并自恃位高权重，妄议朝政，出言不逊顶撞郭威。王峻因此被贬为商州（治今陕西商洛）司马，不久抑郁去世。

无独有偶。广顺三年（953 年）夏，内库使齐藏珍奉诏巡视滑州黄河堤防，他不但不亲临现场指挥，而且接到黄河堤防告急的报告后，仍懈怠不前，致使河堤决口，横流泛滥。结果以渎职和坐赃数罪并罚，被处以流刑发配至沙门岛（今山东烟台长岛）。与此同时，这年三月，朝廷派郑滑节度使白重赞率领役徒堵塞黄河决口，至当年九月，成功堵合大程、六合两处大堤决口，得到郭威颁诏褒奖。

显德元年（954 年），太祖郭威病逝，其义子柴荣继位，即周世宗。在郭威事业的基础上，柴荣整顿纪纲，减轻赋税，生产得到发展，国力有了增强。针对当时黄河连年溃决，分两支汇为沼泽，弥漫广达数百里的严重情况，柴荣即位当年，命司空李谷抵临澶州、郓州、齐州等地，督领六万民工和役徒，奋力劳作一个月，堵住了此前冲开的多处黄河决口。

这一时期，周世宗柴荣在实行一系列改革措施的同时，北攻契丹，南下南唐，使得后周的国力大为增强，为结束长期分裂割据局面，实现国家重归统一，准备了重要条件。

第五章

大浪淘沙

在中国历史上，宋金元时期是一个战端频发、南北并立、民族大融合的时代，也是黄河多灾多难、治水兴利大发展的时期。宋朝的建立，结束了唐末五代以来的分裂局面，经济腾飞，科技昌盛，文化繁荣，漕运与灌溉进一步发展，创下了东京梦华的一代辉煌。金国统治北方时期，崇尚儒学，实行科举，实现了游牧民族与农耕民族的深度融合。元代建立，天下重归一统，国家版图辽阔，规模空前，游牧经济由农耕经济所取代，蒙汉之间政治、经济、文化进一步交流融合。在长达400余年国家政权交替交织过程中，黄河洪水肆虐，河道迁徙剧烈，水患严重，泛滥加剧，严重困扰着各代朝政。加之战争期间人为决口，导致黄河改道夺淮，黎民生灵涂炭。其间，历朝加强河防管理，发展农田水利，对黄河进行不同程度的治理；同时重整运河水系，开创了运河航运事业新局面。河患与国难，水事与朝政，紧密交织，祸福相依，成为这一时期的显著特征。

一、王安石变法中的农田水利

公元960年，赵匡胤在部属拥立下黄袍加身，即位称帝，建立宋朝。之后相继攻灭荆南、后蜀、南汉、南唐等割据政权，结束了自安史之乱以来二百多年的纷乱局面，国家重归统一。

宋太宗赵光义即位后，鼓励发展农业生产，加强中央集权，确立文官政治，进一步促进了宋朝内部的稳定。由于两次对辽北伐失利，逐步改变策略，从战略进攻转为战略防御，积极谋求国内和平建设。宋真宗时期，与辽国签订"澶渊之盟"，停战修和，结束了辽宋之间的战争，换取了较长时间的和平，使国内经济得到了长足的发展。之后，经仁宗、英宗至神宗时期，社会趋于稳定，经济规模空前，文化盛极一时。

然而，大宋王朝表面繁荣的背后也蕴藏着深刻的阶级矛盾和社会危机。由于土地兼并现象严重，大批农民丧失土地，百姓苦难，怨声不断。兼并土地发财的富豪却刻意隐瞒土地，导致国家财政收入锐减，出现了立国以来少有的财政赤字。治平四年（1067 年），赵顼即位，就是宋神宗，决心大力推行新法，改变这一状况。熙宁二年（1069 年），朝廷任用王安石为参知政事，相当于副宰相，主持推行以富国强兵为主旨的新法。

水利兴，农业兴；"衣则成人，水则成田"。身为辅弼大臣的王安石深谙此理。他当年出任浙江鄞县知县期间，就曾组织当地民众兴修水利。疏通淤塞水渠，修复毁坏的斗门，使新旧灌渠发挥了显著效益。这次熙宁变法，王安石在神宗皇帝的大力支持下，把推动农田水利建设摆在突出的位置。开始变法的当年十一月，就专门制定并推行了《农田利害条约》，实际上这就是一部国家层面出台的农田水利法，其主要内容包括：

一是大力鼓励兴修水利。无论平民还是官绅，只要谙熟农田水利，都可以向各级官府提出自己的意见。经审核后，如确属有利，由州县主持实施。特大工程要上报朝廷批准。竣工收益后，论功行赏。

二是规定了施工前的决策程序。任何水利工程都必须先进行实地详细勘察，绘制成图，制定施工方案，呈报上级官府审批。

三是制定了兴建水利工程的原则和方法。任何居民都有出力出物出资兴建农田水利工程的义务，用工材料由当地居民按每户高下分派。对民力不足的大型工程，可向官府贷款，官府应予优惠条件取息一分。如一州一县不能完成的，可联合若干州县共同负责。

如同政治经济领域的变法一样，这一大兴水利改革之举也因触及豪族权贵们的利益而受到抵制和阻挠。当时流传着这样一个故事，说王安石变法期间，有人建议放干黄河流域山东梁山泊的湖水，可以获得万顷良田。为此，王安石曾认真地向其询问决湖为田的办法。这时一个叫刘攽的官员对王安石说："再挖一个梁山泊就可以装下这些水了。"当时对变法的对立情绪之重，由此可见一斑。

面对反对派的嘲讽和攻讦，王安石毫不退缩，大刀阔斧，强力推进。全国各地设立了农田水利官，并由朝廷直接委派官员巡视、督察各地兴修水利事宜，很快在全国形成了"四方争言水利"大修水利工程的高潮。据史书记载，从熙宁三年到元丰元年（1070—1078年）的九年间，全国兴修和恢复水利工程达1万多处，36万多顷土地得到灌溉，变成了旱涝保收田。其中，黄河两岸的开封府、河北西路、河北东路、京东东路、京东西路、京西北路、河东路、永兴军、秦凤路等地，兴修水利工程有750余处，灌溉面积达13万多顷。

这一时期，关中平原引泾水灌溉工程的修复，也被提上重要日程。曾有过辉煌历史的引泾灌区，由于唐末长期战乱，灌溉之利大受减损。到宋朝初年，176处水门全部毁坏，渠堰坍塌，所剩灌溉面积不到盛唐时期的5%。宋朝建国后，朝廷曾对此有过几次修复。淳化二年（991年）秋，泾阳县居民杜思渊向朝廷上书，请求整修三白渠，改草木结构堰体为石质工程，以解决引水不足、灌溉困难问题。朝廷采纳了他的意见，后因开凿岩石用工太多，半途中止。至道元年（995年）朝廷负责财政的度支判官梁鼎等人上

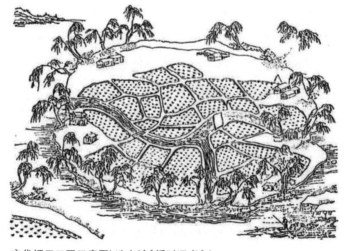

宋代圩田工程示意图（选自清《授时通考》）

书，反映郑白渠年久失修的严重状况，陈述修复该渠的重要意义，建议派员实地考察，复修旧迹。于是，朝廷再派大理寺丞皇甫选、光禄寺丞何亮前往调查。二人察看回朝复命，根据现场情况提出了包括斗门修缮、木堰岁修和渠道管理的修整方案。由于这个计划用工不算太大，朝廷认为可行，遂交由总监三白渠的著作佐郎孙冕依照实行，使这一灌区得到了一定程度的整修和恢复。此后，景德至庆历年间，又曾先后征调民夫，对引泾灌区部分渠道进行了改线，修整了一些湮废灌渠。

在熙宁变法大兴水利的热潮中，宋神宗对于关中地区三白渠灌区的复兴给予了大力支持。熙宁五年（1072 年）八月，他在和大臣讨论农田水利事宜时，明确表示："三白渠为利尤大，有旧迹，可极力修治。"当年十一月，神宗派都水监丞周良孺前去视察，筹划大修事宜。当研究修整该渠的经费时，王安石建议"捐常平息钱助民兴作"，意即用常平粮仓获得的息钱办理这项工程。对此，神宗说："纵用内帑，亦何惜也！"意为即使动用皇室藏钱，也是值得的。由此可见，他对这项灌溉工程的坚定支持态度。

周良孺奉命，星夜兼程西行。他在引泾三白灌区各县认真巡视考察，了解灌溉工程现状，与相关知县及水利官吏磋商修建方案。回到汴京后，提出两套方案供朝廷决策。一是从石门洪口筑堰壅水，开新渠到临泾镇东入白渠，可灌溉农田 2 万余顷。第二套方案是自洪口开渠东北行五六十里到云阳县接白渠，可比第一套方案多灌溉 1 万顷。最后，神宗拍板定案，毅然选择了第二套方案。明确交由陕西负责农田水利的官员与泾阳县知县等共同负责执行。为使工程资金得到保证，王安石还奏请神宗拿出官府借贷的利息钱，帮助当地兴办此事，足见大宋朝廷对实施这项工程的决心之大。

30 多年后，宋徽宗大观年间，朝廷又对引泾灌区进行了一次大规模维修改建。这是引泾灌溉史上第一座建立在岩石河岸上的工程，渠首规模宏大，工程难度高。在泾河上游山尾处开挖总长为 3 100 多尺的输水石渠，上宽 14 尺，下宽 12 尺，最深处达 38 尺，渠首开凿两条引水石渠。开挖土渠约 4 000 尺，为节制水势，新建了 2 个涵洞、2 个水闸。工程历时两年，总用工 75 万人。经过一系列改建修整，大大扩展了引泾灌区面积，泾阳、醴泉、高陵、栎阳、云阳、三原、富平等 7 县的 2.5 万多顷田地得到了灌溉，取得了可观的收效。为此，徽宗皇帝特赐"丰利渠"作为三白渠之名。

二、滚滚膏腴润良田

北宋熙宁年间的另一项重要黄河水利建设，就是掀起了前所未有的引黄淤灌高潮。

黄河及其支流经过黄土高原挟带着富含大量有机物的泥沙奔泻而下。河水流经之地，泥沙沉淀后，往往将后来盐碱贫瘠的不毛之地变成肥沃之壤。古人发现这种自然现象后，就开始有意识地放淤改土。这种利用自然之力改良土壤的办法，就叫作"淤灌"。

淤灌之法，早在汉初就已为人们所运用。《汉书·沟洫志》曾记载："泾水一石，其泥数斗。且溉且粪，长我禾黍。"这里的"粪"，即指借泥沙改良盐碱土壤，提高农田肥力。由于生产力水平所限，早期的淤灌，只是听任河水漫流，被动地坐享其利。到了唐朝，人们开始兴建放淤工程，力求控制放淤区域，驾驭这种自然力量更好地为农业生产服务。如北宋熙宁年间，科学家沈括在宿州曾发现过一块残破的石碑。碑上所记，"唐人凿六陡门，发汴水以淤下泽，民获其利，刻石以颂刺史之功"。这种淤灌方法，与当朝宰相王安石正在推动的引黄放淤，如出一辙。这个发现，为大放淤找到了确凿的历史根据，对放淤反对派是一个有力的还击，使沈括很高兴。

王安石十分赞赏放淤造田之法，把它作为迅速发展黄河灌溉事业的一项重要措施加以推行。神宗大力支持这一新的举措，他多次派太监深入淤灌区了解庄稼生长情形，据神宗自己说，曾让人从淤灌田地里取来土样，不仅亲手捻摸，还动口尝了一尝，感觉味道"极为细润"。从这位皇帝憨态可掬的举止，人们看到了他对放淤灌田的重视，这无疑为大规模放淤发放了通行证。于是，中央设置了"都大提举淤田司""总领淤田司"等专门管理机构，制定了奖惩条例，并拨出专款帮助地方开展淤灌工作。仅熙宁七年（1074年）到熙宁十年，从淤田司下拨的款项就有15.54万余缗。中央政府的大力倡导，大大提高了各地的积极性，黄河中下游地区放淤灌田如火如荼，大规模的淤灌活动就有34起之多。

放淤首先在开封府的汴河上展开。熙宁二年（1069年），负责朝廷日常事务的秘书丞侯叔献上书，提议在汴河两岸建斗门开渠放淤灌田。朝廷当即允准此议，命其与著作佐郎杨汲共同主持兴办此事。他们连年在开封府引黄河、汴水淤灌沿岸农田，仅熙宁七年朝廷淤田司在开封府阳武、酸枣二县引河淤灌，就动用了四五十万民工，场面蔚为壮观，成效显著。其间，为保证放淤工程正常进行，汴河漕运还曾两次停航，第二次停航时间长达两旬。汴河漕运是大宋王朝的生命线，为实施放淤而短期停航，可见宋朝对放淤灌田何等重视。为了奖励在开封府放淤中政绩卓著的侯叔献和杨汲，神宗还特地赏赐他们10顷淤灌好的田地。

开封府淤灌区的成功实践，为大范围推广积累了经验。灌区很快扩展到黄河、汴河沿岸各地。熙宁五年（1072年）至熙宁八年，河北境内的洺州引漳河、洺水淤灌，沧州引黄河水淤灌种稻，深州、永静军开渠引黄淤田2.7万多顷，均收到良好成效。横跨黄河干流的冀州也在建闸修渠，紧锣密鼓地进行引黄淤灌工程建设。

在山西南部、关中东端，另一个重点放淤灌田区也迅速发展起来。熙宁七年至熙宁九年的三年间，山西境内的河中府，引黄河、涑水放淤，一次放淤就达2000多顷。黄河西岸的陕西同州府，遥相呼应，引黄河、北洛河淤灌，相继展开。为了进一步扩大淤田灌区，及时总结经验，朝廷还特派都水监丞前往河东路，督察指导淤田工作。

据《宋史》记载，当时几个淤灌集中分布区，"沿汴淤泥溉田为上腴者八万顷"，规模效益十分可观。王安石称赞说，这是"自秦以来，水利之功未有及此"，给予了很高的评价。

与此前相比，北宋时期对引黄淤灌的规律有了更加深入的认识，放淤的技术也大为提高。主要表现在以下两方面：

一是更加注意对放淤区域的控制。在部分盐碱地得到改良的同时，避免淹浸良田。熙宁年间的放淤十分注意兴建斗门、涵洞、溢流堰、引水渠等工程设施。在重点放淤区，事前勘测，对放淤范围做到心中有数；然后利用地形筑堤修堰开渠，使放淤有控制有顺序地展开。

二是从研究黄河泥沙的成分变化入手，确定放淤时间，以达到更有效地改良土壤的目的。宋人在长期观察中发现，黄河泥沙的成分性质随着季节而变化。夏季淤淀的是"胶土"，土质肥腴；初秋则是"黄灭土"，黏度小，有机物质含量稍低；深秋的泥沙为"白灭土"，不仅不能改良土壤，反而会加重土壤沙化程度。因此，放淤的最好季节是夏季和初秋，即引灌"矾山水"，可以更有效地压盐碱肥田地。过了这两个季节，则不宜开闸引水放淤。这是引黄淤灌一个很重要的认识，也是淤灌技术的一个很大进步。熙宁年间，官府之所以下令汴河短期停航，为放淤让路，正是为了抓住放淤有利时机。

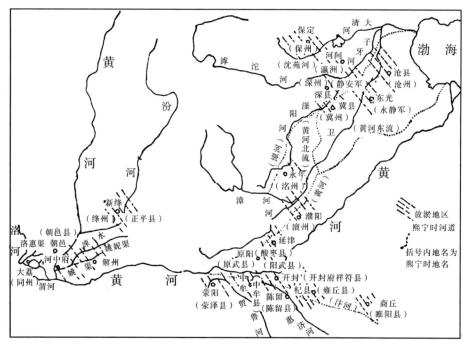

北宋熙宁时期引黄放淤工程分布示意图

在宋神宗、王安石君相的鼎力支持下，放淤灌田如愿以偿，广大淤灌地区从盐碱不毛之地嬗变成为良田，耕地面积扩大，土地增值翻番，粮食产量大增，成为一项富国裕民之策。

河东淤灌区的田地，因实施放淤地价上升了3倍，谷子产量由亩产五六斗提高到二三石，1石等于10斗，相当于120斤。汴河两岸"咸卤之地，尽成膏腴，为利极大"，仅开封府淤灌农田每年就增收数百万石。黄河下游沿河各地引黄放淤，经济成效尤为突出。肥沃土地的增加，扩大了田赋基础，增加了赋税收入，官府通过前期投入改造出的大面积肥沃淤田，按质论价出售，为官府开辟了新的财源。据《续资治通鉴长编》记载，都水监丞侯叔献一次上奏中说，淤成的官田，淤积均匀的"赤淤"地，每亩卖价3贯至2.5贯钱。稍次一些的不均匀"花淤"地，也能卖到两贯，并且常常出现数十户争相购买的热烈场面。正可谓，"谁谓一石泥数斗，直是万顷黄金钱"。

看到民间的淤灌热情和由此带来的显著经济效益，神宗更加坚定了信心，他力排各种非议，放手让王安石发展淤灌。后来，连放淤反对派在事实面前也认为黄河所淤"宿麦之利，比之他田，其收十倍"。

北宋引黄放淤、改良土壤的实践，为有效利用黄河泥沙资源，开展中下游地区农田水利建设，开辟了一条新的道路，成为古代治河史上的一场革命，时至今日，仍具有相当重要的意义。

三、汴河拱卫东京

北宋建国之初，关于京都地址的选择，开国皇帝赵匡胤曾一度选洛阳作为京都。其弟赵光义则认为，由于连年战乱，洛阳屡遭战争破坏，早已失去昔日繁华，相比之下，开封有着极为优越的综合条件。这里平原广阔，河湖密布，水路交通便利，大批江南物资可直达开封，这是其他城市所无法比拟的。最终，太祖赵匡胤采纳了这个建议，确定在开封建都。

宋都开封经过历代建设，这里"八荒争凑，万国咸通"，四水贯都，人逾百万，不仅成为全国的政治、经济、军事、文化中心，也是世界上最繁荣的城市之一，曾有"汴京富丽天下无"的美誉。

宋代的开封京城由宫城、里城、外城组成。宫城内有大庆殿群、崇政殿群、垂拱殿群、集英殿群、崇文院和皇家苑林等。宫城建筑是按洛阳宫殿的图纸建造的，宫阙壮丽、气势恢弘。宫城南门宣德门外的御街是全城的中轴线，宽200步，两边建有御廊，中间设御道，御道两边设水道，中央政府的官署大多设置在御街两边。

当时开封的外城周长达50里，最突出的特点是彻底打破了"坊、市"制度，官员和市民杂居城内，城市商业不再受地区和时间的限制，商业经济得到进一步发展。据《东京梦华录》记载：城内商店林立，摊贩遍布街头巷尾，灯火辉煌，通宵达旦。"雕车竞驻于天街，宝马争驰于御路，金翠耀目，罗绮飘香，新声巧笑于柳陌花衢，按管调弦于茶坊酒肆。当时水陆交通的便利、国际交往的频繁、造船航运事业的发达，达到了空前繁荣。

宋代画家张择端的著名画作《清明上河图》，真实展现了当时东京的生活情景和社会风貌。尽管这幅作品只是画了城郊接合部的一隅，但已生动地反映了当时开封城商店林立、市招高悬，屋宇雄壮、门面广阔，汴河通达、

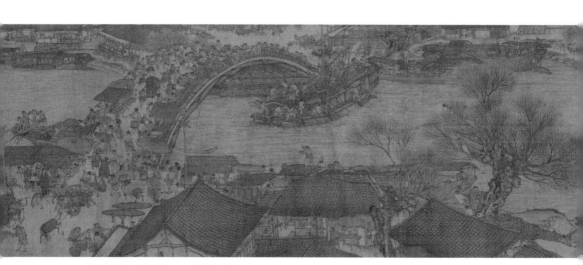

清明上河图局部——东京虹桥

行人不绝的繁华景象。

据历史学家研究推断，北宋仁宗时期的禁军数量达 80 多万。重兵云集，对军需物资需求急剧增加，宋王朝亟须高效便捷的输血途径。因此，从立国之初，漕运就被视为大宋王朝的立国之本和京城命脉。朝廷在改造前代水道的基础上，先后开凿疏浚了汴河、惠民河、广济渠、金水河"漕运四渠"，引黄河作为水源，构成了以开封为中心向四周辐射的水运交通网。

在这个庞大的水运交通网中，汴河更像大宋王朝的输血管一样，成为重中之重。它的流路，自孟州河阴县引黄河水东流，至开封分为两股，经开封、杞县、民权、曹县、虞城、夏邑、永城、萧县，至江苏徐州汇入泗水。上接黄河，下通淮河、长江，将江淮一带的粮米百货源源不断地运到京师开封，支撑着朝廷统治者和上百万军民日常生活的需要。

据《宋史》记载，淳化二年（991 年）六月，汴河在浚仪决口，引起开封大水成灾，居民恐慌不安。宋太宗赵光义乘步辇从乾元门出城察看，文武百官及部分亲王在郊外路旁迎驾。太宗的车驾陷入泥淖之中，自己步行百余步。护驾大臣震恐，纷纷跳入水中，参与抢险堵口。在天子驾临堵口现场的鼓舞下，终于堵住了决口。对此，宋太宗深有感慨地说："东京养甲兵数十万，居人百万家，天下转漕仰给在此一渠水，朕安得不顾？"

北宋时期，往返于汴河的漕船总共有 6 000 多条，其中通向京师的漕船称作纲船。按船只数目或载重量大小，组成船队运输，每一队为一纲。纲船中官办的约有 3 000 条，这些纲船常年穿梭在江淮至京师的几千里运输线上，频繁往来，昼夜不息，把数百万石粮食从江淮运到开封。大中祥符初年，汴河的年运粮量更猛增到 700 万石，远远超过了盛唐时期的漕运量。

汴河漕运的繁盛，和北宋推行的漕运制度有密切关系。朝廷对于京城漕运诸河的漕运路线、漕运租赋种类以及每年漕运量的定额等都有明确规定。规定"漕运四渠"的年漕运粮食数量，包括稻子、豆类、粟米，共计550 万石，其中汴河的年运粮量占到近七成。为了保证汴河运输畅达，北宋政府采取了三项措施：一是设立专门的管理机构发运司，负责管理漕运秩序。二是组建纲船队伍，由政府拨出专项资金打造 6 000 艘大型漕船，每十条船为一纲。三是指定押纲人员。每组纲船派遣数名军官随船护送，称为"押纲"。如果运输过程中发生事故，押纲人负责赔偿，轻则降职，重则入狱。为了免生意外，宋朝法律规定，这些漕船沿途不能住宿停留，各地税务机关不得拦船收税。

开宝五年 (972 年)，发运司制定了漕运转般法。具体做法是，在运河沿线的今安徽泗县和江苏淮安、仪征、扬州等地设立转般仓，东南六路的船只在这里卸载漕粮，"载盐以归，舟还其郡，卒还其家"，卸下的漕粮由汴河的漕船转运至京师。同时规定漕船的八成运载量用于装载漕粮和货物，其余两成空间可以附载其他商品入汴，挣一些外快。这种办法，既能让社会、发运司和船主利益均沾，又可以提高漕运的效率，一直实施到北宋末年。

北宋司空宋庠《汴渠春望漕舟数十里》诗："虎眼春波溢宕沟，万艘衔尾饷中州。控淮引海无穷利，枉是滔滔本浊流。"形象地描绘了当时繁盛的汴河漕运。神宗时期，日本僧人成寻在汴梁大相国寺交流佛事，目睹了汴河繁忙的航运景象，他后来记述道："汴河两岸著船不可胜计，一万斛、七八千斛，多多庄严。大船不知其数，两日见过三四重著船千万也。"北宋参知政事张洎认为："唯汴水横亘中国，首承大河，漕引江湖，利尽南海，半天下之财赋，并山泽之百货，悉由此路而进。"

从一定意义上可以说，正是汴河这条黄金水道，支撑着北宋 167 年的东京梦华。

然而，既然汴河航运主要靠引黄河作水源，就不可避免地要受到泥沙淤积的影响。因此，如何疏浚汴河，保证漕运畅通，一直是宋王朝殚精竭虑、下大功夫解决的问题。

为了适应汴口经常变易的特点，北宋采用人工控制汴口的宽窄以节制流量的办法。汴河水涨时，把汴口塞小；汴河水落时，将汴口拓宽。这样根据河流水情而定，技术上简单易行，又能就地取材，在一定时期内解决了引黄济汴的水口问题。

北宋时期，对汴河的清淤工作相当重视，实施了相当严格的岁修制度。采用的第一种疏浚方法，是直接进行人工清淘。天圣二年（1024年）以前，每次清淤汴河，都要求见到河底特置的石板石人标记处为止。处理汴河淤积的另一项技术措施是狭河工程。即在河道中采用木桩、木板为岸，让河道变窄，加大水流速度，使运河利于行舟，把泥沙带走。嘉祐元年（1056年），宋仁宗诏令自京都至泗州置狭河木岸，经过实践，取得了较好的成效。这种以狭河加大运河航深和处理泥沙淤积的方法，是一次成功的尝试，并为后世所借鉴。

宋代在船闸技术上也有很重要的创新。当时的船闸，由上下两道闸门和闸室组成，闸室长一般约100米，闸门多采用叠梁式。船闸的工作原理，利用水涨船高、船随水落的规律，当上游来船时，上闸打开，使闸室与上游水位齐平，来船平水进入闸室。随后关闭上闸，升起下闸，起闸室水位与下游平，来船又平水出闸室，驶向下游，下游来船时，过闸程序则相反。可见宋代时的船闸已经具备了当代船闸的雏形。

熙宁年间，汴河淤积愈加严重，开封以东的汴河河床淤积高出堤外地面4米多。由于引黄济汴带来的问题较多，清淤又投入过大，所以，朝廷想尽办法使汴河避开黄河泥沙淤积的影响，以节省维持汴河漕运的成本。

导洛通汴工程，就是神宗时期实施的又一重大举措。元丰元年（1078年），代理都水监丞范子渊奉诏进行实地勘测，建议于今郑州荥阳"汜水镇北门导洛水入于汴，为清汴通漕，以省开闭汴口功费"。他认为导洛通汴，西高东下，可以解决汴渠引黄的各种问题。他认为洛水与汴河面积比较，尚有九百余尺的富余，可以畅入汴河。只要汴渠能保证有五尺的水深，纲船重载便可通行。如若虑洛水不足，还可渗取黄河水佐以补充。在工程技术上，可每百里置一木闸，以限水势。从巩县神尾山起，至土家堤止，筑大堤47里以挡住黄河，自沙谷至河阴县十里店，穿渠52里，引洛水入汴。总计用工357万多。

对于范子渊的导洛工程建议，宋神宗既很重视，又十分慎重。他又派入内供奉宋用臣再赴现场查勘，宋用臣复勘后认为这一方案可行，并就工程闸门设置，防止伊河、洛河暴涨暴落等应对措施，提出了补充意见。于是，宋神宗决定采纳这一建议，并派遣宋用臣全面负责导洛通汴工程。

这项工程于北宋元丰二年（1079 年）四月开工，到六月完工，七月闭汴口断黄河水，改用洛水入汴开展漕运，沿用了 11 年。在此期间，通航期得以延长，行船安全程度明显提高，汴渠淤积大为减缓，大大节约了汴渠维修费用，对于改善汴渠航运起到了很大的作用。而且，这一工程改变了汴河水源，涉及测量、开凿、置闸、防洪等各项运河技术的综合运用，充分体现了宋代改善和发展人工运河的重大成就。

11 年后，因导洛通汴水源不足，又恢复引黄河为水源，汴河依旧淤积搁浅。加之治理汴河的劳力常被调去从事其他工役，以致汴河多年失修，河床淤积加重，沿岸长堤高耸，变成"悬河"。由于河床淤淀严重，淤滩增多，河势缓急多变，行船障碍重重。

北宋末年，靖康之变后，金人占据了黄河流域，南北成为敌国。汴河堤岸多处决口毁坏，漕运渠系被废弃，这条盛极一时的漕运大动脉，从此一蹶不振。"隋堤望远人烟少，汴水流干辙迹深。"南宋宰相、诗人洪适的诗句即是对当时这一衰败情景的真实写照。

四、黄河乱局下的北宋朝纲

北宋初期，黄河下游河道流向经由孟州、怀州、郑州、开封府、卫州、滑州、濮州、澶州、大名府、郓州、博州、齐州、德州、沧州、棣州、淄州、滨州等地，从渤海湾南部入海。由于这条河道自东汉之后行水年久，河床淤积加重，河患频繁，洪灾大大超越前代。从建隆元年到太平兴国九年（960—984 年）的 25 年内，就有 16 年发生溃决泛滥。

太平兴国八年（983 年），黄河在滑州（治今河南滑县）的一次大决口，泛滥于今河南濮阳，山东菏泽、巨野等地，东南流至今徐州界，汇入淮河。

此后，黄河河道极不稳定，曾两次南流夺淮入黄海，两次北流于天津附近入渤海。天禧三年（1019年）又在滑州决口，洪水漫溢滑州城，经澶、濮、曹、郓等州，注入梁山泊，又合清水、古汴渠入淮河，沿途32个州邑遭受洪水淹没。

面对严重灾情，宋真宗赵恒急忙遣派官员赴澶、濮、曹、郓等州，发兵夫9万，拨发大量木石、柱桩、柴草，用于堵塞决口，于次年二月堵住决口。然而，不过4个月，黄河又在滑州决口，流向东南夺淮水注入黄海。直到宋真宗驾崩，黄河也没有能安定下来。

仁宗即位后，天圣五年（1027年）七月，征发近6万军士民工，拨出治河经费50万串铜钱，历经3个月才堵住决口，使黄河重归京东故道。

但好景不长，七年后，景祐元年（1034年）七月，黄河又在澶州横陇埽（今河南濮阳东）决口，冲出一条新河，洪流径直流向东北，经河北大名，由山东棣州、滨州以北入海。宋人称这条新河道为"横陇故道"。

黄河改道后，宋仁宗赵祯下令"权停修决河"，决定不再堵口。这条新河在河口分三股入海，因水流缓慢，淤积加快，三四年间即在入海口淤积了140余里，导致行水不畅，有的地方高出民屋逾一丈，堤防险情势若累卵。

庆历八年（1048年），黄河在澶州商胡埽发生大决口，决口口门宽达200多米。黄河决口后改道北流，经大名府、恩州、冀州、深州、瀛州等地，至乾宁军（治今河北青县）入渤海，史称"商胡北流"，这也是有史以来黄河第三次大改道。

当时的燕赵大地是拱卫京城汴梁的前沿，黄河一再北徙，毁坏边境的沟渠、湖泊水系，打乱了北宋防御辽国的工事。为此，一个个朝廷重臣、地方大吏接连上书，围绕黄河大改道治与不治，出现了两种截然不同的意见，一场旷日持久的朝廷治河之争由此发端。

河北都转运使施昌言首先上奏，提出亟须抓紧堵塞决口，使洪水泛滥区民众安定。

河东都转运使崔峄认为，近年沿黄河各地多灾多难，民众生活十分困顿，不宜再加重劳役，应暂缓堵塞决口。

入内内侍省都知张惟吉前往工地视察后认为，决口虽应堵塞，但鉴于堵口工程规模浩大，民众饥困，因此也主张稍缓征发劳役堵口。

阅罢众人的奏折，宋仁宗拍板定案，决定暂缓堵口。但无为而治，终非善策。皇祐三年（1051年），北流黄河河势壅塞不畅，大名、恩州、冀州等沿河堤防长期偎水，不堪激流冲击，河北之域岌岌可危。

为此，大名府留守贾昌朝上疏奏称，为了内固京都、外御夷狄，建议堵塞商胡决口，修茸黄河旧堤，恢复京东故道。

另一位东流派人物、河渠司官员李仲昌也提出，加宽清丰县境内六塔河，引黄河入横陇故道，分滞洪水，可望解决黄河决堤问题。这个方案得到文彦博、富弼等朝廷重臣的支持。

宋仁宗决定采纳这一方策，并派遣使臣赶赴横陇故道，勘察黄河河道形势，计划当年汛期过后，征民夫，兴大工，回大河于京东故道。

此间，时任翰林院学士的欧阳修听闻朝廷拟以"三十万人之众，开一千余里之长河"，不禁忧心忡忡。他曾任滑州通判，对于黄河决口泛滥灾害，深有感触。欧阳修认为，从天时、民心、人力、水性、河道等方面，回河东流，绝不可行。为此，他秉笔上书千余言，力陈东流弊端，应速制止，以安定民心。

在此期间，至和二年（1055年）欧阳修奉命出使契丹，渡过黄河行至冀北雄州等地，沿途看到黄河两岸民夫聚集，六塔河大工已动，心绪更加难平。回到京城，他接连两次上疏，称："复故道，上流必决；开六塔，上流亦决；河之下流，若不浚使入海，则上流亦决。"字里行间，言辞激烈，直指回河东流的危害，请求速罢六塔河之役，主张加固整修地势低处的堤防，疏浚商胡以下北流河道，使河水畅流入海。

然而，此时宋仁宗引河回归，圣意已决。嘉祐元年（1056年）四月，黄河商胡北流决口被堵塞，河水进入六塔河。结果事与愿违，狭窄的六塔河根本容纳不下黄河之水，于是再次导致决口横流，泥沙俱下，泛滥四溢，城郭冲没、田苗尽荡，百姓死伤不计其数。河工上的一万多民工，也被洪水卷走。宋仁宗闻之震怒，对负有责任的一干治河官员，流放的流放，革职的革职。至此，第一次北流与东流之争，以回河东流失败而暂时平息。

回河东流不成，北宋统治者任由黄河北流。显然，这种无为而治的企图，只能使局面更加糟糕。

嘉祐五年（1060 年）北流黄河在大名决口，分出一条向东的支河，宽 200 尺，下流 130 里，经马颊河东流入渤海，史称二股河。自此，黄河彻底

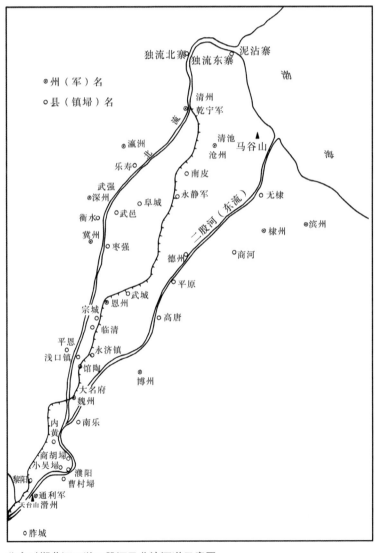

北宋时期黄河下游二股河及北流河道示意图

脱离行河千年之久的东汉河道。

在此形势下，都转运使韩赟主张因势利导，将黄河一分为二。一面疏浚二股河，使其东流在德州、沧州入海；一面维持北流黄河，由乾宁入海。然而，这一方案尚未实施，两年后，北流黄河又在大名决口。次年，宋仁宗驾崩。

宋英宗赵曙继位，改元治平，他在位期间任用旧臣韩琦等人，不思改革进取，其间曾令都水监对二股河进行疏治，但还未见成效，即于治平四年（1067 年）病逝。

熙宁元年（1068 年），北流黄河在恩州、冀州、瀛州接连决口，致使百姓流离失所，社会动乱，形势十分严峻。宋神宗一面派遣官员发粮赈灾，抚恤流民，一面急召翰林学士司马光等臣僚商议平定水患对策。

于是，朝堂之上，黄河东流、北流之争又起。

都水监丞李立之主张北流，建议在黄河北流各州修筑新堤，以防御洪水泛滥之患。另一位都水监丞宋昌言等人则持相反意见。他们认为，北流黄河自商胡改道已 20 余年，新修大堤千余里，国力民力消耗巨大；而且近年冀州以下河道阻塞不畅，上下埽岸屡次决溢出险，冲夺故道，修筑新堤终非良策。因此主张重新疏治六塔河、二股河，导河东流。

提举河渠王亚则坚决反对东流方案，他认为，北流黄河入海口处宽 300 多米、深约 30 米，这是上天赐予大宋阻挡辽军南下的绝佳天堑。开二股河而弃北流，徒劳无益，绝不可行。

两班臣僚各执一词，争论激烈，相持不下。宋神宗深感此事关系重大，命司马光和宦官张茂则等赴现场进行全面考察，权衡两个方案利弊得失，再行定夺。司马光等人奉旨考察后，认为宋昌言的二股河之策可行。为使导河东流更加稳妥，司马光还建议在二股河筑坝拦水，待水量占全河水量八成以上，河道冲刷宽阔，堤埽加固，再将北流彻底闭塞。

当时黄河东流、北流均须经过大名府，对于此地影响极大。兼任大名府留守的韩琦对于东流方案，深不以为然。他在呈至朝廷的奏疏中提出，一旦束狭二股河，不能容纳全部黄河涨水，口门将随激流而脱，大名府腹背受水，更难防守。

此时，恰逢京城朝中大开经筵，讲论经史。宋神宗命将两河之争作为一个专题，展开争议。

深得宋神宗信任的王安石，此时也加入了治河之争。在变法改革上，王安石与司马光等守旧派鲜明对立，但在治理黄河问题上，却与司马光持有相同的东流观点。所不同的是，王安石更加激进，主张立即堵复北流，回河东流一步到位。他认为，黄河频繁决口是因为泥沙太多、淤积严重，若听任黄河分作两河，流速变缓，泥沙下沉，河道淤塞愈演愈烈，决溢泛滥将永无宁日。再则，回归东流，利用大量黄河泥沙放淤灌田，还能增加良田数百万顷，成为丰盈国库的一条途径。他在《河势》一诗中，也明确表达了自己的主张："河势浩难测，禹功传所闻。今观一川破，复以二渠分。国论终将塞，民嗟亦已勤。无灾等难必，从众在吾君。"

经过朝廷商议，宋神宗决定采纳东流之策。熙宁二年（1069 年），堵塞北流成功，河水全部归入二股河。神宗接到报告，龙颜大悦，即刻下旨奖励司马光等人，并命内侍送去御马、衣袍和金带。

哪知黄河很不给面子，堵塞北流的庆功酒宴尚未开席，当年黄河便在二股河许家港决口，河水泛滥于大名、恩州、德州、沧州、永静五州县军，灾情更加严重。为此，朝廷急忙拨发 45 万石小米赈济水灾，同时决定追究责任，都水监丞宋昌言降职，给予通判都水监张巩罚金处罚。

接二连三的黄河水患没个头。两年后，黄河又在大名决口，澶州、卫州等地漫溢被淹，二股河也被埋塞 30 余里。此后数年，黄河决溢频繁，河患愈加严重。东流回归的 9 年间决溢 7 次。元丰四年 (1081 年) 澶州小吴埽发生大决口，"数十万众号叫求救"，黄河恢复北流仍由乾宁军入海，回河东流再告失败。

面对这种决了堵、堵了决，"治亦决不治亦决"的艰难局面，朝廷束手无策，宋神宗曾对王安石等大臣说："黄河或向西或向东决口，不过占一河之地，任凭其流向趋势，利害相比较，如何？"由此可见，朝廷对黄河的复杂难治已经失去了信心。

五、苏轼徐州抗洪

就在北宋朝廷对黄河水患一筹莫展的时候，一位文坛巨匠却站在了黄河抗洪的风口浪尖。他就是大文豪、时任徐州父母官的苏轼。

作为我国文学史上一颗灿烂的巨星，苏轼的一生充满了跌宕起伏、曲折动荡。震动朝野的王安石变法实行后，熙宁四年（1071年），苏轼因上书议论新法的弊病，受到王安石等变革派的疏远与压制。于是，苏轼自请出京，先后被派往杭州任通判、密州（治今山东诸城）任知州。

熙宁十年春，41岁的苏轼由密州迁任河中府（治今山西永济）。赴任途中，忽又接到皇帝诏命，让他改任徐州知州。他刚来到徐州，便遭遇了一场黄河大洪水。

飞马传来朝廷十万火急的邸报说：七月十七日，黄河在澶州曹村决口，澶渊北流之河断绝，黄河南徙，水漫梁山泊，淹没黄河以南45郡县、农田30万顷。滔滔洪水正通过南清河向徐州扑来。

徐州位于北宋南北险要之地。汴水与泗水绕徐州城而过，堤坝年久失修，怎样应对来势汹涌的黄河洪水呢？面对急如星火的防洪形势，苏东坡沉思良久，最后决定，在大水到达徐州之前，先干两件事：内固城墙，以防水灌；城外，发动五千民工修复堤坝，疏通河道，开挖沟渠。并安排州府人员，告知城外乡民，凡村庄在低洼处的，务必向高处山冈转移。

接下来，是安抚民心。当时得知洪水就要到来的消息，徐州城内人心惶惶，一些富户担心城墙会被洪水冲垮，争着要逃出城外躲避水灾。面对这种慌乱局面，作为徐州的最高行政长官，苏轼沉着冷静地劝阻道："富户们如果都出了城，就会动摇民心，那么谁来守城呢？请大家相信，只要我在，洪水就绝不会冲进城！"

苏轼将富户们赶回城中，自己率先垂范，亲临修堤工地，披星戴月，组织修堤不止。看到苏知州井然有序的部署，徐州的民心稳定了下来。大家拿着箕畚、铁锹等工具，紧张投入修堤施工。

八月初，当黄河洪峰以排山倒海之势向徐州城汹涌奔来时，徐州城外，瞬时一片汪洋，房屋倒塌，树木被连根拔起。由于城墙得到加固，徐州城方得暂时安然。

然而，洪水仍在继续上涨。苏轼站在城墙上，极目望去，只见城外的房屋在洪水持续冲击下，接连坍塌，他不禁万分焦虑。加之这时徐州地区又降大雨，城外水深距城墙高度仅剩六尺，在洪水连日浸泡和冲击下，防洪形势危如累卵。

为此，苏轼一面严令官吏们务必各负其责，加强防守。一面冒着瓢泼大雨，拄着木棍，赶赴兵营请求出兵增援。苏轼说：“现在徐州城危在旦夕，我们命运休戚与共，希望驻地官兵能和老百姓一起抗洪筑堤保城！”

武卫营统领深受感动，慨然说：“洪水当前，事情紧急，苏知州尚且不逃避洪水，作为徐州驻军，我们责无旁贷，正是为保卫徐州效命尽力的时候。”

在苏轼指挥下，千余名官兵当即投入到急需加固的工段，打桩运料，培土筑堤，赶在最大洪峰抵达之前，首起戏马台，直到城门口，筑起一道长984丈、宽2丈、高1丈的护城长堤。洪水被堤防阻挡改变方向，水势受到显著削减，防洪形势开始缓和。

对于另一处来不及筑堤的险点，苏东坡在当地经验丰富的渔民指导下，果断实施“船堤战术”，调集上百只公私船只连在一起，阻击洪水浪头。

在此期间，苏轼布衣草履，结庐城上，决心像汉代王尊治水那样，“吏民走尽余王尊”，誓与徐州共存亡。他整日在徐州各处巡视指挥，督促民众取土固堤。徐州城墙就是他的府邸，堤防工地就是他的家园。他看到水势漫延的城外，许多灾民为避水散栖于高冈丘陵之上，急派熟悉水性者驾船送去炒熟的食品，给予应急救济。知州身先士卒，指挥若定，爱民情深，极大鼓舞了徐州军民抗洪决胜的信心。滔滔洪水在徐州城墙下，上涨二丈八尺，围城七十余日，民心不乱，民力不散，彰显出了强烈的凝聚力。

通过同舟共济，多方合力，十月十三日，随着洪水退去，被围两个月之久的徐州城终于解除危机。"水既去，而民益亲"，一场同甘共苦的抗洪斗争，使苏轼这位新任知州赢得了徐州民众的衷心拥戴。

洪水退后，苏轼出于对徐州未来安危考虑，上奏朝廷，请求免除徐州民众赋税，增建徐州城墙及城外堤防，得到朝廷采纳。皇帝并颁发诏书表彰苏轼抗洪保城的功劳，赞扬他"亲率官吏，驱督兵夫，救护城壁。一城生齿，并仓库庐舍，得免漂没之苦。朕甚嘉之"。

洪水退，黎民安，是徐州百姓之幸，也是当时的一场文坛盛事。为纪念此次抗洪经历，苏轼在组织修复城墙时，还修建了一座两层高楼，题名"黄楼"。黄楼落成时，全城百姓和闻讯赶来的文人们欣然同庆。这天，众客一醉方休，直到星河倾斜，月亮落山，大家互相扶持走出黄楼。苏轼弟苏辙闻听黄楼建成，专门寄来千言长赋《黄楼赋》，盛赞此次治水经过及黄楼景色。

黄楼

苏轼亲笔书写此赋镌刻成碑，并绘制了六幅黄楼盛景图。从此，一座曾经被洪水围困得危机四伏的城池，增添了一座具有深厚文化底蕴的地标建筑。

时至今日，我们研究一千多年前苏轼在领导这场抗洪斗争时，仍然不能不为之坚定的决心、爱民的情怀、周密的部署而赞叹。在黄河洪峰还没有抵达之时，未雨绸缪，提前安排好能做的筑堤防御、群众转移、豪绅动员等工作，形成合力，展开抗洪决战。作为徐州最高行政长官，苏轼身先士卒，靠前指挥，既是指挥员又是战斗员，极大激发了全城官兵的抗洪斗志，愿为保卫徐州城拼尽全力，殊死一搏。爱民情怀，是苏轼一生从政贯穿始终的政治思想，如果不是对全城百姓关爱有加，设身处地解决民众的疾苦，而是一味高压的强制性要求，老百姓不能视抗洪保城为己任，徐州的抗洪肯定也看不到胜利的曙光。再则，千方百计，措施得当，也是这次徐州抗洪胜利的关键所在。无论是突破职权所限请求驻军支援，还是启用数百船只相连抵御洪水的应急处置方式，无不是体现了苏轼忧国忧民的责任担当和创新思想。正如其弟苏辙在《黄楼赋》中对苏轼率军民抗洪取得胜利所做的总结一样：水未至而做好迎战准备，故"水至而民不恐"；水既至，则与城共存亡，故"水大至而民不溃"；对城外灾民，则派人抢救赈济，故"得脱者无数"；水退后，则不存侥幸，增筑城墙，筑木堤捍之，故"民益亲"。

苏轼虽然在徐州任上不足两年，但是他在这里留下的千古美名，深受徐州历代人民的传颂。元丰二年（1079年）四月，苏轼奉调湖州，临行之际，徐州人民夹道欢送，依依不舍。他在人们心目中留下的口碑，正如其得意门生秦观所言："我独不愿万户侯，惟愿一识苏徐州。"

然而，苏轼直面人生、旷达豪放的性情注定是命运多舛的。就在苏轼的人生命运跌宕起伏之时，北宋朝政也发生了巨变。

元丰八年，神宗赵顼怀着改革未酬与黄河乱局难治的遗憾，在福宁殿病逝。年仅8岁的哲宗赵煦继位后，祖母高太后成为真正的掌权人。朝廷任命守旧派代表司马光为宰相，废除王安石新法。当时黄河连年决溢，北流的黄河在大名府境内决口成灾，百姓颠沛流离，食不果腹。于是，一场围绕黄河安流的朝堂大论战再度掀起。

太师文彦博、枢密院知事安焘、右司谏王觌、中书侍郎吕大防等上书，左司谏王岩叟痛陈北流七害，他们认为：北流河道不断向西决口，尾闾向北摆动，河不东归，则失中原之险，辽军一旦进犯，无险可守，势必长驱而入直抵京师，对大宋王朝形成极大威胁。因此，竭力主张尽快恢复东流。

右丞相范纯仁、尚书左丞王存、礼部尚书胡宗愈等人则针锋相对，坚决主张维持北流。他们认为，军事上宋、辽久无战事，两国通好，东流天险已无必要，此时恢复东流，耗费人力财力，不啻劳民伤财之举。

时任户部侍郎的苏辙也加入了此次治河之争。作为北流派的铁杆代表，他与中书舍人曾肇多次上书，就黄河特性、漕运、黄河北流与御辽关系、水患得失等方面，逐条批驳东流派的说辞。他认为，黄河北流水势已经平顺，只要加强堤防修整，不会酿成大的洪水灾害。而贸然选择东流，导致大河淤浅，更将失去御敌入侵的屏障。此时大规模修治旧堤，民力将不堪负担，引发社会动乱。

由于两派纷争不下，朝廷一直举棋不定。时而大举兴工回河，时而又下诏停工。直到元祐七年（1092年），河水大部东流。次年五月，北流河口再次发生决溢。宋哲宗采纳都水使者王宗望的建议，堵塞大名府北流口门，创筑新堤70余里，全河之水东还故道。

然而，回复东流不过数年，元符二年（1099年）六月末，黄河又在内黄县境发生决口，东流断绝，全河复行北流。几个月后，哲宗病逝，其弟赵佶即位，即宋徽宗。此后十余年间，黄河泛滥依旧。政和七年（1117年），瀛洲、沧州黄河大决口，淹死百余万人，造成了一次惨重的河患灾难。

许多年来，北宋王朝被黄河乱局折腾得焦头烂额，穷于应付。经济衰败、民生凋敝，京畿失去屏藩。北宋朝政一落千丈，摇摇欲坠。

此时，北方崛起的金兵大举南侵。靖康二年（1127年），金军攻破东京，靖康之变爆发，徽、钦二帝被掳，北宋灭亡。

六、黄河南泛后的河防局势

北宋灭亡后，钦宗之弟赵构南逃，在应天府（今河南商丘）称帝，史称南宋。此时，金军继续长驱直入大举南侵，南宋建炎二年（1128年）秋，相继攻克澶州、濮州、相州，直逼东京开封。面对金军步步紧逼，东京留守杜充为阻止金兵南进，竟然下令在今河南滑县西南扒开黄河大堤，汹涌的洪水吞噬了河南、山东、安徽、江苏广大平原地区，20多万人被淹死，数百万人流离失所，黎民生灵涂炭，酿成又一场以水代兵的悲惨史剧。

扒开黄河决口后，杜充弃城而逃。然而，对于这个千古罪人，南宋朝廷不仅没有治罪，反以守卫开封有功，对其加官晋爵，直至擢升为相当于右丞相的尚书右仆射同平章事。但此时，杜充却已无心效忠南宋，金兵渡江不久，杜充便投降了金国。

此时，决口的黄河分为三支。南流主河，经延津、长垣、东明、定陶、虞城、丰县、徐州等地，汇泗水入淮河；北流分支，经今滑县、濮阳、郓城、嘉祥、沛县至徐州，南流入淮；中间一支，由延津西分出，经封丘、开封、陈留，接杞县、睢县、商丘，至虞城与南河汇合。金明昌五年（1194年），黄河北流分支在阳武发生大决口，洪水至徐州以南入淮河。自此，黄河全部南泛夺淮河入黄海，史称第四次黄河大改道。

金朝占据中原后，黄河流域及北方广大地区均处于金人统治之下。这个女真民族，从首领阿骨打率领2500多兵士对辽国发动第一场战役开始，到1125年灭辽，再到1127年灭亡北宋，在短短13年时间里，相继推翻辽国、北宋两个帝国，建立起幅员辽阔的金帝国，创下了中国历史上一段游牧民族的文明传奇。

金天会十三年（1135年），金熙宗即位后，采用汉文化的先进管理经验，起用降金的宋臣，仿照唐宋旧制，实行科举制度，建立中央集权制度。同时，全面发展经济，推行全方位改革，呈现出繁荣发展的崭新气象。而南渡偏安的宋高宗，已无心收复故土，与金朝签订绍兴和议，约定两国疆界东以淮河中流、西以大散关为界，宋朝割让唐、邓二州及商、秦两州之大半给金朝，并每年向金朝贡银输绢。至此，黄河中下游地区全部归入金朝境内。

在此期间，南下夺淮的黄河，河道迁徙不定，经常发生决口，有时一年决口多达几十处。黄河挟带大量泥沙滚滚而下，不断淤积抬高淮河下游水位，淮河水系排泄不畅，四处泛滥，致使原本富饶繁华的江淮地区，洪水灾害频繁发生。

金世宗完颜雍即位后，崇尚儒学，悉心研究历代中原王朝的统治之道，躬行改革，励精图治，使金王朝进入黄金时代。完颜雍十分重视治理黄河，认为"水事最急，功不可缓"，视黄河河防为重要国事。在吸取唐宋精华基础上，朝廷加强完善治河机构设置。在一省制框架下，尚书省专设都水监，作为国家专管黄河治理及水利事务的最高行政机构，官阶为正四品，监管职责范围除了河防治理、编写河防律例、规范河防技术之外，还扩大至漕运、城市管理、河防水军等。都水监以下沿河各级治河机构的设置，也有了很大加强。规定黄汴都、黄沁都、卫南都、浚滑都、曹甸都、曹济都五都府设置巡河官。沿河25座坝埽长期驻扎埽兵，负责治河护河。每位埽兵每年的津贴，钱三十贯、绢五匹，大大高于地方沟渠埽兵钱二十贯、绢二匹的津贴，有力提高了河政效率和治河权威。

大定十八年（1178年）二月，金世宗征发六百里范围内的一万多军夫，并令在职官员的半数人力，由尚书工部郎中张大节、同知南京（今开封）留守事高苏等率领，投入黄河堤防治理。两年后，黄河在卫州、延津决口，一直漫延至归德府，为防止黄河继续泛滥，朝廷又下令在卫州以下至归德府对几百里黄河两岸加修了堤防。

大定二十七年，针对当时黄河三路分流的复杂情势，朝廷进一步明确了沿河路府州县的河防责任，规定：南京府、归德府、河南府、河中府4府及所属16州正副职，皆统管黄河河防事务，其所属44县的县令、县丞，负责地方河流河防事务。

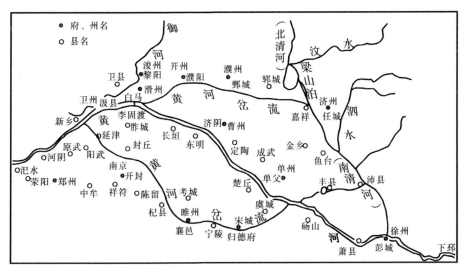

金代大定二十七年前后黄河下游河道示意图

大定二十九年 (1189 年) 金世宗去世，金章宗完颜璟即位。这也是一位痴迷于汉文化的皇帝，他带头使用汉字，擅长书法绘画，具有很深的儒学修养。然而，时不济运，他一即位就面临严重黄河水患。当年五月，黄河在曹州小堤北决溢。朝廷紧急动用 608 万多军民用工，投入营筑河堤。明昌四年（ 1193 年）六月，黄河又在卫州决堤 10 多处，大名、清州、沧州等地大范围泛滥成灾。为此，金章宗一面实行紧急赈济，一面在济北埽以北建筑月堤。岂料，次年八月，黄河又在阳武决口，自封丘向东肆虐漫流，造成了一场更大的洪水灾难。沿途两岸大批农民丧生，流离失所，景状悲惨。

接二连三的黄河水患，使曾经富庶的两淮地区民生凋敝。这一严峻局面使金章宗颇感头疼。

为了加强朝政治理，泰和二年 (1202 年)，金章宗诏令以《唐律疏议》为蓝本编制了金朝最完备的法典《泰和律》。该法律由 29 件法令组成，其中专门设置了《河防令》。这部现存最早的河防法律文本，对巡视监督河防、传递水情、指挥防汛、埽兵抢险、国家治河费用、有关罚则等河防要事，均做了具体规定。《河防令》规定：每年六月至八月为涨水月，沿河州县河防官员必须上堤防守;在非汛期,兼管河防的县官,也要轮流上堤值守。每年由户部、工部派出大员,督令都水监及京府州县各级河防官,按照规程修固黄河堤岸,久拖不为者移送法办;一旦埽工、堤防出险,分治都水监和巡河官员务必现场指挥河防官兵齐力固守,险情消除后仍要逐月上报工部,并转呈主管朝政的尚书省;洪水退去后,各位大员还必须就地检查次年春工物料,才允返京还职;河防危急而守护兵力不足应增派专业埽兵,如果兵力还不够,要及时征调差夫工役,沿河州府在场官员与都水监、巡河官三方估数,交由各县根据堤防险情距离远近差遣。甚至黄河埽兵的假期,也都有明确规定。在非汛期,对家中有婚丧嫁娶家事的埽兵,各给予一定假日。而一旦河势危急,务必立即停止假期,返回河防投入抢险。

关于汛情传递,《河防令》明确规定,汛情传送与紧急军令同等对待,河官可用军事驿道疾驰传递河防事宜。上游河水陡涨时,要求当地河官必须遣人快马急送下游,通知加固堤防、疏散人口。

金代《河防令》的条文,涉及机构职责、人员管理、堤防修筑、汛期守护、险情处置、汛情报送等各个方面。条例整齐,规范缜密,内容详细,体现了黄河河防在金代治国大局中的显赫地位,其黄河立法思想和管理措施,对后世防洪法规修订亦有深远影响。

尽管如此,限于当时的历史条件,仍然不可能解除黄河漫溢决口的严重河患。随着河道不断泛滥,治河工役浩繁,不断加重劳动人民的税负和疾苦,内忧外患加剧,金朝逐渐趋于衰落。

在此期间,一代天骄成吉思汗统率的蒙古族大军迅速崛起。金开兴元年(1232年),蒙古铁骑发兵南下,对金大举宣战。金哀宗南逃归德(今河南商丘)。金兵企图扒开黄河水淹蒙军,结果扒堤部队被蒙军全歼。蒙军趁势扒开黄河大堤,图谋以水攻拿下归德,因归德城地势太高,黄河水绕城而去,亦未能奏效。金天兴三年(1234年),在宋、蒙联合攻击下,金朝最后的都城蔡州(治今河南汝南)失陷,金哀宗自尽,立国100多年的金朝宣告灭亡。

然而，宋蒙双方，一个旨在光复故土的文明王朝，一个如狂飙般崛起的游牧帝国，联合灭金只能是暂时的同盟。很快，两国争战硝烟再起。端平元年(1234年)，南宋出兵收复中原地区三京。蒙古兵为了限制南宋军队的控制范围，在寸金淀掘开黄河大堤。决河之水滔滔南流，黄淮之间成为大面积的黄泛区。洪水四散漫溢，许多地方水深达腰部，粮食财物被洗劫一空。宋军的运粮队伍陷入泥潭，后勤补给线遭到严重破坏，陷入进退两难的境地。

蒙古军趁机进军，在洛阳与宋军展开决战，此即史载的宋蒙"端平入洛之战"。此役宋军溃败，损失近3万野战军，消耗了大量粮草和军需物资，南宋王朝遭受了沉重打击。此后，历经20余年3次大战，南宋败局已现。公元1276年，元军攻占南宋都城临安，南宋全境纳入元朝版图。随着崖山海战失败，南宋残余势力最终覆灭，元朝统一中国。

七、京杭运河辉映大元帝国

公元1279年，元朝结束了南北对峙、民族政权长期并存的分裂战乱局面。

大元帝国，是北方少数民族入主中原建立的第一个全国性国家政权。为了有效管理这个幅员辽阔、民族众多、文化多元的国家，元世祖忽必烈参照汉制、结合蒙古实际，对国家行政制度进行了重大改革。在中央，建立了以中书省、枢密院、御史台为核心的汉式官僚机构，在北方，建立了行省制度。全盛时期，全国共设有11个行省，行省之下，设有宣慰司、路、府、州、县等各级机构。交通方面，水陆驿站遍布全国，形成以大都为中心的密集交通网，由此带来了经济文化的交流融合大发展。

当时的黄河下游及华北一带，经过长期战乱，经济萧条。京都百万人口和京畿驻军的生活供给，都需从南方运送，因此重建大运河成为元朝统治者的当务之急。

事实上，早在元朝统一全国前，登上汗位的忽必烈就命汉族水利专家郭守敬掌管诸路河渠，开始考虑运河重建。郭守敬是一位著名的天文学家、数学家、水利工程专家，一生有 12 项重要科技发明。在水利工程建设上，他奉诏修浚西夏境内的古渠，更立闸堰，灌溉当地农田，同时对大运河的汶河段、泗水河段进行了详细查勘，积累了大量基本资料。

　　元朝统一全国后，元世祖忽必烈委派郭守敬立即实施修整大运河的宏伟计划。郭守敬通过进一步查勘，全面掌握了大运河的沿线情况。旧时的隋唐运河，由于黄河不断南泛，开封、郑州一带的通济渠全线淤塞，恢复已很困难。而从杭州到淮安的南端运河基本完好，淮安以上原泗水运道，可借黄河河道行运到徐州，继而沿泗水、汶河水道至济宁。在北方，新乡以下的永济渠河段一直畅通。据此，他认为，只需新开凿济宁至永济渠约

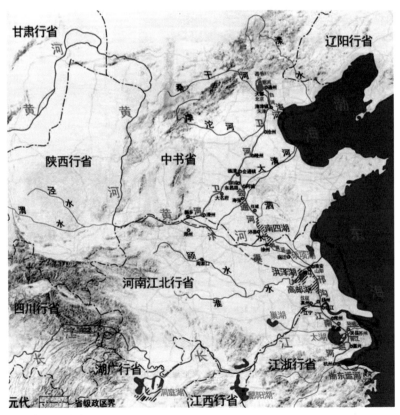

元代大运河路线图

200公里水路运道，即可实现从北京到杭州大运河全线贯通。如此，从江南至北京的大运河，改弓走弦，将比隋唐大运河缩短900多公里，水运效率大为提高。

这一规划方案，得到了元世祖的大力赞赏和支持，任命郭守敬为都水监，负责修建元大都至通州的运河，该工程历时一年，全部完成，定名通惠河。从至元二十年（1283年）到至元三十年的10年内，朝廷对大运河进行了大规模整修和新建，先后在山东、河北地区开凿了济州河、会通河、通惠河。至元三十年，由通惠河、御河、会通河、淮扬运河、江南运河组成的南北大运河全线通航。至此，原来以洛阳为中心的隋唐大运河，正式改为以大都（今北京）为中心的大运河，史称"京杭大运河"。

至元三十一年忽必烈去世后，元朝内部为了争夺最高权力，倾轧不已。到元朝最后一位皇帝元顺帝时，朝中争权斗争愈演愈烈，与此同时，日益严重的黄河水患难题又摆在元帝国面前。

元代初期，黄河下游仍旧维持着三支并行的流路。这种局面维持了60多年。大德元年（1297年）杞县蒲口决口后，南河分支淤积十分严重，大有向北迁徙之势。到了至大二年（1309年），黄河在归德、封丘决口，大河主流愈加北趋。之后，黄河又在曹州楚丘县、开州濮阳县、卫辉路汲县、大名路长垣和东明，曹州济阴县等地连连决口，洪水灾害不断发生。

面对严重的河患，元王朝虽也曾不断堵口和修筑堤防，但是总归堵不胜堵。到了元顺帝时期，黄河洪水泛滥愈加严重。至正四年（1344年）五月，黄河中下游大雨一连下了20多天，黄河暴溢，地面水深两丈许，黄河在山东曹县白茅决堤。当年六月，北岸金堤又决，济宁、单州、虞城、砀山、金乡、鱼台、丰县、沛县、定陶等18州县，方圆千里范围内，洪水滔滔，城郭被淹，民舍漂没，庄稼被席卷一空。沿河人民背井离乡，哀鸿遍野，甚至出现卖儿卖女的悲惨局面。黄河泛滥洪水，向北延伸至大运河的会通河段，对南北水运大动脉构成了严重威胁。此时的元朝，四大藩属国各自独立，国内百姓不堪忍受重重剥削压迫，不断起来反抗。在这个时候，黄河决口泛滥的重大灾情，无疑是对危机四伏的朝廷雪上加霜。

白茅决口后，元顺帝令行都水监贾鲁察看河道，着手治理水患。贾鲁是一位著名河防大臣、水利学家。少时聪明好学，胸怀大志，素有谋略。他经过往复数千里实地考察，初步掌握了河患的要害所在，亲手绘制了治河图纸，向朝廷呈上两套治河方案：第一套方案是耗费较省的小方案，即在新形成的河道北岸修筑堤防，遏制决堤洪水肆虐横流；第二套是规模宏大的大方案，即在堵塞决口的同时疏浚下游河道，疏塞并举，引黄河东行，挽河回故道。但是，此时朝中擅权的丞相伯颜，正在采取排斥汉人，实施一系列民族高压政策。朝纲混乱，元顺帝无权决策，治理黄河自然不可能有任何作为。

在此期间，从至正四年（1344年）到至正九年，黄河在济阴、济宁、沛县接连发生决口。安山（今属山东梁山县）、济南、河间路一带洪灾严重，漕运司盐场被冲毁，京杭大运河岌岌可危。正在这时，朝内政局发生重大变化，脱脱复任丞相。他旗帜鲜明地支持贾鲁的大治河方案，坚定地说："自古以来黄河水患就是难治之疾。现在国家面临的最大难题，就是黄河洪水灾害带来的饥民流民问题，不治好黄河，就不能从根本上解决这个问题，我们必须把消除黄河洪灾这个重大问题解决好！"

在脱脱极力坚持下，至正十一年四月，皇帝下诏批准治河工程上马。命贾鲁以工部尚书兼总治河防使，将其官职晋升至二品，授以银质官印。征发开封、大名等十三路15万民工和庐州（今安徽合肥）等十八军2万兵役，投入治河。为了解决治河费用，朝廷顶着反对派的压力，直接发行了一种新钞。从而，开始了一项规模宏大的治理黄河工程。

脱脱丞相把此次举全国之力治理黄河，看作扭转元王朝颓势的重要战役，并把"宝"押在贾鲁身上。贾鲁使命在身，更是决心背水一战。他当即奔赴治河工地，往来奔波，详细察看现场，绘制施工图纸，建立巡查制度，制定了周密的工程规划。

在充分审视河情河势的基础上，贾鲁确定采取疏、浚、塞并举，先疏浚后堵塞的总体方案，即疏河之南，浚河之槽，塞河之北。具体施工分三步走：第一步，从保护漕运出发，整治疏浚河道；第二步，先小后大堵塞缺口，培修加固堤防，薄堤必增，决口必塞，以保证黄河回归故道后不致出险；第三步，堵复白茅决口，让黄河返回南流入淮。这三步，环环相套，工程浩繁，难度极大。

根据欧阳玄《至正河防记》的记载，贾鲁这次治理黄河主要采取了以下措施：

第一项工程，整治旧河道，疏浚减水河。施工开始后，首先自黄陵冈（今河南兰考东、山东曹县西南）起至刘庄，开挖10里新河，接着，完成了刘庄至归德府（治今河南商丘）哈只口的河道疏浚，包括干流、减水河、开挖

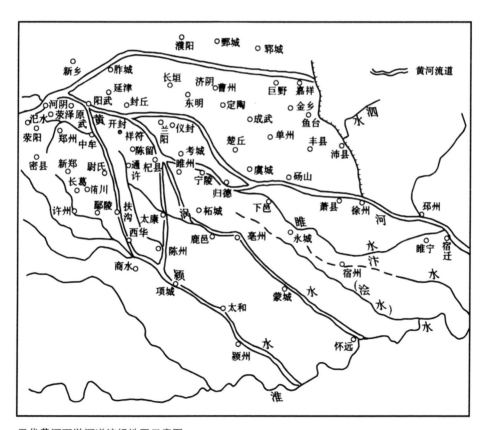

元代黄河下游河道流经地区示意图

新河与疏浚故道，总长达 370 多里。

第二项工程，筑塞堤防缺口，培修加固坝埽。为了使黄河回归后不致出现重大险情，从归德府哈只口至徐州 300 余里修补堤防缺口 107 处，筑塞凹里减水河南岸豁口 4 处，对北岸 250 多里堤防进行了大修，新筑、修筑、补筑了白茅口至曹州板城、板城至英贤、稍岗至安徽砀山等地的堤防险工。

第三项工程，堵塞白茅决口，引黄河水回归故道。这是决定此次治河成败的关键一役。贾鲁首先组织力量修筑了 3 道总长为 26 里 200 步的刺水大堤，用以挑溜减弱口门水势。接着在黄陵冈两岸修筑了总长近 20 里的截河堤。

这些工程陆续竣工时，正值汛期涨水时节，白茅决口处南北宽 400 余步，中流水深 3 丈多，水势仍然很大。面对这种情况，为了加强刺水堤、截河堤的挑溜能力，贾鲁决定采用船堤障水法，即将石头盛满大船，沉入水中作为堵口大堤。

九月七日，是按预定计划堵口合龙的日子。贾鲁对施工人员进行了战前动员，晓之以理，动之以情，并宣布奖励措施，以此激发人们紧张劳作的高涨热情。

接着，贾鲁命逆流排大船 27 艘，前后连以大桅或长桩，用大麻绳、竹绠绑扎在一起，连成方舟。又用绳索将船身上下捆绑牢固，这时将铁锚抛在水中。用长达七八百尺的竹绠系在两岸木桩上，每根竹绠拴两三条船，使船不致顺流而下。船中铺些散草，装满小石头，用板钉盖上，用埽密布合子板覆盖两三层，用大麻绳缚住。再系三道横木绑在船头桅杆上，用绳系紧，用竹编成笆笼，装上草石，放在桅杆前，约长一丈多，称为"水帘桅"。然后，每条船上精选两个水性好的民工，执斧凿分别站在船首船尾。岸上以击鼓为号令，同时开凿沉船，堵塞于决口河水中。船沉后，立即在船上加高坝埽，待坝埽露出水面，再用大埽压实。前船下水后，后船如法炮制。船堤后面及时加修草埽。最后，在口门处抛下四五道两丈高的大埽。此间，水势激荡，浊浪排空，河水咆哮，地动山摇。贾鲁神色凝重，指挥若定。

岸上鼓声阵阵，震荡长空。民工个个奋勇争先，经过一番艰难作业，终于成功堵口合龙，黄河恢复通行舟楫。

这年十一月，治河工程全部完工，泛滥 7 年多的白茅决口被堵塞，黄河回归故道，汇合淮河入黄海。

在这次治河战役中，贾鲁还从今郑州新密开凿了一条新河，连接起疏浚的汴河古水系，经荥阳、中牟、尉氏、扶沟、周口流入淮河，使淤废的古河漕运得以复兴，这条河因此得名"贾鲁河"。

庞大的治理黄河工程，历时 190 天，工程规模巨大，总计耗用中统元宝交钞 1 845 636 锭银。为了筹措浩繁的治河费用，朝廷制发新钞，由此导致通货膨胀，劳动人民不堪重负，加速了元朝经济的崩溃。对此，后世有诗曰："贾鲁治黄河，恩多怨亦多，百年千载后，恩在怨消磨。"

对于风雨飘摇的元王朝来说，一次治河堵口的成功，终究不可能挽回大厦将倾的腐朽统治。就在贾鲁治河堵口当年，刘福通领导的红巾军起义爆发，揭开了元朝灭亡的序幕。至正二十七年（1367 年）朱元璋开始北伐，次年攻陷元大都，元朝统治宣告终结，中国历史又一次改朝换代。

当年成吉思汗策马扬鞭，率领蒙古铁骑从草原崛起，以叱咤风云的姿态震惊世界。忽必烈继而又以非凡的雄姿向中原地区高歌猛进。然而，他们怎么也想象不到盛极一时的游牧帝国，竟然如此落幕收场。"沉舟侧畔千帆过，病树前头万木春。"封建王朝的盛衰兴替皆是历史的变化，唯有不变的是百折不挠、奔腾入海的黄河。

第六章
帝国盛衰

　　明王朝建立，定都南京。明初朱元璋实行行政、军事、监察三权分立，大兴移民屯田和军屯，兴修水利，发展农业经济。明成祖朱棣即位迁都北京，南征北伐，开疆扩土，创下永乐盛世。明宣宗时期，重视民生，励精图治，成就"仁宣之治"。在明代 200 多年间，黄河、运河、淮河错综交织，河道复杂紊乱，严重的河患史不绝书。明王朝投入大量精力，大规模治理黄河，出现了潘季驯等一批著名治河人物，治河科学技术得到新的发展。

　　清朝康熙、雍正、乾隆三代，经济快速发展，人口迅速增长，幅员辽阔，呈现出中国封建王朝的盛世顶峰。清朝后期，朝政日渐腐败，国内阶级矛盾尖锐，对外闭关锁国，清帝国逐步走向没落，最后在辛亥革命爆发中宣告灭亡，中国延续几千年的帝制从此终结。有清一代，黄河频繁决口，洪水灾害严重，修治淮扬运道，保证漕运通畅，成为国事的重中之重。1855年铜瓦厢大改道，致使黄河发生了影响至今的重大变化。

一、明初黄河那些事

　　洪武元年（1368 年），朱元璋于南京称帝，国号大明，中国再次回归到汉族王朝统治之下。朱元璋是一位勤政皇帝，在位期间，对朝政体制进行了一系列改革，中央和地方分别废除中书省和行省，设立承宣布政使司、都指挥使司和提刑按察使司，实行行政、军事、监察执法三权分立又互相牵制。大兴移民屯田和军屯，兴修水利，发展农业。同时，相继推行了徙富民、抑豪强、减免税负、严惩贪官、清查户口等措施。经过洪武时期的治理，社会生产逐渐得以恢复和发展。

　　明朝初年，黄河下游主流河道仍由河南荥泽、原武、开封，自商丘、虞城而下，与泗水会合，至清河县入淮河，再至云梯关入黄海。这一时期，黄河河道散乱，变迁众多，忽南忽北，极不稳定。在相当长时间内，多支并流，此淤彼决，形成了异常复杂的局面。由于元末多年战乱，堤防年久失修，黄河多次在河南开封、兰阳、封丘、原武、荥泽、中牟、阳武、杞县等地决溢泛滥。据不完全统计，洪武元年至三十年的 30 年间，黄河有 13 年发生决口。

洪武二十三年（1390 年）四月，黄河水暴涨，在归德州凤池决口南泛，流经夏邑、永城一带。这年秋天，又在开封决口，西华县一带受灾严重，大量民舍被冲毁。次年，黄河在原武黑洋山发生大决口，滚滚黄水从开封城北穿过。河水在此一分为三。一支在开封城北折向东南流，经陈州、项城、太和、颍州、颍上，至寿州正阳镇入淮；一支维持东流走徐州以南入淮；另一支由曹州、郓城漫流东平县安山，致使大运河的会通河段淤塞。洪武二十五年，黄河又决于阳武，洪水泛滥于陈州、中牟、原武、封丘、祥符、兰阳、陈留、通许、太康、扶沟、杞等 11 州县，造成了相当大的灾害。直至洪武三十年，黄河一直在开封上下恣意泛滥。

明朝初年亟待战后恢复经济，对黄河的决溢灾害主要采取减免租税、赈济灾民、防护旧堤、应急堵口等措施，尚来不及进行大规模综合治理。经过初期发展，明王朝的统治地位基本巩固，中央集权的强化和经济的发展正在促进帝国的强大，对于黄河的治理也提到了重要国事日程。洪武八年下诏征发河南民夫 3 万人，堵塞开封太黄寺堤决口；洪武十八年（1385 年），朝廷组织力量堵塞开封东月堤决口；洪武二十五年征发河南、开封等府民工以及安吉等十七卫军士，治理阳武黄河决口，修筑沿岸堤防。

作为一位出身贫苦的皇帝，朱元璋深知水利对农业发展的重要性，登基之初，便下诏大力提倡农田水利，至洪武二十八年在全国范围共兴建各类塘堰 4 万多处，整修河渠、堤岸 9000 多处。特别是对于陕西关中水利修复给予了高度重视，先后两次发军夫 10 余万人对引泾灌溉工程渠道进行疏浚整治，修筑渠堰闸门，恢复了泾阳、高陵等 5 县的农田灌溉功能。

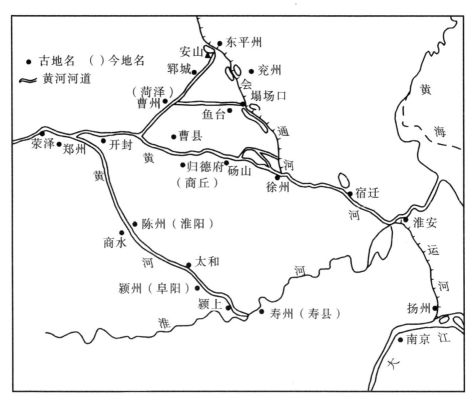

明洪武至宣德年间黄河主要流路示意图

　　明成祖朱棣即位后，国都迁往北京。随着国力日渐充实，朝廷加强了黄河灾害防御与大运河漕运治理。当时，黄河在河南、山东和南直隶境内发生多次决溢。永乐八年（1410年）黄河决口，冲坏开封城墙200余丈，淹没良田7500余顷，14000户民众受灾。此后数年，黄河又在河南开封、祥符等地接连发生多处决溢，灾情十分严重。

　　永乐九年，明成祖下决心治理黄河，首先派工部侍郎张信前往决口处进行现场查勘。张信查勘发现，祥符县鱼王口以下20余里的黄河故道，河岸与新河水面齐平，两河潜流互相渗通。若把黄河水分到故道一部分，则主河水势可大为削减。于是，张信详细绘制了图纸，呈献给永乐皇帝。皇上批准了这个计划，下诏征发河南民丁10万，命兴安伯徐亨、工部侍郎蒋廷瓒、刑部侍郎金纯共同统筹浚通事宜。当年七月，黄河回复故道，自封丘金龙口，至济宁鱼台汇合汶水，经徐、吕二洪南入淮河，基本恢复了明初的东河局面。

同期开展的另一项治河工程是疏浚漕运北段的会通河。当时明王朝宫廷生活以及北方边防将士衣食军需，大量需从江南通过运河转输。每年仅漕粮一项，就达400万石以上。此时的运河，自南向北大体由三部分组成。清口至扬州之间，以宝应、高邮等湖泊为主体构成江淮运河，称南运河；济宁至清口之间，借黄河河道行水，称中运河；济宁以北至天津的会通河，亦称北运河。黄河在徐州以上决口，不仅直接冲毁会通运河，还将造成徐州以下黄河水量枯竭，使南北漕运中断。

这项工程由工部尚书宋礼、刑部侍郎金纯督工进行，主要工程包括会通河疏浚、局部改道和节制闸整修。其中，引汶济运是一项极为关键的工程。由于汶上县南旺地段高出济宁地段3米多，爬坡上行，水源不足，时常干涸，加之河岸狭窄，难以通行重载船只，成为恢复漕运的一道难题。

为此，宋礼布衣微服，沿运河察看水系地形，走访当地群众，寻访济运良策。在汶上县白家店，遇见一位名叫白英的乡贤。他见宋礼风尘仆仆，深入民间调查治运良策，态度虔诚，便把自己多年积累的借水行舟、引汶济运、聚引山泉、修建水柜等治水经验和盘托出。宋礼听后大喜，诚邀白英参加治理运河工程。

宋礼采纳白英的建议，把南旺镇作为汶河济运的制高点。在距南旺38公里处的戴村两山之间，筑起一座拦河坝，拦截汶水南流，使水集中到济宁以北地势最高的南旺，中间分为两道，四成向南流，接徐州、沛县，六成北流至临清。对于戴村坝这座分水工程，当地也有"七分朝天子，三分下江南"之说。宋礼还采纳白英的建议，利用天然地形，扩大会通河沿岸几个天然湖泊，修成"水柜"，设置斗门，以便调蓄水量。同时开挖河渠，把附近州县的几百处泉水引入各个水柜。这项著名水利工程完成后，会通河有了充足水源，蓄水深度满足了通航要求。

今日戴村坝全景

　　在淮安城西管家湖，总兵官、平江伯陈瑄主持开凿了 20 里长的河渠，命名为清江浦。沿湖修筑十里长堤、四座闸门，将湖水导入淮河，避免了盘转陆运之繁劳。经过一番整治，南北大运河全线畅通，大大提高了航运能力。

　　洪熙元年 (1425 年)，明宣宗朱瞻基登基。他在位期间，体恤民情，实行与民休息的政策，经济得到迅速发展，出现了"仁宣之治"的盛世局面。但面对黄河与运河的紧紧纠缠，如何保持漕运河道畅通，一直是明王朝面临的棘手问题。

　　当时，京杭大运河徐州至清河的交汇段，利用的是黄河河道。由于经常受黄河向北决口的干扰，运河时通时塞，漕运受到很大掣肘。明王朝既害怕黄河冲毁或淤塞运河，又想利用黄河水补充运河水量。为此，朝廷在治河策略上主要采取北岸筑堤、南岸分流的办法。北岸筑堤防止黄河北泛，冲毁运河。南岸分流，在于减弱大河水势，避免冲决北岸堤防。但分流又不能分得太多，还必须满足徐州上下黄河漕运的水量要求，以不影响通漕为限度。

　　根据这一治理策略，宣德六年（1431 年），明宣宗下诏征发河南民工，对祥符至黄陵冈 450 里严重淤积河段进行了一次较大规模的疏浚整治，基本实现了防止黄河向北泛滥的目标。工程完工后，宣宗皇帝龙心大悦，此时适逢母亲张太后寿辰，33 岁的明宣帝精心绘制了一幅祝寿画《万年松图卷》献于母后。该画作用笔沉稳，劲健有力，寓有健康长寿之意，表达了宣宗皇帝对母后的孝敬真情，又极具身体力行提倡以孝治天下之意。

二、当国变遭遇河患

进入明朝中期，河南、山东境内黄河决溢愈加频繁。正统十年（1445 年）九月，黄河在封丘金龙口、阳谷堤、张家黑龙庙口同时决口。三年后，朝廷正准备调集士卒进行疏浚治理时，黄河又在陈留县金村堤、新乡八柳树和荥泽等地接连发生决口。决口后，河水分为三股。一股自八柳树漫溢曹县、濮州，至东昌（治今山东聊城），溃决寿张沙湾，冲坏漕运河道，东流入海；一股自荥泽漫流于原武，抵祥符、扶沟、通许、洧川、尉氏、临颖、郾城、陈州、商水、西华、项城、太康，南流汇入淮河；一股东流进入徐州贾鲁河故道。该流路为洪武二十四年（1391 年）黄河决口改道分出来的一股支流，南出徐州后称为"小黄河"，岸高水低，随浚随塞，水势较弱。

黄河频繁决口，河道散乱，洪水四溢，特别是冲坏漕运河道，使京杭大运河严重受损，朝廷受到了很大震动。此间，明英宗先后派工部侍郎王永和、工部尚书石璞等前往寿张县沙湾河段进行治理，但均以失败而归。

正在这时，明朝发生了一场巨变。

事情还要从元末说起。元朝灭亡后，逃往长城以北的蒙古贵族瓦剌部逐渐强大起来，经常挑衅大明。明正统十四年（1449 年），明英宗朱祁镇执意御驾亲征瓦剌。当年七月，英宗命其弟朱祁钰据守北京，然后自己亲率 50 万大军从北京出发，北伐瓦剌。由于英宗宠信宦官王振，指挥失误，遭到瓦剌首领也先率领部队的追袭。明军全线溃败，明英宗本人在战斗中被俘，这场战役即历史上著名的"土木堡之变"。

也先抓到了大明皇帝,深为这个意外的胜利狂欢不已。同时率大军南下,攻陷大同,继而向南挺进,企图一举攻占明朝首都北京城。

土木堡战败、英宗被俘的消息传到北京,宫廷里顿时一片惊恐不安。鉴于国家不可一日无主,这年九月,在皇太后主持下,英宗的弟弟郕王朱祁钰即位,改元景泰,是为明景帝。当时京城的兵力不足 10 万,而且都是老弱残卒。是战是和还是南迁,朝内议论纷纷,莫衷一是。经过一番激烈争论,最后,以兵部右侍郎于谦为首的主战派占了上风。景帝提升于谦为兵部尚书,并下诏宣府、辽东总兵官和山东、河南、山西、陕西等地巡抚带兵入援京都。

在于谦率领下,北京守城军民和各路边关将士同仇敌忾,英勇奋战,杀退了敌军,把明朝从亡国边缘中挽救出来。瓦剌首领也先见战局不妙,便裹挟着明英宗匆忙北窜,退回自己的领地。至此,京都危机解除,明朝取得了京师保卫战的胜利。

明英宗在瓦剌敌营度过了一年游牧生活。这时,也先见明朝已经有了新皇帝,继续扣押英宗已无意义,便提出向明朝送还英宗,罢兵求和。英宗因而得以还京,以太上皇身份进住南宫。

于谦

外患刚刚平息,因山东临清以南的运河淤塞加剧、漕运受阻,各地便接连告急。景泰二年(1451 年),明景帝先后派巡抚山东、河南的左副都御史洪英、右副都御史王暹和工部尚书石璞前往寿张沙湾、徐州黄河故道等地筑堤浚河,并提出“务令水归漕河”的严格要求。然而他们屡堵屡决,特别是位于黄河与运河交汇处的沙湾决口,几次筑堵均告失败,以致漕船全部受阻,境况十分严峻。

于是，景泰四年十月，明景帝任命徐有贞为佥都御史，专门治理沙湾。

徐有贞，原名徐珵，自幼勤奋好学，26岁考取进士，后入翰林院任侍讲，是一位博学多才之士。来到沙湾后，他全面查勘沿途地形水势，向皇帝呈上《言沙湾治河三策疏》，提出修建水门、开辟分水支河、疏浚运河水道的治河三策。

对于徐有贞"治河三策"中开辟支河之策，因要在黄河堤防上开口分水，朝中不少臣僚认为此举风险太大，故表示反对。对此，明景帝也深感疑虑。徐有贞为了证明支河分水的效果，做了一个实验。他拿出两个完全相同的水壶，里面盛满相同质量的水，然后在其中一个水壶上凿开一个大孔，又在另外一个水壶上开5个小孔，这5个小孔的面积之和等于大孔的面积。结果，开有5个小孔的水壶最先将水放完，从而打消了景帝的疑虑。在水力学上，这项实验被称为"水箱放水实验"，后来19世纪西方的力学家曾做过此类放水系数实验。而徐有贞早在400年前便首开先河，尽管当时还远非现代流体力学的概念，却已属难能可贵。

徐有贞"治河三策"得到朝廷批准后，即于当年开工。施工中，导河、堵口、疏浚三管齐下。从京杭大运河中部的金堤开始，经濮阳、博陵陂、寿张沙湾、影塘、白岭湾等地，对50里河道进行导河分流。自东向西，疏浚数百里黄河、沁河河道，并修筑9座坚固的石堰，以抵御河水冲决漫溢。对沙湾至临清、沙湾至济宁的运河进行了疏浚，并在东昌（治今聊城）龙湾、魏湾修建水闸8座，以便启闭宣泄。

这次主持治理沙湾，参加施工的民工达5.8万多，耗用树木、铁器、竹子、石头数万，整个工程历时近两年，于景泰六年（1455年）七月全部竣工。从此，山东河患平息，漕运得以恢复，山东境内100多万顷田地也得到了灌溉。

工程竣工后，徐有贞在当地主持修建了大河神祠，并亲自撰文书丹，在祠内奉立"敕修河道功完之碑"，记载了这次治理黄河与运河的全过程。回京后，明景帝亲自召见徐有贞，进行嘉奖，提升他为左副都御史，官职由四品升为三品。

　　景泰八年（1457 年），明景帝重病之际，徐有贞、石亨、曹吉祥等大臣趁机发动南宫复辟，簇拥英宗重登皇位，史称"夺门之变"。英宗复位后，封徐有贞为武功伯，升兵部尚书兼华盖殿大学士，执掌内阁大权。徐有贞升居高位之后，扮演了极不光彩的角色，对于谦等忠良大加陷害，给他们扣上"逢迎景泰篡位""紊乱朝政，擅夺兵权"的罪名，致使于谦、王文等受斩刑而死。之后，徐有贞又搞了一个"奸党录"，数十位文臣武将受到牵连，被削职罢官、充军流放。经过这场国事变乱，吏治与社会风气败坏，明朝走向了下坡路。

　　诡谲的是，徐有贞的晚景也很悲凉。后来，他因与昔日的盟友石亨、曹吉祥反目交恶，被降职为广东参政；继而又受诬陷被流放到云南为民。晚年浪迹山水，研习书法为生，倒也培养了一个著名的外孙，那就是文学家、书法家祝枝山。

　　一面是治河济世的能臣良才，一面又是陷害忠良的奸佞祸首。社会历史的曲折与反复，人生性格的两面与多重，在此次明朝国事变乱和徐有贞身上得到淋漓尽致的体现。

三、治河保漕筑堤太行

　　明成化二十三年（1487 年）九月，明朝第九位皇帝朱佑樘即位，次年改元弘治。弘治皇帝在位期间，勤于政事，躬行节俭，重视司法，大开言路，力图扭转朝政腐败状况，史称"弘治中兴"。

　　然而，此时又是河患最为严重、漕运最为艰难的时期。弘治皇帝在位18 年，黄河发生洪灾多达 54 次，平均一年三决口。多股洪水四散漫流，冲入运河。愈演愈烈的黄河、漕运复杂形势，犹如一团剪不断、理还乱的乱麻，紧紧缠绕在弘治皇帝的心头。

　　弘治二年（1489 年）五月，黄河南北两岸接连发生 10 多处决口，20 个州县遭受严重洪灾。南岸开封决口，河水自中牟杨桥至祥符分三支入淮河；

北岸封丘荆隆决口，大溜冲决堤岸，河水漫流至山东曹州，冲入张秋运河，漕运受阻中断。尽快解除张秋水患，恢复漕运通航，成为治河的最迫切任务。

这年九月，弘治皇帝命户部侍郎白昂统领，对黄河决口及运河进行全面修筑治理。白昂奉命沿河道支系详细查勘了水势，提出了"北堵南疏"方案，即疏浚南岸河道以削减河势，对北流所经七县新筑堤岸，以保张秋漕运水道。弘治皇帝批准了这一方案，遂调集25万军民投入治河施工。为了加强治河权威，皇上还赐以白昂特敕令，授予对山东、河南、直隶三省巡抚的节制调度权。可谓要权给权，要钱给钱。

这是一项横跨四省及多个地区的庞大工程，又必须赶在翌年汛期前完工，工期紧迫，任务艰巨。白昂迎难而进，率众日夜赶工，堵塞决口36处。沿北岸阳武修筑长堤，阻止黄河水北上；引中牟决河之水出杨桥以达淮河，疏浚宿州古汴河入泗水，疏浚睢河至江苏宿迁至漕运河道。上游修长堤，下游修减水闸，还开挖了十余条用以泄水分流的疏月河。在整个施工过程中，因有皇帝特敕令的强力支持，令行禁止，进展顺利。尤其是在关键的分流

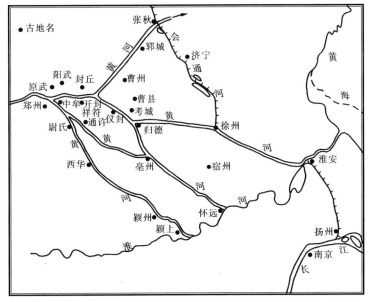

明朝弘治年间黄河主要流路示意图

泄洪环节，白昂铁腕施政，对有关富户豪强毫不留情。就这样，通过疏堵结合，使河流节节入淮，最终入海。工程竣工后，白昂晋升为都御史。

但是，好景不长，白昂治河不过两年，弘治五年（1492年），黄河又在祥符县孙家口、杨家口、车船口和兰阳铜瓦厢等多处决口，滔滔河水再次冲毁运道，漫流浸淹多地。朝廷急忙调集民夫15万人，命工部侍郎陈政主持治理，严令务必尽快堵住决口，恢复运道。由于施工任务艰巨，压力巨大，陈政心力交瘁，累死在任上。

弘治六年二月，黄河春汛在即，河患加剧却屡治无功，堵口陷入胶着状态。情急之下，弘治皇帝急忙召集廷议，令群臣推荐治河能臣。众臣一致认为，时任浙江省左布政使的刘大夏才识最优，堪当此任。于是，皇上立即下诏任命刘大夏为副都御史，令其火速赴任，统领治河事宜。

弘治皇帝在给刘大夏的长篇任命诏书中，晓明大义，语重心长地说：近年汴城东南黄河故道淤浅，主流向北迁徙，黄河、沁水汇合一处，水势迅猛。河南兰阳、考城，山东曹县、郓城等处，俱被淹没，目前已逼近张秋，对大运河水道带来了严重威胁。朕认为古人治河，只是除民之害，而今日治河"乃是恐妨运道致误国计，其所关系盖非细故"。今命你速与巡抚巡按和当地都指挥司、布政司、按察司及总督、漕运巡河官员等会合，自济宁至临清一带，疏浚会通河，务必使粮运通行，不得延误，以免影响朝政收入。对于其他堵塞决口之长久大计，粮运畅通后，再溯流寻源，根据地势，安排工程，抓紧实施。如此，使河役不再兴，河流顺其道，国计不亏空。你要勉力谨慎为之。

接到诏书时，年近六旬的刘大夏正在浙江彻查赈灾钱粮。他深感使命重大，于是星夜启程，赴任就职，挑起了治理黄河、恢复漕运这副千钧重担。

刘大夏到任后，立即会同河南、山东巡抚、都指挥使、布政司、按察使，以及州县官员和河官，昼夜兼程，顶风冒雨，行程千里，亲查河患。从张秋溃决之处起，西至河南广武山，北至临清卫河沿线，逐一考察地形、洪水痕迹、水势及受灾情况。在此基础上，以《议疏黄河筑决口状》上书朝廷，提出"通运、疏河、堵口、筑堤"四步走的治河计划。

刘大夏的治河方策得到了弘治皇帝的高度赞赏。然而，就在这时，河南、山东连降特大暴雨，河水暴涨，汹涌的洪水，冲决金龙口，再决黄陵冈，继而又冲垮张秋东堤200多米，东北汇入汶水，夺大清河入海。连绵几百里，黄水茫茫，运道淤塞，漕舟阻绝，形势十分危急。

此时，漕运已经中断数月，京师所存粮食仅剩几十万石，恢复漕运刻不容缓。于是，刘大夏义无反顾，组织10余万军民在张秋决口西岸，开挖一条三里多长的月河，先将运河上下连通，使阻滞的漕船得以通过，缓解了漕运的燃眉之急。

接着，刘大夏开始疏浚下游河道以分杀水势。首先在仪封黄陵冈之南挑开贾鲁河故道40余里，由曹县东出徐州，以削减黄河北流的水势；接着，挑浚孙家口，另开新河70余里导河南行，由中牟、颍川入淮河，并疏浚祥符淤塞河段，至归德分两支汇入淮河。至此，基本实现了引黄河沿故道及颍水、涡河，东南流入淮河的目的。主流南趋，北流势减，为堵塞张秋决口、恢复漕运提供了条件。

然而，由于张秋决口口门很宽，水势迅猛，筑坝堵口依然十分艰难。常常是决口刚刚堵上，迅即又被冲开。几次堵口失败后，工地上、朝堂中，各种非议和攻击纷至沓来。有的说刘大夏的治河方案根本不可行，有的说运河漕运已无药可救，应从速恢复海运，甚至有人对刘大夏进行各种人身攻击。

对此，刘大夏不为所动，坚信黄河可治、决口可堵、漕运可复。他悉心研究堵口技术，在黄河东、西两岸分别筑起高高的石台，用铁索贯穿连接起两岸，将多条大船并排串连装满土石，在决口处让大船沉入水底，再压上大埽。土石被冲刷殆尽，接着再筑，与洪水激流抢时间、争速度，终于堵住了决口，随后在上面修筑石堤，予以加固。至此，最为艰难的张秋堵口战役，终告成功。

弘治皇帝闻报，连年漕运困扰的郁结顿时化解。他即派钦差前往工地慰劳，御赐书墨褒奖刘大夏，赐张秋镇改名为"安平镇"，并修建真武龙王庙以供祭祀。

张秋堵口成功，进一步坚定了刘大夏的信心。弘治八年（1495年）正月，他接着组织了规模宏大的黄河堤防建设。

这次工程的内容包括：在河南境内堵筑黄陵冈、金龙口等7处决堤，使北流基本断绝，河势复归兰阳、考城一带故道，汇淮河入海。在北岸修筑长达数百里的两道堤防：一道是"太行堤"，西起延津胙城，历经滑县、长垣、东明、曹州、曹县，抵虞城，总长360里，成为黄河北岸堤防的第二道防线。另一道称为"荆隆口新堤"，自祥符县于家店，经兰阳铜瓦厢、东桥至仪封小宋集，共160里。两道堤防互为表里、前后策应、相辅相成。同时，还在黄河东岸加筑了坚固的减水石坝，起到了双保险的作用。太行堤是防御黄河、沁河并涨的一道重要屏障，对卫河漕运也有一定保障作用，后世对此都非常重视，历经多次培修巩固，时至今日，依然承担着护卫天然文岩渠和黄河安澜的双重任务。

刘大夏治河，为国分忧，尽职尽责，使肆虐多年的黄河水患得以平息，漕运通畅，深得弘治皇帝赏识，后来升任兵部尚书，官阶由正三品提为正二品。然而，朝政风云变幻莫测，弘治皇帝驾崩后，刘大夏遭宦官陷害，蒙冤入狱，被发配到西北边陲肃州（今甘肃酒泉）戍边。两年后，虽受朝廷赦免，官复原职。但年已75岁的刘大夏，力辞不就，告老回乡。

四、嘉靖皇帝的苦衷

明代中后期，河南境内南北两岸堤防已经形成，这时的黄河洪水为害主要集中在山东曹县、单县与江苏的沛县、徐州等地。

明正德三年至正德五年（1508—1510年），黄河河势发生剧烈变化，向北滚动400多里至沛县飞云桥。由于南河故道淤塞，洪水集中在单县、丰县之间的窄河道，洪水宣泄不及发生漫溢，导致黄陵冈、尚家等多处决口，大片田地房屋被淹，丰县县城被洪水包围，周围水面达百余里。正德五年九月，黄河再次冲决黄陵冈，进入贾鲁河，泛溢横流，直抵丰县、沛县。

对于黄河的河势与决口险状，时任兵部主事的王崇献曾在《河决歌》一诗中有生动记述："八月九月河水溢，贾鲁堤防迷旧迹。涓涓起自涧溪间，顷刻岸崩数千尺。""人家远近百无存，禾黍高低付一扫，人民垫溺不知数，牛羊畜产何须顾。仓皇收拾水中粮，拟向他乡度朝暮。""君不见，东村子，父兮救子父先死。又不见，西村女，母女相持死不已。"其凄惨情景，感人至深，催人泪下。但此时的正德皇帝朱厚照，整日沉湎于荒淫巡游，对于黄河、漕运治理无甚建树。

正德皇帝死后，其堂弟朱厚熜继位，即嘉靖皇帝。在位前期，他整顿朝纲，退还被侵占的部分民田，汰除军校匠役十万余人，企图缓和激烈的社会矛盾。但因土地高度集中，赋役苛重，社会矛盾仍日趋激烈。后来他迷信道教，求长生，二十多年不见朝臣，以致出现内阁纷争，吏治败坏。加之东南有倭寇侵扰，北方有鞑靼攻袭，政治经济出现了深刻的危机。

嘉靖初年，黄河下游河道向东北迁徙至沛县庙道口，黄河洪水连年冲决曹县、单县堤防，在归德至徐州之间南北滚动，泥沙淤塞运河，粮船已无法行进。黄河南岸仍处于分道入淮的局势，主要有四股，一股由孙家渡出寿州，一股由涡河口出怀远，一股由赵皮寨出桃源，一股由梁靖口出徐州小浮桥。当时，开国皇帝朱元璋为高祖父、祖父修建的祖陵在泗州洪泽湖畔，朱元璋父母的皇陵在安徽凤阳县，明代九世亲王的王陵在淮南寿春。黄河南岸分流，对这些祖陵、皇陵、王陵构成严重威胁。因此，这时的治河，既要严防北决危害运河，还要避免黄河泛水淹及这些陵墓，这就更增加了治理黄河的难度。

嘉靖十三年（1534年），黄河在兰阳赵皮寨决口，沿途洪水骤然增加，东南向的流路逐渐断绝。自济宁至徐州数百里间，运河全部淤塞，漕运被阻绝。为了治理黄河水患，大臣换了好几任，皆束手无策，一筹莫展。想来想去，皇上决定由都察院右副都御史刘天和担当此任，出任总理河道之职。

　　刘天和是一位著名学者，武宗时期曾任南京礼部主事，因得罪宦官被贬。后得以复出，从湖州知府、山西提学副使、南京太常寺少卿，一直做到陕西巡抚，政绩突出，民间口碑甚佳。

　　刘天和履任不久，正值黄河在兰阳赵皮寨发生决口，漕运咽喉谷亭处的河水断绝，庙道口河段重新淤积，运河严重受阻。为了研究治理对策，刘天和带领人员沿河勘查，并派部属沿各河流分支，自上而下逐段认真测量。对黄河与运河疏浚、堤防加高培厚、加强工程管理等，制定了一整套治理方案和防护措施。

　　嘉靖皇帝十分赞赏刘天和的治河主张，当即批准动工。次年初，刘天和率领 14 万民工，先后对汴河、山东七十二泉、南旺河下游，进行疏浚整治。施工过程中，他根据不同河段、不同淤积程度、不同土质，分别采取截河筑坝，修筑缕水堤、顺水坝，植柳六法护堤岸等技术措施，对堤防进行了综合整治。其间，他创制了"手制乘沙采样器"，以此测定河水中泥沙的数量，向为水利史学界所称道。与此同时，他非常注重合理安排人力，有计划组织施工，兼顾工役以节省民力。在 3 个月内，共计疏浚河道 200 多里，修筑堤防 80 多里，修建 15 座水闸、8 座顺水坝，植柳 280 多万株。

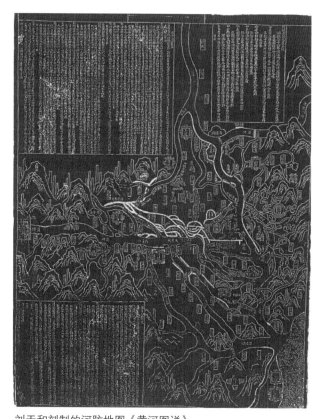

刘天和刻制的河防地图《黄河图说》

工程共耗用 17 400 多根木桩、19.5 万束梢草、65 900 斤铁具，工程总费用白金 78 000 余缗。尤其值得一提的是，当时按规定黄河南岸各府每年都要派民工治河，不能服劳役的按人头缴税三两银子。但当时正值洪灾饥荒之年，老百姓饥肠辘辘，哪里还有钱交税！为了减轻灾民负担，刘天和奏请朝廷免除了这项课税。

整个工程完工后，漕运河道得以复通，治河复漕取得了显著成效。根据这次治河实践，刘天和著成《问水集》一书，并绘制《黄河图说》刻制于石碑。运河浚治的成功，消除了嘉靖帝的心头之患，遂下诏将刘天和兼任工部右侍郎。

嘉靖后期，治河形势更加错综复杂。嘉靖三十七年（1558 年），黄河在曹县新集大决口，河水分为大小 11 支，自徐州至鱼台乱流进入鲁南运道及诸湖，250 里河道全部淤积，黄淮合流段的淤积日益严重。嘉靖四十四年秋，黄河在沛县大决口，河水纵横奔流，自沙河至徐州以北，南北分为 14 支，或横向断绝，或逆流入漕河，或四散漫流湖坡，浩渺无际，一片汪洋，河势变化剧烈、复杂混乱程度已到了不可收拾的地步。

嘉靖四十四年，朝廷下诏委任朱衡为工部尚书兼右副都御史，总理黄河与漕运。朱衡性情刚直，素有政声。据说，他还曾帮助海瑞免于一难。当时有一个钦差大臣巡查，海瑞见而不跪。那钦差大臣要问罪海瑞，多亏朱衡出面调停，方使此事平息。

朱衡赴任后，经过沿线全面巡视，认真分析河势现状，在给嘉靖皇帝的奏疏中，从五个方面全面阐述了自己的治河主张。明确提出，鱼台、沛县一线的旧河道已经淤积成为陆地，如要恢复行水河道，需征发山东、安徽、江苏三省民工 30 万，不但筑坝截流，难度极大，且工程浩繁，旷日持久，一旦后继乏力，则前功尽弃。因此旧河道不宜再恢复。只有开辟丰县东南的秦沟，使下游顺达，并修筑南岸长堤以防溃决，才能解除鱼台、沛县等地洪灾之困，并使漕运河道通畅。

朱衡的意见得到了朝廷采纳，一场治河大战役正式打响。自鱼台至沛县、留城开挖新运河 140 多里，引鲇鱼、薛沙诸水入新渠；疏浚留城以下至茶城 50 余里旧河道，筑沛县马家桥堤遏制飞云桥决口，自留城马家桥向西，经沛县戚山、丰县、砀山，北至单县，修筑大堤 200 多里、石堤 30 里。

施工过程中，朱衡亲自督工，赏罚严明，往返奔波，不辞劳苦。他对失职、渎职官吏惩罚十分严厉，因此遭到了一些流言蜚语的中伤。朝中一些官员以"虐待民工而邀河功"为名，奏本弹劾朱衡，要求罢免其职。为此，嘉靖皇帝下诏派监察官员赴工地调查落实，看到治河工程告竣，河道面貌一新，一场轩然风波方得化解。

朱衡这次治河，阻止了黄河洪水东侵，各漫流分支归为一流，漕运得以恢复畅通。不过，朱衡刚正不阿的性格，决不会为所有人所包容。后来在万历二年，他因"刚愎"之名再次遭到弹劾。一朝天子一朝臣，看到这种朝政局面，年过花甲的朱衡无心恋政，于是索性上疏请辞退休。

五、起落沉浮治河人

嘉靖四十五年 (1566)，明世宗驾崩，明穆宗即位，年号隆庆。明穆宗是一位生不逢时的皇帝，此前由于父皇痴迷道教，一心想得道成仙。他作为储君，没有享受到多少皇室的温暖，留下更多的是冷酷的记忆。穆宗即位后，针对嘉靖后期存在的问题，当即颁诏提出 30 项改革措施，核心是"革弊施新"，整饬吏治，抑制兼并，开放海禁，推行隆庆新政。

然而，隆庆皇帝在位六年间，首辅就换了三任，朝政一直动荡不安。加之黄河连年决口泛滥，更令朝廷焦头烂额。隆庆三年（1569 年）七月黄河在江苏沛县决口，江苏、山东、河南数百里范围内普遭水害，河道淤塞，漕船阻断。"平地成湖，一望弥漫"，"千村万落漂没一空"。当时这些记述，形象反映了黄河决溢给人民造成的深重灾难。

对于明王朝来说，漕运就是朝廷的生命线。漕船被阻，事关朝政大局安危。隆庆四年，朝廷急诏潘季驯为都察院右副都御史总理河道，并授权提督军务，即刻赴任统筹黄河运河整治。

潘季驯，浙江湖州人，嘉靖二十九年（1550年）考中进士，先后在江西、广东等地为官。他勤于政务，清正廉明，对水利与治河很有研究。六年前的嘉靖后期，他奉命与工部尚书朱衡共同负责治河时，就有了自己的治河思路。他认为，漕运问题是表象，治理黄河是根本，因此提出对黄河应"开导上源、疏浚下泄"，不主张另开新河。这与朱衡主张另开新河的治理方略正好相反。为此，二人曾有一场激烈争论。当时朝廷从漕运的眼前利益出发，大部分采纳了朱衡另开新河的意见，局部采纳了潘季驯的疏浚旧运河方案。所幸，工程完工后，两种方案都取得了较好的效果。

此次赴任治河，潘季驯深感局面复杂、责任重大。就在他奉诏赴任的这年九月，黄河又在江苏邳州决口。180里漕河被泥沙淤塞，1000多艘运粮船搁浅受阻，寸步难行。当时国库空虚，财殚力疲，漕运停摆无异于雪上加霜。

到任后，潘季驯指挥5万余名民工，从应急疏浚漕运入手，边抢险，边施工，苦战三个多月，疏浚了匙头湾河段，修筑起3万余丈缕堤，终使受阻漕船得以通行。然而，头疼医头，脚疼医脚，终非长久之计。此次治河，潘季驯愈加感到加强黄河堤防的极端重要性。他在给朝廷上奏的《议筑长堤疏》中，深刻分析了河道决口为患的原因，明确指出，黄河要长治久安，根本之计在于"筑近堤以束河流，筑遥堤以防溃决"。

但在朝中一些官员看来，潘季驯强调以治理黄河为本，不注重漕运现实问题，是有负朝廷重托的失职行为。加之此间，隆庆五年（1571年）四月，黄河又在徐州以南两岸决口多达11处，运粮船只被激流卷走，大河主流改向，80里长的主河道水枯淤塞，漕运再度停航，为此，潘季驯遭到弹劾，罢官削职。

隆庆六年正月，朝廷起用58岁的兵部侍郎兼右都御史万恭总理河道提督军务。万恭是嘉靖、隆庆两朝名臣，一位文武兼备的专家式官员。他赴任后，经对徐州以下黄河、运河工程进行全面察看，批判了过去"多穿漕渠以削减水势"的治河观点，主张束水攻沙。

他认为，黄河的根本问题在于泥沙，河水的基本特性是，水流集中冲刷力就强，黄河只有合流，才能势如万马奔腾。而分流则势缓，泥沙就会落淤。因此，治理多沙的黄河，不宜分流，必须因势利导，用堤防约束洪水，冲刷河床，使水畅其流，洪水泥沙入海。在当时，这一治河思想是个重大创新。

根据这一治河思路，结合当时堤防河势的实际情况，万恭与兵部尚书朱衡共同率领军士民夫，修筑了徐州至宿迁小河口 370 里长堤，对丰县、沛县大堤进行了全面修缮。当时位于皖、苏之间的高邮湖、宝应湖堤，因水位高于运河，每年伏秋大汛，时常漫溢泛滥。对此，万恭将以往加高培修堤防措施改为挖湖浚淤，并沿湖堤修建了 20 余处水闸，适时启闭泄蓄，从而解除了这个长期困扰的水患问题。此次治河工程，历时 60 天，仅耗费工款 3 万两，可谓优质高效工程。

经过这次治理，黄河主流安顺，漕运维持了一段畅通局面。工程结束后，万恭在这次治河实践基础上，系统总结了以往治河的经验教训，著成《治水筌蹄》一书，对后世治河产生了深远的影响。

隆庆六年（1572 年），明穆宗驾崩，10 岁的朱翊钧即位，改元万历，史称明神宗。随着张居正就任内阁首辅，一场波澜壮阔的改革拉开大幕。这场政治经济改革，成就了明王朝晚期最为繁荣昌盛的十年，被史学家称为"帝国的余晖"。

张居正的改革主要从三个方面进行：政治上，改革弊政，整顿吏治，加强中央集权；军事上，整饬武备，训练士卒，安抚边区少数民族；经济上，调整政策，发展生产，促进国家富强。而治理黄河，保证漕运，则是保证改革顺利进行的重要一环。为此，万历初年张居正先后派数位大臣赴任治河保漕。但天不遂愿。万历三年（1575 年）八月，黄河在安徽砀山及邳家口、曹家庄、韩登家口等地多处决口北泛，淮河在高家堰决口东流，洪水在徐州、邳州等地泛滥，殃及千里，清江河道淤塞，船只阻塞不通，治河保运告急。

情急之下，当年冬月，张居正派水利专家吴桂芳出任漕运总督兼凤阳巡抚，实施"挽淮入河"之策。吴桂芳临危受命，首先疏通黄河入海口，水患渐渐缓解。接着，又带领百姓修筑高邮湖石堤、淮安长堤等水利工程，蓄积湖水，疏浚草湾，加固淮扬地段的漕河堤坝，提高了漕河南段的抗洪能力。怎奈当时漕河已是积重难返，沉疴难愈。由于漕河北段未能得到根治，加之黄河决口泛滥，多处堤坝被洪水冲毁，由此引起朝中对吴桂芳治河方略的种种非议。

经过朝堂激烈争议，朝廷仍然支持吴桂芳，由其总理黄河与漕运。可惜命运不济，吴桂芳到任月余，即猝然病逝。

谁还能担当此任？张居正万般惆怅之际，想起了另一位治水名臣潘季驯。于是，万历六年（1578 年），潘季驯受任都察院右都御史兼工部左侍郎，总理河漕兼提督军务，再次赴任治河。

在首辅张居正大力支持下，潘季驯此次对黄河、漕运进行了较大规模治理。他通盘考虑治黄、治淮、保运、保皇祖陵、救民生五大问题，亲率幕僚奔赴一线工地考察地形河势，足迹踏遍黄、淮沿岸十余个州县，取得了大量第一手资料，基本摸清了黄河、淮河及大运河的运行规律。他摒弃了长期奉行的分疏之法，大胆提出了"筑堤束水，借水攻沙"的全新治河理念。

在启奏朝廷的治理黄淮《两河经略疏》中，潘季驯认为，只有黄河主流水量充沛、流速加快，才能将泥沙带进大海，不致沉积下游河床。清口是黄淮交汇之所，也是漕运河道必经之处，水量稍浅，便导致阻碍漕运。欲通其流，必须使淮河之水全部从清口流出，才能冲刷黄河泥沙，不致淤积。为此，他主张一方面要修筑堤防阻止黄河南侵洪泽湖，另一方面大筑高家堰，蓄淮河之水于洪泽湖，抬高洪泽湖水位，使之全出清口，以产生冲刷黄河泥沙之效。

张居正经过比较各种治河方案的优劣得失，毅然批准了这封奏疏，并责成户部、工部拨付足额资金，全力支持治河工程。同时授予潘季驯监察大权，对于失职官吏，可直接向朝廷专疏弹劾。

整治黄淮工程开工之前，潘季驯在济宁总河府举行了隆重的启动典礼，祭告神明，申明纪律，鼓舞士气。在潘季驯主持下，经过一年多艰苦施工，黄河大堤高筑，挽河归槽；筑起堰体3600余丈，堵塞大小决口139处。他创造性地修建了缕堤、遥堤、格堤、月堤等新型堤防。缕堤，是顺河流靠近主槽修建的小堤，形如丝缕，用以防御一般洪水；遥堤，为在缕堤之外一定距离修筑的堤防，用以防范特大洪水；格堤，是位于遥堤和缕堤之间的横向堤，用以防御洪水溢出缕堤漫延并冲刷堤根；月堤，则是在险要或单薄堤段修建的半月形堤防。由此，形成一套完整的堤防体系。同时，整修了洪泽湖东岸大堤，拦蓄淮水注入黄河，使黄、淮汇为一体，集中水流冲刷淮河入海故道。万历七年（1579年）十月，整个工程告竣，成效显著，工程费用比预算节约工银24万两。功成之后，潘季驯升任工部尚书。

然而，朝政的风云变幻，常常令人措手不及。万历十年，张居正去世，两年后遭弹劾抄家，他的许多改革主张被废除。潘季驯也受累被削职为民。当他返乡途经徐州，登上云龙山，目睹黄河奔流，波浪翻卷，回想起多年来经历的种种艰难苦涩，不禁思绪万千，慨然吟诗一首："龙山再上思依然，千里河流自蜿蜒。几向蒿莱寻水脉，翻从沧海见桑田。负薪十载歌方就，投杼当年事可怜。为谢含沙沙且尽，归兴吾已欲逃禅。"表达了他对朝政风云的感伤心情及一度产生的遁世思想。

潘季驯尽管接连遭受打击，但治河报国心怀未曾泯灭。黄河连年决口，朝政再度告急。万历十六年，67岁的潘季驯再度出任右都御史，第四次主持黄河和运河治理。他接到任命，星夜兼程，抵达淮安赴任。经过对黄河、

潘季驯著《河防一览图》局部

淮河、运河全面查勘，提出了全面整治苏、鲁、豫三省河防工程计划，组织制定了一系列堤防建设规章制度。从单一缕堤束水，到遥堤、缕堤配合使用，再到蓄清刷黄、淤滩固堤，"束水攻沙"治河思想不断丰富发展，为处理黄河泥沙、治理黄河下游河道开辟了新的途径。经过整治的河道，十余年间未发生大的决溢，是极其难能可贵的。

潘季驯一生奉三朝诏命，四任总理河道。在当时河患十分严重、河道变迁频繁的复杂形势下，总结提出了"筑堤束水，以水攻沙""蓄淮刷黄保漕"的治黄治运方略，并大力付诸实践。他总结编写的《河防一览图》《两河管见》《宸断大工录》等著述，对后世治河产生了极为重要的影响。

六、古城开封的地下秘史

1981 年 5 月初夏，一个天气晴朗的日子，开封龙亭公园潘家湖清淤现场地下 5 米深处，一座明代周王城遗址意外地出现在人们面前。自此，深埋地下深处的古城开封的神秘面纱被逐步撩开。

追溯明代周王城的地下秘史，还要从 300 多年前那段腐败黑暗的时期说起。明朝末年，朝政弊端丛生，土地不断兼并，赋税日益沉重，连年水旱灾荒，赤地千里，易子而食的惨象层出不穷。饥民纷纷揭竿而起。

农民起义首先在陕北爆发，很快呈燎原之势。到崇祯初年，起义军已发展到 20 余万人，并由陕西向山西转移。此时，投身起义军的李自成，以在战斗中显示出来的军事才能被推举为新的闯王。他领导的农民军队逐渐成为推翻明朝的强大力量。

崇祯十五年（1642 年）四月，李自成率农民军第四次围困开封，六月明朝廷急命侯恂为兵部侍郎，督召左良玉率部解开封之围，被农民军击败。李自成采取"围而不打"的战术，试图逼迫明朝守军不战而降。此时，政府各路援军驻扎黄河以北，不敢轻进。开封久困食尽，城内已经出现了人吃人的惨状。为挽救危局，河南巡抚高名衡乘黄河涨水之际，命令掘开开封城北朱家寨口黄河大堤，企图水淹农民军。见此情形，李自成率领的农民军以水还水，命数万军士掘开马家口堤坝灌城。

黄河由于连年淤积，形成了地上悬河，河床远远高于开封城内地势。九月，天下大雨，两口并决，滔滔黄水声如巨雷般，溃北门入城，穿东南门出。明军将士和城内百姓几十万人葬身鱼腹，"城中百万户皆没"，最后仅剩下不及两万人，农民军也被淹死万余。人为的黄河决口水患，带来大量泥沙淤积的厚重叠压，使古城开封陷入灭顶之灾。

明代开封城就是在这次黄河扒堤决口中，被滔滔洪水吞噬湮埋地下的。1981年，经过对遗址进一步勘探，当年豪华辉煌的明代周王府轮廓凸现。

周王朱橚是朱元璋的第五个儿子，也是明成祖朱棣的胞弟。周王府是在宋金故宫遗址上建造的，由内外两座城垣组成。外城是作为宫室屏障的一道萧墙，内城是紫禁城。萧墙遗址平面呈长方形，周长约5310米，约占整个开封城墙的一半。萧墙正南门为午门，东门为东华门，西门为西华门，北门为后宰门。诸门皆"极大宏敞，碧瓦朱门，九钉九带"，雄伟异常。

随着考古挖掘的逐步深入，黄河泥沙淤积层下隐藏的更多秘密被揭示，一幅"开封城，城摞城"的历史长卷渐次铺展开来。

自战国时期魏惠王迁

宋代考古发掘现场——城摞城

都开封兴建大梁城开始，此后 2200 多年间，历代统治者在这块土地上相继建起了唐汴州城、北宋东京三城、金汴京城、明开封城和清开封城。尤其是北宋王朝在开封建都长达 160 多年，曾是中国历史上繁华的国际大都市，而在极盛之后却神秘消失。新中国成立后，寻找开封古城的下落一直是考古工作者的重大目标。明代周王府遗址的突然浮现，使大规模的开封古城考古从此拉开帷幕。地下 6 米深处的金代汴京城、8 米深处的北宋东京城、10 米深处的唐代汴州城、12 米深处的魏国大梁城，逐渐呈现在世人面前。

连绵不绝的战乱与黄河洪水泥沙，一次次将这些辉煌一时的名城湮埋，人们又一次次地在原址上重建家园。于是，地下泥沙深处的座座古城，就如同"叠罗汉"一般叠加了起来。

城市的地下深层叠压，其实就是民族文明的累积。在漫长的历史岁月里，开封城一次次被洪水泥沙湮埋，历代人民又一次次重建，延续黄河辉煌文明，充分彰显了中华民族百折不挠、自强不息的精神。

七、刻在宫殿上的座右铭

李自成领导的农民起义军推翻了明朝的统治，建立大顺政权。不久，驻守山海关的明将吴三桂引清兵入关，颠覆了大顺政权。清王朝仍建都北京。

清顺治元年（1644 年），明末开封决口被堵塞，黄河回归故道，经今河南兰考、商丘、虞城，走山东曹县，安徽砀山，江苏丰县、沛县、徐州、宿迁、泗阳，东经淮阴，在云梯关入黄海。由于明末清初连续 40 多年战乱，黄河堤防失修，顺治帝在位 17 年，有记载的黄河决口就有 9 年之多。

到其子康熙帝执政的前期，黄河、淮河并流入海，在江苏淮阴附近与运河交汇，黄、淮、运三河复杂交织，互相影响，处于十分混乱的局面。从康熙元年（1662 年）到康熙十六年，黄河下游决口多达 45 次。康熙十五年夏，黄河洪水倒灌洪泽湖，大堤决口 34 处，淮河冲入运河，运河堤防溃决近 1000 米。淮扬地区一片泽国，颗粒无收，维系清廷的漕运大动脉被迫中断，严重影响到清政府的稳定运行。

面对纷至沓来的告急文书，康熙帝愈加感到治河已是刻不容缓。当时南方三个割据的藩王与清廷分庭抗礼，年轻的康熙皇帝决定兴兵撤藩平乱。为此，他把"平三藩、河务、漕运"三件重大国事，镌刻在金銮殿柱子上，作为治国的座右铭，以时时警醒自己。

治河疏漕，关键在人才。康熙十六年，康熙皇帝选调安徽巡抚靳辅任河道总督，担当关乎社稷稳定的这一重任。接到任命诏书，靳辅心潮起伏，极不平静。他深知，对于大清王朝来说，黄河与漕运，事关朝政稳定、国家安全，作为河道总督责任重大。然而，他将要接手的黄河与运河，却是一个百病缠身的烂摊子。久居官场，他深知河道总督是个风险很大的差事。在此之前的数任河督，不是累死在河工，就是获罪罢官，无不是结局悲催。如今自己接手这副担子，稍有闪失，不但有负浩荡皇恩，还将成为千古罪人。

绵绵思绪中，靳辅转念又想，眼下漕运阻塞已成国家心腹之患，治河复漕急如星火，自己身受朝廷俸禄，怎能患得患失，踌躇不前！想到这里，靳辅信心顿增，义无反顾，即日登程赴任。

这年四月，靳辅赴任后即带着府中幕僚陈潢等深入实地，详细了解黄河、运河河道堤防工程情况与水患成因，并向当地有经验的人士虚心求教，征询治河建议。夜晚，秉烛研究前朝治河名臣的著述，思考下一步的治河方略。

经过两个月的调查研究，靳

靳辅与陈潢沿黄河察看水情

辅对黄河运河之间的利害关系有了较为深入的认识。他认为，以往只注重漕运而不注重治理黄河，是难以从根本上奏效的。"治河之道，必当审其全局，将河道、运道为一体，彻首尾而合治之，而后可无弊也。"根据这一主张，他连续向康熙皇帝上了八道奏章，即著名的《经理河工八疏》，该奏疏融黄、淮、运三位一体，提出五项治理工程、六项保证措施，包括全面治理河道、协调三河水系关系，保证运河水位，就连治河官员选派、工程费用来源、如何遏制治河工程中的贪污浪费等，都做了详细论述。实际上，这就是一部系统治理黄河、淮河、运河的规划。

靳辅的治河主张，得到了康熙皇帝的大力支持。当时尽管平三藩军费浩繁，国库财政紧张，但康熙皇帝依然下决心，甚至不惜一再压缩后宫开支，倾力支持河工，由此开始了一场大规模的治河战斗。

为了便于就近指挥，靳辅奏请朝廷批准，将原驻山东济宁的河道总督府，迁址于洪泽湖畔。接着，从疏浚河道、堵塞决口、加固堤防、闸坝分洪、修守险工、疏浚海口等六个方面，着手进行综合整治。自皂河口至骆马湖南堤，取河水中之泥土修筑堤防，两岸筑堤4800丈；疏浚淮阴清江浦至入海口300里河道，堵塞黄河旧河道及高家堰决口55处；在徐州、宿迁交界处的窑湾至鲁南山区的伽河40里河段，修建减水坝3座；自宿迁皂河镇至张家庄的河段挑新河3000余丈，将运河口迁移至张庄，阻止黄河水倒灌；创建砀山毛城铺等地减水闸坝；修守徐州、邳州一线重要险工。在几百里战线上，各项工程全面铺开。人力征调、材料筹运、工匠配置、工程管理，一个环节套着一个环节。靳辅往来奔波，日夜操劳，心力交瘁。经过五年治理，漕运"飞挽迅利，而地方宁息，军民实庆永赖"，此后十余年间，黄河与运河一度出现安稳局面。

然而，靳辅所取得的治河成就，却引起了一些朝臣的忌恨。康熙二十一年（1682年），黄河在宿迁徐家湾、萧家渡发生溃决。尽管靳辅及时组织进行抢堵，弥补了损失，但朝中一些官员却借此对靳辅发起攻击，并要全部改变治河方案。靳辅据理申辩："工将次第告竣，不宜有所更张。"争论结果，康熙同意靳辅意见，命他返回工地监修未完成的治河工程。半年后，工程告竣。康熙二十三年，皇上第一次南巡来到这里，目睹漕河航道水流平稳，行舟通畅，来往船户盛赞，喜从心生，遂命靳辅官复原职，并即席赋诗《阅河堤诗》，挥墨御赐靳辅，作为对这位治河功臣的嘉勉。诗曰："防河纤旰食，六御出深宫。缓辔求民隐，临流叹俗穷。何年乐稼穑，此日是疏通。已著勤劳意，安澜早奏功。"

在这次巡河中，康熙得知有180里漕运河道行经黄河，风大浪急，河势变化莫测，特别是骆马湖浅滩激流，即使纤夫拼力拉纤也很难涉渡。康熙皇帝遂指示靳辅另开中运河，即利用黄河北堤作为运河南堤，以黄河遥堤作为运河北堤，上接张庄运口，经宿迁、桃源、清河、山阳、安东等地，进入黄河入海口，以此避开黄河天险。

康熙二十五年（1686年），中河工程动工，历经两年竣工。经过治理，除黄、淮、运交汇处之外，漕运不再借黄河行运，基本实现了黄河与运河的分离，

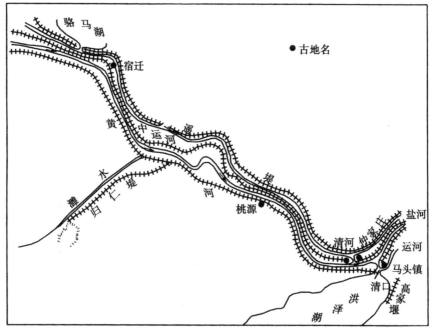

清康熙年间开凿中运河示意图

漕船避开了多沙游荡的黄河河段，"扬帆若过枕席"，大大提高了漕运效率，由此奠定了徐淮之间京杭大运河的畅通格局。

康熙皇帝在位 61 年，其间平定三藩，克复台湾，亲征准噶尔，奠下了清朝昌盛的根基，开创了康乾盛世的初始局面。对于治理黄河，他除了重用治河能臣，各方面予以大力支持，自己也亲力亲为，悉心阅览治河典籍，深入研究历代治河得失，亲手御批大量治河奏疏，先后六次南巡，视察黄河运河情形，在长期重视黄河治理过程中，逐步形成了自己的治河思想。

靳辅之后，康熙皇帝先后任用于成龙、董安国、张鹏翮等人主持治河，相继完成了黄河、淮河下游及洪泽湖等系列配套工程。在历次南巡中，他还针对实地考察情况，就加强淮扬一带堤防、维护洪泽湖大堤险工、加高培厚高家堰，开辟入江水道，蓄水刷黄济运，治理云梯关入海口等问题，做出了许多重要决策。作为中国历史上一位杰出的君王，康熙皇帝是很值得称道的。

八、乾隆皇帝的头疼事儿

清雍正时期，黄河与漕运治理得到进一步加强。管理体制上，在顺治年间以来设置总河、漕运总督的基础上，雍正帝又改制和增设了江南河道总督、河南山东河道总督、直隶河道水利总督，自此，形成北河、南河、东河三督，分别驻守于直隶天津、江苏淮安、山东济宁。为使河道总督更具权威性，朝廷还下诏将河道总督的官阶由正二品升为从一品。在重要河段，还设立了副总河，以便应急处理各地治河修堤和防洪抢险事务。当时的总督职位，或是赋有军政大权的重量级封疆大吏，或是负责国家重要事务的中央官员，可见，雍正帝对于治理黄河重视程度之高。

雍正十三年（1735 年）八月，雍正皇帝去世，25 岁的弘历即位，大清王朝进入乾隆时代。

当时的中国，经过康熙、雍正两代治理，内忧外患得以平定，国家版图几经扩张，社会经济空前繁荣，可谓四海升平，国力充盈。乾隆即位后，决心继承前代，励精图治，治国安邦，施展一番作为。

然而，乾隆初登皇位，黄河就来了个下马威。乾隆元年（1736年）四月，黄河水大涨，波涛汹涌南下，安徽砀山毛城铺闸口大堤多处被冲塌，潘家道口平地水深一两米，黄河下游皖北萧县等地，洪水泛滥，一片汪洋，灾情十分严重。更为紧要的是，黄河决口直接影响了漕运的正常通行。

乾隆帝第一次领教了黄河洪水的厉害。为了尽快稳定局势，他急忙宣召代理南河总督高斌、两江总督赵弘恩、河南巡抚富德进京商议对策。金殿上，高斌出班启奏，提出几条建议：一是疏浚毛城铺以下河道，在相应位置开河建坝；二是在淮扬运河清河口至长江岸边的瓜州段开河建坝；三是开辟新运河口，堵塞旧口，以避免黄河倒灌，侵扰漕运。乾隆帝当即允准，谕令众臣抓紧组织实施。

几年后，所定工程相继实施，黄河水患总算平息下来。当时由于国家人口增殖迅猛，耕地不足，平原地区的荒地均已垦为耕地，没有潜力可挖。为继续增加农耕地，乾隆七年（1742年），朝廷诏令推行入山开垦政策，对新开的山地免征赋税。这时玉米、番薯等农作物已经传入中国，很适合山区生长。新土地政策的推行，很快掀起一阵开山垦荒热潮。

哪知，天公偏不作美。就在新政策推行期间，黄河接连发生重大险情。乾隆七年，黄河先后在江苏丰县、沛县决口，大溜东趋，形势险恶。乾隆十年，黄河、淮河交并上涨，黄河在江苏阜宁陈家浦决堤，沿河多个州县被淹。为此，乾隆帝十分恼怒，严加惩处了多位有关官员，连一向深得皇帝器重的著名河臣、南河总督白钟山也被革职查办，发往河工效力。

黄河洪水频发，堤防接连决口，成为压在大清王朝心口的一块石头。乾隆十八年（1753年），由于连日暴雨，黄河在河南阳武十三堡决口，洪水注入濮州东南部，穿越张秋运河进入大清河。洪水波及范县、寿张等地，田舍尽被淹没。九月，黄河又决口于江苏铜山县张家马路，冲塌内堤、缕堤200余丈，河水夺淮而下。黄淮洪水叠加，水势愈加迅猛，瞬间冲毁江淮重地高邮的车逻坝和邵伯两处闸门，淮扬运河受到严重威胁。

正在这时，新任江南河道总督策楞奏称，此次黄河决口成灾，原因在于淮徐道军政官员李焞、张宾共同侵吞治河工款，耽误河工所致。并称在这场治河工款贪污案中，原江南河道总督高斌、南河协办张师载也负有不可推卸的责任。

看到奏章，乾隆帝顿时怒不可遏，说道："这等官员什么钱都敢贪污，难道不晓得这是事关国家安稳大局，关系黄河两岸黎民百姓的救命钱吗？"随即下旨将李焞、张宾就地正法，斩首示众。并将高斌、张师载二人绑赴刑场陪斩。高斌是一位治理黄河、运河很有成就的朝廷大臣，而且这时高斌之女已入宫被封为贵妃，可谓位尊权重。但乾隆深知黄河安危乃国家社稷之要，即使是外戚重臣，亦不能姑息。而高斌此时还不知晓是陪斩，在刑场上吓得昏倒在地。

其实，在清代，这种"靠河吃河"的贪赃舞弊之风已经根深蒂固，愈演愈烈。由于黄河堵口工程很多，工程费用浩繁，乾隆皇帝曾下诏说，黄河堵口抢险所用银两，只准在国库费用中报销六成，其余四成由负责防汛的

现藏于中国国家博物馆的《乾隆南巡图卷》

地方文武官员自筹。这种政策，看似为了增加河官的责任心，实际上却助长了河督官员的贪污之风。有人估算，到道光、咸丰年间，每年黄河堤防岁修、堵口抢险工程费用，几乎占清王朝的全年财政收入1/3。而真正用在工程上的不到1/10。其余都被河上官吏们挥霍了。河督宴请客人，一顿酒席动不动就杀三四峰骆驼、50多头猪，还有鹅掌、猴脑无数。吃一道豆腐，竟然要花几百两银子，其他花费可想而知。

除了挥霍，更多的工程费是被河官们装进了自己的口袋。国家拨发的治河工银，河督拿去1/10，以下河道府、河厅、师爷、主管等依次再各私吞1/10。经层层侵剥，最后用到河工料物、工程抢险上，不足两成。

黄河上长期流传着这样一句话，叫"黄河决口，黄金万斗"。黄河决口，成为河官们发财致富的良机。而且冲决的口门越大，抢修工程越大，所拨经费也就越多。于是，一些河官竟盼望发生河决，甚至指示心腹之人从堤防流水急处戳开一个小洞，待冲成决口后，再向朝廷急报险情，以此套取国家治河工款，盘剥克扣，中饱私囊。对此，清代诗人何栻在《河决中牟纪事》一诗中写道："陨竹捷石数不雠，公帑早入私囊收。……生灵百万其鱼矣，河上官僚笑相视。鲜车怒马迎新使，六百万金大工起。"就是对当时河官大发决口财的生动写照。

且说淮徐道军政官员侵吞治河工款案办结后，乾隆帝决定采纳户部侍郎嵇璜的治河建议，对铜山至清口宽浅河段进行清淤疏浚，修补加固淮阴高家堰、泗洪县归仁堤岸。并重新起用先前已被革职的白钟山，授予其按察使职衔，命他随兵部尚书舒赫德紧急驰往南河，会同嵇璜和工部侍郎德尔敏，共同督办组织实施。修堤中，他们采用堤身开槽修砌法，以木桩作基础，以砖石主料、灰土垫层为结构，防止了洪水激流的冲刷。经过此番治理，取得了明显成效。

在有文字记载的中国历史上，乾隆二十六年（1761年）的黄河大洪水，是一场罕见的超大型洪水。

当年七月，黄河三门峡至花园口区间，大雨滂沱，汇流如注，河南嵩县、渑池、新安、偃师、巩县、陕县、济源、孟县、武陟、修武、沁阳以及汾河中下游晋南广大地区，30多个县普降暴雨。暴雨中心区位于伊河龙门镇至嵩县、洛河白马寺至长水、三门峡至小浪底区间的垣曲一带。持续十余天的大范围暴雨，致使伊洛河、沁河及黄河干流同时涨水。据后来调查推算，此次黄河洪水，花园口洪峰流量达32 000立方米每秒，12天洪量120亿立方米。来势迅猛，峰高量大，持续时间长，是一场罕见的特大洪水。

据现代研究，黄河下游洪水有三大来源区：一是三门峡以上黄河中游来水形成的大洪水，称作"上大型洪水"，其特点是洪峰高，洪量大，含沙量大，对黄河下游防洪威胁非常严重；二是以三门峡至郑州花园口区间来水为主形成的大洪水，称为"下大型洪水"，其特点是涨势猛，洪峰高，含沙量小，预见期短，对黄河下游防洪威胁极其严重；三是前两者共同来水形成的大洪水，称其"上下较大型洪水"，特点是洪峰较低，洪水历时长，对黄河下游防洪威胁相当严重。

乾隆二十六年这场洪水正是典型的"下大型"黄河特大洪水。洪水发生后，黄河大堤、沁河堤防全线偎水，险象环生，灾情连绵。偃师、巩义、武陟、沁阳、修武等县大水灌城，水深五六尺至一丈多，房屋十之八九被淹。武陟、荥泽、阳武、祥符、兰阳大堤漫溢冲决15处。险情最为严重的中牟县杨桥黄河大堤，被冲毁数百丈，洪水横无际涯，数百个村庄被冲淹，数万户百姓陷入汪洋之灾。

中牟杨桥大堤决口后，大河主溜直趋贾鲁河，由涡河入于淮河，沿途淹没河南开封、陈州、商丘和安徽颍州、泗州等地民宅无数，良田数十万顷，灾民哭号连天，尸骨遍野。

"伊河洪水漫溢，民庐田舍多被淹没"，"渑洛河溢，冲坏城垣，淹没人畜房舍"，"伊洛注水漫溢，冲塌城郭、村庄无数"，"沁河漂房舍十五六万间，溺水者四千，灾害特重"……一份份承载着洪水灾情、堤防险情的奏章，飞马报至京城。乾隆皇帝极为震惊，急忙派钦差大臣、东阁大学士刘统勋，协办大学士兆惠火速赶往杨桥，勘查洪水灾情，指挥堵塞决口。

刘统勋是乾隆朝的股肱重臣，就是后来的宰相刘罗锅刘墉他老爹。这也是一位治河专家，此前在治理山东黄河水患、主持江苏铜山孙家集堵口等治河工程中，曾多有建树。

刘统勋等人赶到杨桥决口现场，紧急招募4万余民工，筹集堵口料物，旋即投入堵口工程。此时，宽达200多丈的决口口门，倾泻入注，激流狂射，大河已全部夺溜。他们经过勘查决口处的地势，决定采用"捆厢进占法"，即从坝头两端相向捆埽进占，留出龙门口，最后进行合龙。埽工材料主要采用高粱秆、土料、缆绳、木桩等。用桩绳束紧高粱秆，逐层压土，直至河底，依序而行。

就在杨桥堵口紧张进行中，竟然出现了令人极为愤慨的黑心事。当时，为了堵复黄河决口，官府要求老百姓按人头定额上交"埽工薪木"，相当于治河专项附加税。数百里以内，人们车拉肩扛，日夜兼程，赶往堵口工地交纳薪柴。谁知，当地专管收料的县丞却趁机向送料的百姓索取贿赂，企图大发灾难财。贫苦百姓家哪里有钱，于是县丞就百般刁难。致使老百姓人马守候、苦等数日还交不上料物。一天，刘统勋微服私访发现送料者排成长龙，进展迟缓。经查问得知个中原委，不禁勃然大怒，当即把这位县丞革职戴枷示众，方使数千辆料物收购顺利进行。

开挖引河，打桩进堵，随着一道道工序展开，堵口工程逐渐推进。约经过四个月拼力赶工，黄河决口终于成功合龙。乾隆皇帝闻讯中牟杨桥黄河决口堵复，龙颜大悦，遂颁旨在堵口工地旁修建河神庙一

乾隆敕建杨桥河神祠碑记拓片

座，并亲题《河神祠碑记》和杨桥合龙御制诗三首，以庆贺黄河决口堵复成功。其中一首诗写道："七月十七八，霪霖日夜继。黄水处处涨，茭楗难为备。遥堤不能容，子堰徒成弃。初漫黑冈口，复漾时和驿。侵寻及省城，五门填土闭。乘鄣如戒严，为保庐舍计。"

然而，这只不过是一时之兴。翻开乾隆年间的史册，上起河南，下至山东、安徽及江苏地区，遍布着黄河决溢灾害的印记。乾隆在位60年，有记载的黄河决口年份就有18年，较大的决口22次，而且常常一年内多处决口泛滥。特别是乾隆晚期，黄河仿佛在有意催着这位高龄皇帝尽早让位似的，连年决口四溢，一刻也不让人安宁。

乾隆四十三年（1778年）六月、闰六月，黄河先后在河南祥符、仪封决口，堵合两个月后，因上游来水叠加上涨，仪封十六堡口门堵而复决，功败垂成。两年后，黄河又在徐州睢宁、考城县张家油房、山东曹县等地发生多处决口。经派员紧急抢险，决口虽然均被堵合，但五个月后，堵合的张家油房复决，惨剧重演。乾隆四十六年五月，黄河决睢宁魏家庄，大河主溜注入洪泽湖。七月又在仪封漫决20余处，水势由青龙岗全部夺溜北注，洪水入南阳湖、昭阳湖、微山湖，余波入大清河。当地官员两次筑堵，均告失败。直至两年后，经增筑新堤，开挖引河导水下泄，方得以堵合。

乾隆四十九年八月，黄河、伊河、洛河、沁河同时暴涨，河南睢州河段因河势坐湾溜急，致使大水漫堤，冲塌250余丈。为遏制险情继续扩展，东河总督兰第锡在外滩地势高处，组织修筑一道长5260多丈的新堤。筑堵决口采取"西坝进占，逐层夯实，追压到底，跟厢边埽，赶浇戗土，以期巩固"的策略，经过两个多月日夜赶工，才得以合龙竣工。

乾隆五十二年六月，老天久雨不停，黄河、沁河、洛河并涨，还是睢州这个老地方，水波浩渺，拍岸盈堤，水位急剧上涨，睢州十三堡相继发生两处漫决，堤防冲塌20余丈宽。决溢洪水，直泻安徽境内的涡河入淮。接到奏报，乾隆帝当即谕旨，命大学士阿桂、河南巡抚书麟等赶赴现场，"如期赶筑，加修挑流坝，逼大溜归河，尽快堵住决口"。经全力进埽抢堵，一场黄河重大险情方转危为安。

乾隆五十四年六月，黄河涨水异常，加之狂风疾雨，推波助澜，水位急升，致使睢宁周家楼黄河南岸堤防溃决。随着水势增大，决口很快被冲开230余丈宽。情急之下，新任南河总督兰第锡决定启用毛城铺以下各闸门、玉皇阁引河及王营减坝等工程分洪宣泄，同时赶修挑水埽坝，迫使大溜回归主河，河势化险为夷。

乾隆五十九年更是多事之秋。山东、直隶、湖南、广东、福建等地多处发生水灾。六月，黄河水陡涨，漕运河防重地丰县曲家庄黄河大堤冲决37丈宽。险情发生后，南河总督兰第锡奉旨赶赴现场，奋力组织抢险，成功堵合。

岂料，丰县这边堵口刚刚完工，上游山东单县又来奏本称：单县十四堡至三十三堡河道，黄水普遍漫滩，行洪极为不畅，大堤多处漫溢，严重危及运河。究其原因，在于南河官员在丰县河滩里修筑众多堤坝，导致下游水无去路，一片汪洋。因此，请求朝廷降旨，拆除南河阻水堤坝，纠正以邻为壑行为，以使东河漫滩壅高之水，顺势东趋下泄。

对此，乾隆皇帝以六百里加急传谕，命东河总督、南河总督及有关官员，共同详察地形，抓紧绘制河势地图，以明辨两家谁是谁非。

这真是一条难以应付的黄河啊！年过八旬的乾隆帝觉得累了。他临朝执政即将60年，几十年来，清廷每年都动用国库巨额公帑，筑堵黄河决口，加固各地堤防，但仍然摆脱不了北堵南决、上堵下决、屡堵屡决的被动局面。

苦苦思虑中，乾隆的退位之心愈加强烈。一则，他确有不想超越祖父康熙61年皇位任期之意。二来，面对国家问题成堆，他深感心力不足，于是决意提前传位。

乾隆六十年（1795年）九月初三日，乾隆帝临朝宣布传位于皇太子永琰，以次年为嘉庆元年，自己退位做起了太上皇帝。

皇帝换位，黄河形势却未见好转。河势日趋恶化，决口堵不胜堵，朝廷上下时常为此疲于奔命，几乎到了一筹莫展的境地。

九、苟利国家生死以

清道光二十一年（1841年）盛夏时节，整个镇江笼罩在无边雨幕中。随着金山寺敲响的晨钟声，因禁烟"办理不善"（朝廷诏书语）的林则徐，先被革去钦差大臣、两广总督之职，继又褫夺四品卿衔，踏上了遣戍新疆伊犁的漫漫流放之途。

此刻，他愁眉紧锁，心思仿佛已飞越关山来到洪水滔滔的黄河岸边。日前，他听说黄河在开封祥符决口的不祥传闻，大水直趋皖淮，几十个州县尽成泽国。可是作为一名充军罪臣，他还能奢望为此做些什么呢？此时此刻，也只能任由不尽的悲怆诗情在胸中翻滚激荡："尺书来讯汴堤秋，叹息滔滔注六州。鸿雁哀声流野外，鱼龙骄舞到城头。谁输决塞宣房费，况值军储仰屋愁。江海澄清定何日，忧时频倚仲宣楼。"

没料到，行进之间，他突然接到一道谕旨，命"襄办塞决"。仔细品味着这突如其来的圣旨，林则徐心中百感交集，他想起十几年前南河督修河工的岁月。道光四年十一月，洪泽湖高家堰溃决，严重威胁大运河南北漕运的畅通。当时他正在福州老家居丧守制，奉皇帝诏令前往督修河工。自古报国可舍家，从来忠孝难两全。他脱去孝服连夜赶赴工地。

他还想起当时查验河防时的情景。赴任河道总督时，正值严冬腊月，他冒着纷扬大雪，顶着刺骨寒风，一个多月间，对豫、鲁两省黄河大堤7000多座备防料垛的尺寸结构，新旧虚实，逐一查验。虚假作弊者，就地撤职；失职渎职者，革职查办；尽职尽责者，上奏表扬。对此，道光皇帝曾称叹道："向来河工查验料垛，从未有如此认真者。如此

林则徐画像

勤劳，河政之弊自绝矣。"

如今，身为流放罪臣，又受朝廷钦点重赴河工，可现场决口情势究竟如何，有多少黎民百姓蒙受灾难？在满腹忧愤和绵绵思绪中，林则徐日夜兼程赶到了被洪水包围的古城开封。

道光二十一年黄河决口，是一次罕见的重大河患。黄河刚入汛期，就出现了首次洪峰。河南祥符三十一堡（今开封张家湾）冲开了一个长长的缺口。溃决洪水夺门而出，波涛汹涌，直奔古城开封。顷刻之间全城被围，城内洪水持续涨高，已淹及人胸。继而，大水又转向东南，朝安徽方向奔涌而去，豫、皖两省有二十多州县被淹，哀魂遍野，悲惨情状不堪入目。

道光皇帝为此寝食难安，遂命军机大臣王鼎为钦差前往现场尽快查明实情，以作决策。王鼎到达开封后断然否决东河总督文冲放弃开封的主张，奏请皇上力荐流放途中的林则徐折道速来开封，襄助堵口。得知此讯，从当地官员到绅士乡民，纷纷传告，无不翘首以待。

这年八月十六日，年近花甲的林则徐以流放戴罪之身，赶抵开封六堡决口现场。

此时，宽达1000多米的决口，正倾泻如注，激流狂射，大河已全部夺溜。针对决口处的地势与特性，林则徐经过反复勘估现场，决定绕越决口口门，在河岸处筑起8000米长的围坝，合龙口上端修建三道挑水大坝，并于原河道内开挖引河30余公里。力图采取一切可能的工程措施，堵塞决口，挽大河回归正道。

这套堵复方案得到了钦差大臣王鼎的允准。捆厢进占，双坝推合，赶修后戗，打桩进堵……随着一道道工序的展开，两端堵口工程向河心逐步推进。

度过盛夏，送走晚秋，风雪严冬的凌汛威胁接踵而来。

为了防止大河流冰冲毁埽体，林则徐提议，在堵口进占的埽工前挂起防凌排，口门处几十只破冰船，昼夜严加防护。冰融开河的一天，大量漂流而下的巨型冰块，突然将西坝头的捆厢船缆绳撞断，堵口施工危在旦夕！

面对严重险情，他率领河防官兵对两端坝头迅速进行加固处理，将捆厢船归位系牢，一番紧急抢护之后，终使工程化险为夷。

风云莫测的老天仿佛也在考验着这位被贬老臣。道光二十二年（1842年）初堵口合龙前夕，北风骤起，河势陡变，激流猛烈淘刷，致使东坝头忽然塌陷，40余米坝体顷刻遁迹洪流，造成数名河工伤亡。闻讯急急赶到的林则徐，详察垮坝原委，倾力组织修复，同时采用大量碎石进行抛石护根，各个坝埽就此稳定下来。

规模浩大的堵口工程合龙了，陷于汪洋之中的古都开封保住了，急遽发展的黄河洪灾被遏制了。可是接下来的事情却令人悲愤难平。钦差大臣王鼎督导堵口有方，被朝廷加太子太师衔。其余参与堵口的文武官员，各有酬劳嘉奖。在河南巡抚衙内举行的庆功宴上，大小官员个个顶戴花翎，身着盛装，笑逐颜开。

唯有林则徐没穿官服。他身着一袭青色棉袍，花白的辫发上戴一顶乌缎小帽，不无忧色的眉宇间蕴含着一股浩然之气。

席间，两朝元老王鼎手执密封的皇帝谕旨，对林则徐说道："此次黄河堵口大功告成，多亏你殚精竭虑，筹划周详，劳苦功高，有目共睹。为此，我特专折上奏，请皇上加恩。如今旨意已到。我想，此次皇上恩典，伊犁之行一定可免。如今国事艰难，正是用人之际，你官复原职，应该不算意外呀！"

说完，王鼎端然肃立，启开皇帝谕旨封口，展开正要宣读，不料，突然两手发抖，脸色大变，看着那谕旨，目瞪口呆，半天说不出话来。良久，他颤声念道："命已革两广总督林则徐，仍发往伊犁，效力赎罪。钦此。"

听此谕旨，堂上所有官员无不为之色变。王鼎更是老泪纵横，站立不稳。林则徐脸上漾出一丝苦涩，但很快平静下来，俯首接旨谢恩如仪。然后站起身来，安慰王鼎道："老相国不必为我难过。雷霆雨露皆是皇恩，我不愿逃罪。如今国事多艰，朝中还仰仗您劳力支撑，老相国千万要保重啊！"

于是，欢乐的庆功宴变成了苦涩的送别酒。数九隆冬，河风凛冽。林则徐在风雪中离别黄河堵口工地，重新踏上了万里西行戍途。成群结队的百姓赶到黄河边，用悲愤的哭声为他送行。

老相国王鼎赶来相送，二人涕泣为别。王鼎回到北京，以治河说治国，从黄河堵口说到禁烟抗英、保卫海疆，在朝廷上数次据理力争，乃至犯颜直谏。加之丧权辱国的中英和议将要达成，奸臣误国，王鼎感到极度失望，气怒交加之下，决定以死陈情。他在写完遗疏后，于寓所自缢而尽。

噩耗传出，正在茫茫戈壁流放途中的林则徐悲愤难抑，挥泪吟诗《哭故相公王文恪公》："才锡元圭告禹功，公归遵渚咏飞鸿。……伤心知己千行泪，洒向平沙大幕风。"然而，关山万里残宵梦，犹听江东战鼓声。此刻，只有那寄托哀思、感忧国难的诗句在戈壁沙漠中经久回荡。

黄河似乎也在为这位林大人大鸣不平。林则徐西行流放这年汛期，黄河在江苏桃源十五堡、萧家庄漫堤决口，洪水直穿运河，冲破遥堤，决口宽达600多米。南河总督麟庆被革职；次年，即1843年，黄河发生特大洪水，"道光二十三，黄河涨上天，冲走太阳渡，捎带万锦滩"。当年黄河在河南中牟境内大决，上任不久的东河总督慧成被戴枷示众，受到严厉惩处。为堵复这次黄河大决口，国库耗银1190余万两。

这时，林则徐在遥远的新疆，正主持治屯田，兴水利，浚水源，辟沟渠，使高山雪水穿越沙漠进入万顷农田，为边陲民生继续操劳奉献。

不过，中原大地并未忘记这位治河功臣。当年林则徐为堵复黄河决口率众修筑的8700多米长堤，被称为"林公堤"，那像是滔滔大河岸边的一座丰碑，镌刻着人们不尽的缅怀之情。

作为一位名垂史册的民族英雄，林则徐不管居庙堂之上，还是处江湖之远，救国忧民之心从未泯灭。"苟利国家生死以，岂因祸福避趋之。"这种将个人祸福置之度外、视民族大义为己任的家国情怀将永传千古。

十、铜瓦厢大改道

道光三十年（1850年）正月，咸丰皇帝即位。当时，清政府政治衰败，军备废弛，财政困难，种种弊端日益突出。咸丰皇帝曾力图挽救统治危机，除弊求治，重振纲纪，但此时的大清帝国内忧外患不断，已面临崩溃的边缘。闭关自守的古老中国正沦为半封建半殖民地社会。

在这种历史条件下，黄河形势及其治理也发生了巨大变化：一方面，国家财政经济日益紧张，河防长年失修，决溢灾害更加频繁。另一方面，当时的黄河下游河道，由于泥沙逐年淤积，已经到了非常严重的程度。据有关资料表明，兰仪以下河道的纵比降，平均仅有万分之一，异常平缓。河道滩面普遍高出两岸地面七八米。洪水期间，河水高出堤外地面十几米，长河高悬，堤防危若累卵，极易发生决溢。加之河道愈向下游愈窄，排泄洪水能力上大下小，常常是守住下游，则上游溃决，防住上游则下游溃决。

清咸丰五年（1855年），中国历史上黄河发生了一场重大变迁——铜瓦厢大改道。

铜瓦厢位于兰仪县黄河北岸，是明、清两代河防上的一处重要险工。在这里，黄河转向东南，坐了一个慢湾。在此之前，附近堤防曾多次发生决口。

咸丰五年六月，黄河水势连续猛涨。河南境内开封、兰仪堤段水位骤然上涨一丈一尺多，洪水已与堤顶相平，水势汹涌，激流翻卷，惊涛拍岸。十八日，铜瓦厢三堡堤岸在激流冲击淘刷下，迅速塌陷三四丈，情况十分紧急。次日，洪水漫溢破堤，决口口门迅速扩大，滚滚巨浪如千军万马夺门而出，向下奔涌。到二十日，决堤口门刷宽至200多米，导致黄河全部夺溜，大河狂涛在决口处倾泻而下。

黄河决口后，黄河主流冲向西北，淹及封丘、祥符两县许多村庄，继而折身转向东北，漫溢兰仪、考城、长垣等县。在长垣县分为两股，分别经山东曹州府、东明县、濮州城，渐向东北，在张秋镇穿越运河，最后沿济南、济阳由利津注入渤海。至此，黄河长达700多年夺淮河入黄海的局面归于终结。

此次黄河决口，滔滔洪水漫溢于农田民舍之间，波及河南、山东、河北三省十州四十余县，受灾面积3万多平方公里，灾民达700万人。铜瓦

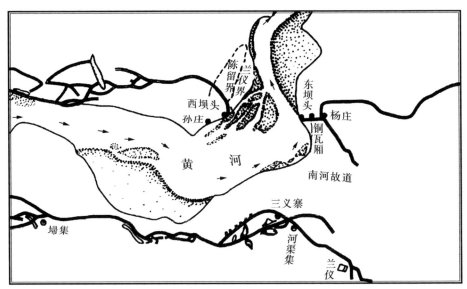

清咸丰五年黄河铜瓦厢决口改道形势图

厢更是首当其冲，转瞬间被一鼓荡平，沉于滔滔大河之中。附近30多个村庄不见了踪影，只露出些许高树的树梢与寥寥屋脊。

铜瓦厢决口时，代理河道总督蒋启扬在现场督导抢险，亲历了这场惊天巨变。当时，他一边派人向京城和沿河各地飞马报汛，一边组织当地官员和兵丁，增运料物，加固危堤，捆埽抛石，竭力抢护。怎奈水势猛涨，加上南风骤起，风卷狂澜，巨浪翻腾，直扑堤顶，人力无法施展。身心交瘁的他，眼睁睁地看着这场黄河重大变故的发生。

说起来，蒋启扬也很背运，他本来是河南河北道道员。这年五月二十九日，原河道总督突然病逝。此时已进汛期，黄河防汛事关紧要。于是，皇帝急命蒋启扬从河北赶来代理河道总督。

蒋启扬当时已年过六旬。上年伏秋大汛，他在河北任上，奉命赶往黄河工地抢险。一处堤防险工的埽垛已被浪涛淹没，堤岸坍塌过半，人们惊恐四散。是他带着几名老兵，彻夜坚守在大堤上，直到河兵们与附近百姓赶来，连续三天三夜抢修，才保住了大堤。

仅仅一个年头，他又被委任代理河道总督。这年六月十日，当蒋启扬匆匆赶到黄河河防阵地时，大雨滂沱，遍地泥泞。伴随着洪水猛涨，铜瓦厢很快出现了重大险情。蒋启扬遂督令沿河道厅文武官员，组织民夫冒雨上堤抢守。

不料，六月十九日，铜瓦厢堤防陡然发生重大险情。

黄河安危，人命关天！蒋启扬即刻派员飞马疾驰，将黄河险情奏往京城。奏章中说："黄河水势异涨，下北厅铜瓦厢大溜下泻，堤防工程万分危险，现在正竭力抢险。臣在河北道年年防汛抢险，从未见过如此水势异涨，下泻速度如此之猛烈。情形之危险，令人心胆俱裂。"

奏章刚到京城，黄河接着就发生了重大决口改道。蒋启扬更感罪责深重，他在极度恐惧和焦虑中，又连夜写出一份请罪奏折，再次派员飞马进京，呈给咸丰皇帝。奏折称："道厅上下，文武官员，军士民夫……捆枕抛石，竭尽心力。但怎奈涨水猛烈，加上狂风大作，巨浪掀腾，直扑堤顶，人力实在难以防范。致使二十日全河夺溜，下游正河已经断流。决口口门刷宽七八十丈。自己心惊胆裂，泪汗交流，罪责深重。"

接到奏折，咸丰皇帝震怒。说起来，这位皇帝更是时运不济。三年前，他即位的龙椅尚未坐热，国内就接连发生了动摇朝政的两件大事。1851年年初，洪秀全率领2万余人在广西金田村发动太平天国起义，几年来，为扩充兵力镇压起义军，军费开支几乎掏空清廷国库。也是这年，黄河在江苏省丰县决口，洪水波及苏北和鲁西南50多个州县。各地官员的奏折里，连连出现"人皆相食""市井街巷多弃尸""尸骸遍野"等反映灾情惨状的表述。朝廷派出数万民工与兵员，持续一年多才将黄河决口堵住。为了堵住那次黄河决口，共耗用国库银子500万两。

如今又发生了震惊朝野的铜瓦厢大改道。黄河，真是一波未平，一波又起啊！震怒之下，咸丰皇帝下令追责严惩有关官员。

作为署理河道总督，蒋启扬当然不可能幸免。他当即被摘去顶戴，撤销河督之职。不过，鉴于眼下还有大量抢险赈灾等急事需要办理，朝廷让他继续留任督办河工，戴罪效力。

蒋启扬这年六月赴任黄河，七月便被革职，任职仅有 20 天，可谓中国历史上超级"短命"的黄河河官。戴罪效力期间，蒋启扬日夜操劳，毫不懈怠。他最大的心愿就是朝廷能很快拨款，抓紧堵住决口，挽黄河回归故道。可是盼来盼去，却被泼了一头冷水。几天后，皇帝传来圣谕说："此次黄河决口泛滥，作为皇帝心里很不安。但是堵复黄河决口，需要花费数百万两银子，现在朝廷实在拿不出钱来，铜瓦厢决口暂且不堵了。"

对此，蒋启扬大失所望，气冷心寒。这位年过花甲、戴罪治河的老人，因忧郁成疾，不久即抱憾而终，死在封丘陈桥黄河工地上。

黄河铜瓦厢改道夺大清河入渤海之后，十几年间，清王朝围绕堵复决口挽黄河回归淮徐故道，或是维持现状、因势利导，筑堤形成新河，一直争论不休。从朝廷而言，鉴于堵复决口工程巨大，费用浩繁，无意也无力大兴工役让黄河回复故道，于是也就作罢。

其实，如同黄河铜瓦厢大改道的趋势一样，当时清王朝的颓败国势，挽歌已悄然奏响了。

光绪二十六年（1900 年）正月，华北大地寒风凛冽，滴水成冰。自河南开封以下直至入海口的一千多里黄河全线封冻。不料，随着春风乍起，天气渐暖，冰冻的大河转眼变成了一河怒水，满河淌凌，以凶猛的气势呼啸着，冲向下游堤岸。北岸很快有七处堤防漫溢决口。黄流狂注、势如卷席。滨州、惠民、阳信、沾化、利津五个州县尽成泽国，灾民哭号声震天宇。

这就是中国大江大河中独有的黄河凌汛。铜瓦厢改道之后，黄河汛情又增加了凌汛之困。自 1855 年开始的 100 年间，凌汛决口 29 次，由于凌汛极难防守，故有"凌汛决口，河官无罪"之说。

猝不及防的黄河凌汛决口，使时任山东巡抚的袁世凯乱了手脚。他一边赶赴现场料理灾情，筹划堵口，一边急修奏折，星夜驰报京城。

然而，这时紫禁城里的慈禧太后和光绪皇帝，却什么都顾不上了。面对世界列强的步步紧逼，66 岁的慈禧在主战主和的纷争面前，一直犹豫不决，六神无主。

1900 年 8 月 16 日，八国联军攻陷北京城，此时的"天朝政府"已在匆忙逃亡的路上。

两个多月后，慈禧太后、光绪皇帝及随从渡过黄河，到达西安。这时，黄河流域正遭连年严重旱灾。陕、晋、豫、直隶、鲁等省广大地区死尸遍野，饥人相食。关中地区 100 多万灾民嗷嗷待赈，西安城内外增设 14 处救灾粥厂仍不敷用，甚至在粥厂每天也有被饿死而就地掩埋的灾民。慈禧太后等一干人马的到来，无异于在旱灾艰困上雪上加霜。

国难，河患，旱灾，将中国推向了无边的深渊。1901 年 9 月 7 日，瘫痪的清政府授权病榻上的李鸿章在列强以最后通牒方式送达的《议和大纲》上签字，这就是中国近代史上令国人痛彻心扉的《辛丑条约》。

消息传出，举国一片咒骂之声。不久，李鸿章大口吐血，几个月后在北京贤良寺居所一命身亡。

就这样，20 世纪初的中国，丧权辱国达到了极致。1911 年 10 月 10 日武昌起义爆发，辛亥革命推翻清朝统治。1912 年 2 月宣统皇帝退位，中国延续几千年的封建帝制至此终结。

第七章
民族忧患

　　中华民国的成立，推翻了延续两千多年的封建帝制，近代化因素逐步向政治、科技等领域渗透，从而推动了中国社会的发展。但由于国内战争连绵，帝国主义列强掠夺，日军全面侵华，国民经济凋敝，导致黄河河防长期失修，不断决口泛滥，给中国人民带来深重的苦难，黄河洪灾被称为"中华民族之忧患"。抗战期间，国民党当局实施人为黄河决堤改道，酿造了惨绝人寰的洪灾大劫难。中国共产党的成立，中国革命面貌焕然一新，风起云涌，在艰苦卓绝的武装斗争中不断发展壮大。抗日战争胜利后，中国共产党领导人民治理黄河，艰苦创业，迅速发展，波澜壮阔，战胜连年大洪水，确保了黄河回归故道不决口。

一、民国初期的黄河水患

　　1912 年 1 月 1 日，中华民国临时政府在南京成立，改纪元为民国元年。但不久，中华民国政权就被以袁世凯为首的北洋军阀所控制。袁世凯表面上赞同共和民主，实际却实行专制统治，直至倒行逆施复辟帝制，导致了二次革命与护国战争的发生。

　　民国初期，黄河下游基本承袭了清朝末年的河道形态。1855 年黄河铜瓦厢大改道后，数十年在河南、直隶、山东三省广大地区漫流泛滥，冲刷成为新的河槽，官府陆续修建堤防，居住在河道里的民众为了保护家园，也自发修建了一些民堤，称为"民埝"，从而逐渐形成了新的黄河下游河道。新河道上宽下窄，河南河段最宽达 24 公里，山东河道最窄的只有 275 米，形成排洪能力上大下小的不利局面。由于时局动荡，缺乏统一规划，新建的堤防和民埝纵横交错，堤身低矮单薄，防洪能力很低，加之堤防维护经费匮乏，险工坝岸长期失修，堤防决溢时有发生，两岸人民长期处于洪水泛滥的苦难之中。

1914年直隶省濮阳县双合岭决口，是一次较为严重的黄河水灾。当年7月，濮阳土匪刘春明被官兵追赶逃至双合岭，适逢黄河在此坐弯，顶冲民埝，堤身被河水冲塌。刘春明为解围逃窜，趁势扒掘民埝，造成黄河决口。河水流向东北，淹没濮阳、范县、寿张、阳谷等县大片田野村庄，造成了严重洪灾。但当时北洋政府正忙于举兵南下，镇压资产阶级革命势力，无暇顾及黄河堵口。经过汛期冲刷，决口冲宽至2000多米，大河分流八成，灾情进一步加重。这年冬天凌汛期间，因黄河冰积水涨，凌洪从决口处奔涌而出，附近村庄在冰天雪地里被淹，民众呼号震骇声不绝于耳，灾民境况十分凄惨。

面对严重灾情，北洋政府于1915年1月开始实施黄河堵口工程。由于错过最佳堵口时机，决口口门坝基屡次被河水冲塌下陷，给堵口工程带来了极大障碍。经过修做裹头工程，东坝、西坝两端同时向河中筑堵，双管齐下，进占口门，经过5个月艰苦施工，方于当年6月成功合龙，堵住了决口。然而，仅仅两个月后，因汛期黄河水暴涨，堵复口门又被洪水冲垮，决口达数十丈。经紧急抢险堵筑，决口再次被堵复。

1916年袁世凯死后，国内相继发生直皖战争、直奉战争。军阀混战，割据一方，局势剧烈动荡，给社会经济造成了巨大破坏。同时，帝国主义列强加紧对中国的经济掠夺，进一步加剧了中国人民的贫困与苦难。这一时期，国家四分五裂，国家层面没有统一的治河机构，河南、直隶、山东三省，河务分省自治。由于无法统筹全局，河防工程薄弱，尤其是省际交界处，堤防更为残破，防洪能力十分低下，重大洪水灾害频繁发生。

据统计，1917年至1926年的10年间，黄河中下游干支流共发生82次决口。1923年汛期，黄河在南北两岸的东明县、濮县先后决口，淹没720多个村庄，房屋倒塌过半，庄稼颗粒无收，洪水浸淹村庄而下，"男哭女啼，惨不忍睹"。

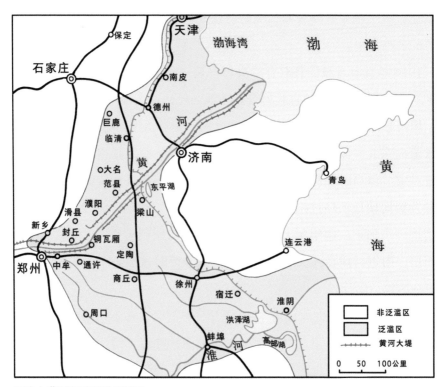

历史上黄河下游泛滥区域图

除了洪水灾害，蔓延黄河流域广大地区的旱灾也很严重。1920年华北地区5省大旱，赤地千里，灾区之广，灾民之多，灾情之烈，举世震惊。因为得不到及时救助，大批灾民在饥寒交迫中冻饿死亡。直隶省顺德府有3万多人死亡，几乎占该府人口的1/3。

当时，北洋军阀主要精力在争权夺利、巩固自身统治上，无力顾及水旱灾害防治。灾害发生后，由于大批灾民对社会稳定造成极大压力，北洋政府先后成立了筹议赈灾临时委员会、全国防灾委员会，颁布《赈灾公债条例》《赈务处暂行条例》，采取举办粥厂、以工代赈、借贷复耕等方式，恢复灾后生产。但在实际执行中，地方各级官员漠视民命，趁机徇私舞弊，层层盘剥，侵占挪用赈款与水利经费，使原本就很有限的赈款真正用在老百姓身上的寥寥无几。面对如此腐朽政治，人们愤然揶揄抨击道："军阀官僚，制造灾祸之巧匠也。"

这一时期的黄河堵口工程，主要有山东省利津县宫家堵口、直隶省濮阳县李升屯与黄花寺堵口。

宫家决口发生于 1921 年 7 月，当时黄河中游普降大雨，河水陡涨，利津水文站最大流量达 5292 立方米每秒，导致下游水位迅速上升。由于军阀连年混战，山东治河经费严重匮乏，黄河堤防连续 10 年没有培修，宫家险工 50 多座坝埽大多外残内朽，抗洪能力孱弱到了极点。在洪水猛涨冲击下，南大堤很快被冲决，决口宽达 640 多米，洪水以近 4 米高的水头倾泻而出，泛滥区域最宽处达 30 公里，平畴沃野，尽成泽国。利津、沾化、滨县、无棣 4 县 1000 多个村庄被淹，18.4 万人受灾，6 万多人无家可归，情状极为凄惨。决口发生后，因堵口抢护工款屡遭搁置，失去最佳堵口时机，决口口门扩大至 1700 多米，终于演变为全河夺流。

据当时预算，堵复宫家决口约需 358 万元工程经费，因政府财力拮据，难以解决。这时，在华的美国建筑商人塔德有意接手此事，几经实地勘察与商谈，最后以 150 万元承包该项堵口工程。堵口工程主要内容包括：开挖引河，疏浚旧河道，修建截流坝、打桩架桥等。施工中，首次采用平堵法，最终成功合龙堵住了决口。

李升屯、黄花寺堤防决口发生于 1925 年。当时，以推翻北洋军阀统治为目标的革命浪潮，正在中国大地兴起。这年 8 月，黄河洪水急剧上涨，南岸李升屯河段因河势坐弯顶冲堤防，酿成溃决，口门宽达 2200 多米。随着激流不断冲击大堤，堤身坍塌持续加快，致使下游 1.5 公里处的黄花寺又发生决口。两处决口溃水漫溢，导致濮县、范县、郓城、寿张、东平、阳谷、汶上等 7 县数百个村庄受淹，灾区范围 1500 平方公里，殃及千里之外的苏北地区，受灾人口 200 多万。

此次黄河决口，山东省首当其冲。更为严重的是，若不及时抢堵决口，任由洪水泛滥，极有可能酿成又一次黄河改道。

为此，山东省河务局局长林修竹寝食难安。他 18 岁被晚清政府选派赴日本高等工业学校留学，回国后倡导实业、兴办教育。1924 年冬担任山东省河务局局长，不久就赶上了这次黄河大决口。李升屯、黄花寺决口后，林修竹急忙调集八县民工 3 万多人，赶往现场指挥抢险堵决，但因人力不敌，水势猛烈，殊难奏效。

情急之下，林修竹紧急会商黄河沿岸各县知事，就堵口事宜报告直隶、山东、江苏、安徽四省省长并转呈北京国民政府内务部、财政部，请求拨款堵复黄河决口。据估算，堵复两处决口约需 220 万元。怎奈当时经济凋敝，国力衰微，筹款十分困难，因此堵口事宜被束之高阁，致使洪水四溢，受灾范围进一步扩大。

国府靠不住，家乡还得保，林修竹决意走民间筹款之路。1926 年初，他主持召集八县灾民代表大会，议定采用"丁漕法"筹措黄河堵口工款。受灾地区按人口缴纳税赋的办法，筹集 60 万元作为堵口基金。其他不足部分，由八县民众以出人力、摊防汛料物的方式弥补。就这样，在极端困难的条件下，当地依靠自己的力量，经过数月施工，终于堵住了两处决口。

李升屯堵口工程合龙后，千里之外的江苏省依然心有余悸。为了防止黄河在这里复决向南溃流，该省专门出资 20 万元，并派出一批苏北地区的

1926 年直隶省濮阳县黄花寺（今属山东省鄄城县）黄河堵口工程

民工奔赴堵口合龙处，在这里修筑了 10 道堤坝，称之为"江苏坝"。

堤坝建成后，部分江苏籍民工在此安家定居，成为今山东鄄城县的江苏坝村。黄河水患与治理，使这些江苏人的命运从此与黄河更加紧密地联系在了一起。

二、孙中山畅想与"德国黄河"

1912 年 1 月 1 日，孙中山在南京就任临时大总统，在推动中国政治改革和社会进步的同时，即开始着手筹划建国纲领与经济建设计划。不久，由于袁世凯为首的北洋军阀窃取了革命果实，孙中山被迫辞职。此后几年间，他接连奔忙于护国运动和护法运动，直到 1918 年 6 月寓居上海，才潜下心来，最终完成了《建国方略》。

孙中山的《建国方略》，由《孙文学说》《实业计划》《民权初步》三部分构成。其中《实业计划》是一部全面发展中国经济的远景规划。

在这部《实业计划》中，孙中山对黄河的严重水患给予了极大关注，他认为，"黄河之水，实中国数千年愁苦之所寄。水决堤溃，数百万生灵，数十万万财货为之破弃净尽。旷古以来，中国政治家靡不引为深患者"。古往今来，防止黄河水害，历来是中国的大事业，关系国计民生和社会发展。因此，必须动员全国人民的力量，下大力气投入治理。

据此，孙中山提出了治理黄河、开发黄河的总体构想。主要内容包括：一是干支流并治。治理对象不仅是黄河干流，亦应包括汾河、渭河等重要支流。二是修筑堤防，防御洪水。他对黄河堤防的设计思路是，修成直线性新堤，既可防止黄河淤积，又有利于发展航运。在黄河干流适当位置，借助近代化水利工程技术，修建闸坝工程，还可以引水发电，为沿岸工农业发展提供廉价能源。三是河口治理。要治理好黄河，必须使黄河尾闾通畅，通过下游长堤把泥沙输入大海。四是黄河上中游水土保持。下游防洪只是黄河治理的一部分，要彻底根治黄河，还要在黄河上中游黄土高原地区大力植树造林，进行水土保持，减少进入黄河的泥沙。五是发展黄河交通航运。把沟通黄河干支流航运放在优先位置，在入海口建设黄河港，借助内河航运，沟通山东、河南、直隶等广大地区。

孙中山的治理黄河计划，着眼于上下游、全流域统筹治理，根治黄河水患，发展流域经济；同时主张利用近代科学技术，作为实现治黄计划的立足点，集中体现了他的民生思想和科技治国主张，立意高远，构想宏伟，被称为中国现代化的第一份治理黄河蓝图。

但是，他的这一治黄计划也有很大局限性。譬如，治理开发黄河所需巨额资金及技术力量，依赖国际援助的思路，就带有明显的理想化色彩。当时正值第一次世界大战结束，孙中山主要想以这份实业计划书，在巴黎和会上游说西方列强，帮助中国实现现代化。然而，西方各国资本并非如孙中山所想真心帮助中国进行开发建设，而是附带着许多政治和经济条件，这样双方自然难以合作。事实上，对于中国这样一个几亿人口的大国，不立足于自力更生，企望单纯依靠外国资金与技术，要实现国家富强、人民富足，是不可能的。

民国初期，黄河频繁发生水灾，给中国人民带来了巨大的苦痛。这一严峻现实，引起了国内外各界人士的极大关注。一些水利科学先驱者，引进西方先进的理论和技术，结合中国传统经验，从治理黄河理念、治河方略到工程措施，进行了积极探索。设立黄河水文站，实测现代地形图，组织开展勘测、设计、试验等大量实践，推动了中国黄河治理。

1927年4月，在北伐战争节节胜利的形势下，南京国民政府成立。当时由于连年战争以及帝国主义列强的大肆掠夺，国内经济萧条，民生凋敝，完成国家的真正统一，尽快开展经济建设，任务十分艰巨。

着力发展与西方国家合作，是这一时期南京政府在外交政策上的一个重要倾向。为了加快经济建设，南京政府表示诚邀欧美国家开展对华合作，帮助中国实现复兴建设。这种外交特点，对于中国水利建设和治理黄河产生了一定影响。黄河是世界历史上最复杂、危害最剧烈也最难治理的河流。

治理黄河水患，不仅是中国人民孜孜以求的梦想，也深深吸引了不少国外水利界人士。

这一时期，在万里之外的欧洲腹地德国，有一位水利工程专家正在为黄河水患治理而钟情劳神。

他叫恩格思，德国德累斯顿工业大学教授，著名河工模型大师。恩格思教授在给学生们讲课时，曾不止一次说过："黄河的治理不只是中国的问题，也是一个世界性问题，需要千百万人的努力才有可能解决，这也是我毕生研究着力最深的一个重大课题。"

当时美国的一位工程师费礼门来中国进行黄河治理研究，他认为黄河水患主要在于下游堤距过宽，因此提出应在宽河道内修筑直线型新堤，束窄河槽，使河槽逐渐刷深，以约束洪水泛滥。

对此，恩格思教授经过模型试验研究，得出了与费礼门不同的结论。恩格思认为：黄河下游之病根不在于堤距过大，而主要是缺乏固定中水位河槽。因此，应在现有黄河大堤之间，适当裁直过于弯曲的河槽，堵塞散流支汊，同时修做相应护岸工程，使之成为相对固定的中水位河槽。

许久以来，恩格思教授一直有一个心愿，亲自到中国看看黄河，通过实地考察，进一步增强对黄河的感性认识。1928年，由江苏省政府发起，与陕西、河南、河北、山东、安徽等省共同出资，正式邀请恩格思教授来中国考察研究黄河治理与治导淮河。当时恩格思因年迈身体不适，医嘱不宜远行，便推荐学生方修斯代其来华。

方修斯早年师从恩格思教授做河工模型试验研究，这时是德国汉诺威大学水工试验所的教授。1929年他来华对黄河

德国著名河工模型大师恩格思

下游进行了全面考察。回国后，根据考察收集的资料做了两次黄河模型试验。

不料，方修斯关于黄河下游治理方略的研究结论，却与恩格思的主张截然相反。他认为，黄河为患的原因正是由于河床过宽，流向不定，导致堤防不断发生险情，直至决口泛滥。因此，治理方法应采取束窄河道，塑造深水河槽。建议在现有河道内筑一道或两道新堤，两堤平均距离为650米，用平行束窄的堤防和坚固的河岸，约束洪水下行，并不断刷深。

方修斯把自己的研究成果写信告诉了老师，恩格思对此实难认同。于是，师生二人围绕黄河问题展开了激烈的争论。3个月间，往来书信竟达20封，始终相持不下，谁都难以说服对方。

消息传到中国，以李仪祉先生为首的国内水利专家深为感动。李仪祉早年留学德国研习水利，与恩格思多有交往。就黄河下游治理方略而言，李仪祉与恩格思的主张更为相近。他认为，宽河道虽然存在宽浅散乱的诸多弊端，但对于上宽下窄的下游河道形态来说，宽河道也有蓄滞洪水的有利一面。因此主张，应先稳定现有河床，保留滩地。如果一味先修窄堤，一遇大洪水，洪水宣泄不及，将可能酿成更大水患。

为了辨明两种方案的是非，李仪祉建议他们分别再进行一次试验，立即得到了恩格思和方修斯的响应。1931年7月，恩格思在奥贝那赫水工模型试验基地，方修斯在汉诺威大学水工试验所，分别开展了大比例尺黄河模型试验。双方试验完成后，两份试验结果依然是各持己见，大相径庭。

不过，恩格思在他的试验报告中也指出，这次试验用的基本都是清水。黄河是世界上泥沙最多的一条河流，参数条件差异很大，为了得出与实际相符的结论，他寄信给中国方面，建议提高精度再做一次黄河模型试验。

此时的中国，黄河连连决口，洪灾严重，举国上下要求治理黄河的呼声四起。恩格思的建议很快得到了中国政府的同意，试验经费由冀、鲁、豫三省政府共同分摊，其研究目的是，搞清黄河下游堤距缩窄后，河槽是否刷深，洪水位是否因此降落。期望以此试验结果，为制定治理黄河方略提供依据。

这是第一次由中国政府出资在国外进行的大型黄河模型试验。为了加强交流沟通，中方特派数名国内"海归派"工程师赴德参加试验。

1932 年 7 月，阿尔卑斯山下的奥贝那赫大型露天水工试验场上，一条挟带着滚滚泥沙的大比例尺"黄河"开始流淌了。

这次黄河模型试验，长 97.5 米，宽 9 米，水平比例尺 1:165，垂直比例尺 1:82.5，试验泥沙样本系从中国黄河采集漂洋过海运输而来，经反复试验对比，用沥青炭屑代之，以保证其较高的相似度。

试验以恩格思、方修斯的不同结论为命题，分两种方案进行。一种方案是固定中水位河岸，防止滩地冲坍。另一种是不固定中水位河岸，用较高之堤束狭滩地。试验结果表明：前者随着河槽不断刷深和滩地逐渐淤高，必须实施护岸工程，待冲刷到一定深度之后，只需修筑较低之堤，即可束狭滩地；而后者，因河槽刷深的速度较缓，河水在两堤之间变化无常，对堤防十分不利。至于，在下游河道治理过程中哪一种更好，还须根据实地情况及经济条件而定。也就是说，尽管通过这次试验，对于黄河下游治理的认识又有了深化，但究竟采用何种方案进行治理，仍然没有一个确定答案。

就在这时，1933 年汛期黄河流域发生了一场特大洪水，京汉铁路黄河大桥被冲毁，下游两岸堤防横遭决溢，61 处决口，水灾波及冀鲁豫苏四省 30 个县，273 万人受灾，死亡 1.27 万人，被称为"黄河百年之奇变，空前之大灾"。朝野上下，一片惊呼！

在此形势下，时任黄河水利委员会委员长的李仪祉，在组织防汛抢险之际，向国民政府经济委员会建议，请恩格思教授对"宽窄两种堤距"再做一次大型黄河模型试验。

1934 年 4 月，恩格思主持的第二次大比例尺黄河模型试验，历时两个多月全部告竣。经过对四组测验内容反复核验，试验结果与恩格思此前的结论相同：黄河下游河道应以宽河道为宜，缩小堤距是不可取的。

至此，这位著名河工大师"宽河行洪"的理论，再次得到验证。这一结论使几百年来"束水攻沙"治理黄河理论有了新的发展，得到中国方面高度评价。1935年12月，一封署有蒋介石、孙科、宋子文、孔祥熙等中国政府要员签名的公函送至德国驻华大使馆，上面写道："德国水工专家恩格思教授举行黄河试验，成绩卓著，对于黄河治导计划有特殊贡献。"中国政府特授予其一等宝光水利奖章。

三、1933年大洪水

20世纪30年代，中国大地一直都在内忧外患的风雨中艰难前行。饱经战火蹂躏的人们时时处在动荡不安中。1933年8月，当时的河南省会开封城内，游园集会，人头攒动。然而，8月10日这天却突然警报长鸣，人们纷纷四散奔逃。这次引起人们极度惊慌的不是战火，而是随时可能让开封变成一片汪洋的黄河大洪水。

1933年7月下旬至8月上旬，黄河中游地区连降大到暴雨，据当地居民回忆，这年暴雨如注，像是用桶往下倒一样，令人恐惧万分。连绵的暴雨，致使黄河干流及泾、渭、洛、汾各支流并涨。8月8日午夜，陕县水文站水位陡涨。8月9日午夜，洪水在河南陕县水文站出现特大洪峰，流量达23 000立方米每秒。这是自1918年以来有实测资料记载的最大洪水，迅即对黄河两岸形成了巨大威胁。

黄河中游流经植被稀少的黄土高原，一旦降雨，洪水便挟带着大量泥沙从千沟万壑中涌入黄河。洪水到达河南孟津之后进入华北平原，河水流速减慢，泥沙沉积，天长日久，河床逐渐高出了两岸地面。黄河河床高出开封市13米。河水全靠两岸大堤夹持，黄河由此成为虎视中原的地上悬河。黄河一旦决口，滚滚洪水犹如倾注般夺门而出，向北可达天津，向南可至江淮。在毫无遮拦的大地上横冲直撞，肆虐漫流，后果不堪设想。

这场洪水到达下游，先后在北岸长垣和南岸开封以下多处决口，让历史古都开封逃过了一劫。但奔涌的洪水，使黄河北岸封丘至长垣的贯孟堤全线漫溢，漫溢洪水冲决堤身11处，洪水倒溢猛烈冲击太行堤，又导致长垣县的太行堤漫溢决口 6 处。当时的河北省河务局急忙派出抢险员工，和老百姓一起抢运料物赶堵决口。奋战 5 天，终于堵住了决口。

然而，堵口成功还没来得及庆贺，8 月 10 日，黄河大洪峰汹涌而至。河里的洪水像开了锅一样，几尺高的巨浪向上翻腾，很快冲开了刚刚堵合的堤坝。决口口门被冲宽 200 多米，流势凶猛。一夜之间，整个长垣县都浸泡在大水之中。接着，石头庄口门以上又决开 4 处，最宽口门约 3 公里，水势浩荡，奔腾漫溢，长垣、濮阳等县灾情惨重。14 日，石头庄决口口门再次扩大，洪水漫流，一片汪洋。15 日，洪水流至范县境内，水深 2 米多，宽约 250 米，洪水汹涌下注。18 日，石头庄决口之水抵达陶城铺，范县金堤水面宽达 20 余公里，平地水深 2 米，一场空前的灭顶之灾发生了。

与此同时，黄河南岸决口险情也很严重。8 月 11 日，河南省兰封县的小新堤率先溃决，决口宽约 50 米，继而又决开 3 处，洪水进入考城，新筑堤埝全部溃决。考城许燕庙大堤决口宽百余米，水头高达三四米。当日午夜，流势迅猛的洪水到达山东东明县城，曹县、巨野、定陶、单县相继被淹，房舍漂没。决口之水接着流向东南，经菏泽、郓城、巨野、嘉祥、鱼台、济宁等县汇入南阳湖。15 日，黄河水由菏泽决口东下，经定陶、曹县入江苏砀山，水势迅急。16 日，曹县堤防决口宽 30 多米，溃水一路向南侵入安徽亳县、涡阳，进入江苏丰县，东趋徐州。徐州黄河故道堤防被决开 7 处，其后水势折向北流，山东水灾复又加重。24 日，东阿县茂王庄河水倒灌大清河，将姜家沟民埝冲决，洪水进入东阿县城，水势极其汹涌，堵防无效，数百村庄尽成泽国。

1933 年黄河大水是一场流域性的暴雨洪水灾害。洪水主要来自上中游，暴雨面积广，强度大，洪水持续时间长。自 1933 年 8 月上旬至 1934 年 3 月凌汛结束，洪水历时 8 个月，黄河下游堤防共决溢 104 处。河南、河北、山东、江苏四省 30 个县被淹，受灾面积 6592 平方公里，灾民 273 万人，死亡 1.27 万人，财产损失 2.07 亿元（银元），被称为"黄河百年之奇变""空前之大灾"。

　　受灾最严重的长垣县，21公里的贯孟堤段共决口33处。据《长垣县志》记载，黄河在香亭及石头庄一带决口后，洪水全部夺门而出。"洪流所经之处，万脉奔腾，房屋倒塌，牲畜漂没，人民多半淹死，财产被水洗劫一空。县城垂危，积水一丈深，泥沙淤积一二尺至七八尺不等。洪水来临时，人们被逼得爬到高树或屋顶上躲避，当时有一棵大树上竟然攀援了60多个灾民。脚下是汹涌的洪水，人们只能眼睁睁地看着自己的房屋倒塌和家园被毁。"

　　那些在洪水中逃过一劫的人，很快便不得不面对严酷的生活现实。洪水退去后，缺粮少食，靠吃树皮、挖草根，仍然无法过活，竟被活活饿死了。由于泥沙淤积严重，有的地方泥沙淤积竟高达两米多，粮食被掩埋在地下，农田无法耕种，人们在这里无法生存，只得背井离乡，逃荒要饭。无数人流离失所，死于非命，可谓哀鸿遍野，饿殍满地。当时上海《申报月刊》，以"泛滥之黄河，水灾之恐怖"为标题，在3天内刊载了81篇新闻及

1933年黄河决口后长垣县惨重景象

后续报道,详细反映了这次洪水灾情。"百里不见炊烟起,唯有黄沙扑空城",就是当时灾情的真实写照。

突如其来的黄河洪水毁灭性灾情,使南京国民政府措手不及。洪灾期间,行政院发布训令,要求冀、鲁、豫、苏、皖、陕六省政府联合防堵,筹划救济,并饬令黄河水利委员会、导淮委员会会同有关各省认真办理。经费问题,要求财政部将尚未支付的长江防汛费50万元用于黄河堵口善后工程。

1933年8月28日,黄河水利委员会委员长李仪祉在南京召开六省黄河防汛会议,讨论黄河流域水灾救济、防汛抢险、堵口善后等事项,请求国民政府急拨1000万元,抓紧办理黄河沿岸堵口修堤工程。同时,建议行政院设立救灾委员会,从速办理赈济。

9月初,国民政府成立黄河水灾救济委员会,特派宋子文为委员长,下设总务、工赈、灾赈、卫生、财政5个组,督促黄河流域有关省份办理急赈、工赈事务及黄河堵口工程。11月,改派孔祥熙为黄河水灾救济委员会委员长。此间,黄河灾区先后收到国民政府拨款295万元,连同国内及侨胞捐助共收款318.95万元。至1934年底,共赈济灾民101.54万人,发放赈款32.91万元,棉衣22.1万套,各种赈济粮食401万公斤,医治伤病人员20.72万人。

据《申报月刊》1933年9月16日报道,当时待救济的灾民达百万余人。有的灾民每天还能喝到两碗稀粥,勉强度日,而更多的人却无食果腹,饥饿难耐。

黄河大堤,一向被称为保护两岸人民生命财产的水上长城。然而,当这场大洪水来临时,黄河大堤竟然如此不堪一击。其主要原因在于,当时南京政府对黄河治理没有系统规划,加之河政腐败,贪官污吏层层侵占挪用工程经费现象十分突出,致使大堤年久失修,堤防抗洪能力低下。

更为离奇的是,当时国民政府黄河堵口赈灾官员没有把全部精力放在抢险堵口和救济灾民上,而是把黄河安澜的希望寄托于封建迷信。他在堵口工程之前,首先祭奠大王庙,搭台唱戏,搞游园活动,祈求河神保佑。此时,万千家园都淹没在洪水之中,无数人背井离乡,逃荒要饭。毫无疑问,国民党官员游园会上的祭神乐曲，决不会给受灾的人们带来任何安慰！

1933 年的黄河大水，是黄河水灾史上人民生命财产损失最严重的灾难之一，给人们留下了极为惨痛的记忆。

四、黄河臂弯的天然屏障

从内蒙古的托克托起，黄河改变了东西流向，由北向南，劈开千山万壑，穿行在蜿蜒的晋陕大峡谷间，形成了一个巨大的"几"字形臂弯。黄土高原，这浑沌苍茫的莽原，这神秘的自然撞击创造的黄土世界，见证着人们生存的艰难和重大史事的辉煌。

1936 年 2 月 5 日，毛泽东率领红军总部机关行走在陕北黄土高原的羊肠小道上，穿过清涧县双庙河，在黄河岸边的偏僻山村袁家沟驻扎下来。

一年多来，中国工农红军在极其艰难困苦的条件下，冲破国民党重兵的围追堵截，克服雪山草地的自然艰险，战胜来自各方面的一场场严重危机，最终来到黄河腹地。

1935 年 9 月 27 日，中央政治局常委在甘肃通渭县榜罗镇召开会议，决定将陕北根据地作为长征的最终落脚点和中国革命的大本营。10 月 19 日，红军陕甘支队抵达陕西省吴起镇。22 日，中央政治局召开扩大会议，进一步确定党和红军"建立西北苏区，领导全国大革命"的战略任务。

中共中央选择陕北根据地作为领导革命的大本营，主要从三方面考虑：一是陕北革命根据地，自然条件较差，历史上由于反动统治阶级的剥削和掠夺，这里的人民生活极其贫困，不断举行自发的武装反抗斗争，有着强烈的革命要求。陕北革命根据地经过数年发展，建立了革命武装，具有良好的群众基础和强大的革命力量。二是这里处于陕、甘、宁、晋、绥五省区交会处，驻守的国民党军队主要是东北军、西北军、晋军及地方军阀，敌人内部矛盾重重，对红军的态度也各不相同，这为中共开展统一战线工作提供了有利条件。三是陕北革命根据地东临黄河峡谷天险，西以子午岭为天然屏障，北有沙漠遮蔽，境内遍布山岭沟壑。特殊的地理环境，为发展壮大工农武装、开展游击战争提供了有利条件。将陕北根据地作为革命大本营，这一重大战略决策对于开创中国革命新局面具有决定性的意义。

这年 11 月 7 日，中共中央机关到达陕北安定县（今子长县）瓦窑堡。十几天后，红军取得直罗镇大捷，为中国革命大本营植根陕北根据地举行了奠基礼。12 月，中共中央在瓦窑堡召开政治局扩大会议，通过关于军事战略问题的决议，对 1936 年的任务作了部署。为推动全国抗日民族统一战线的形成，中央决定组成红军抗日先锋军，东渡黄河，奔赴华北开辟抗日战场。

1936 年 2 月 6 日，毛泽东带领东征红军总部到达清涧县袁家沟村。当晚，天上纷纷扬扬，下起鹅毛大雪。次日，毛泽东踏着皑皑白雪，登上黄河岸边的山梁，侦察东征黄河渡口地形。当他登高远望，看到连绵的黄土高原被大雪覆盖，银装素裹，不禁心潮激荡，诗兴勃发。一种纵贯千古、心雄万夫的豪情油然而生。当晚，在土窑洞里写下大气磅礴的千古绝唱《沁园春·雪》。

这狂飙般的战斗诗情，是对中国革命前途坚定信心的倾情抒发，更是对抗战形势分析判断的诗兴映照。

2 月 20 日，红一方面军从陕西省绥德沟口和清涧县一带渡过黄河，举行东征。红一军团挥师南下，截断同蒲路直趋临汾；十五军团绕过汾阳，挺进文水、交城，先头骑兵进至太原晋祠一带。

红军东渡黄河，使镇守山西的阎锡山惶惶难安。他一面命令所部挖壕架网，严密戒备，阻止红军继续行进；一面急电南京政府请求增援。不久，中央军 10 个师奉命入晋作战。

红军东征受阻，形势突然变得复杂起来。为了促进形成抗日民族统一战线，中共中央及时调整战略方针，发出通电表明实行一致抗日的主张。5 月初，红军东征将士回师西渡，撤回陕北。

这次渡河东征，壮大了红军，筹集了粮饷，扩大了中国共产党抗日主张的影响，迫使国民党晋绥军退出黄河以西陕北地区，进一步巩固了陕北这个中国革命的大本营。

5月至7月，红一方面军举行西征，开辟新的根据地，与陕甘根据地连成一片，扩大为陕甘宁根据地。10月，红军三大主力分别在甘肃静宁、会宁胜利会师，实现最终在陕北"落脚"。陕北成了红军长征的落脚点，也是新征程的出发点。

这年12月12日，震惊中外的西安事变发生，中共中央从抗战大局出发，促成和平解决。在民族大义感召下，国内各方走向了共同抗日的道路。

千里冰封，万里雪飘的黄土高原

　　1937年7月7日，卢沟桥事变爆发，全面抗战开始。8月下旬，中共中央在陕北洛川召开政治局扩大会议，确定了党的基本行动路线和工作方针，放手发动群众，开展独立自主的游击战争，开辟敌后战场，保卫、巩固和建设陕甘宁边区。会议通过了《中国共产党抗日救国十大纲领》。

　　9月，陕甘宁革命根据地的苏维埃政府改称陕甘宁边区政府，其管辖范围，东界黄河，北起长城，西接六盘山，辖23个县，面积约13万平方公里，人口约150万。这里既是中共中央所在地，是人民抗战的政治指导中心，也是八路军、新四军和其他人民抗日武装的战略总后方。

1937年9月，八路军120师开赴晋西北，逐步建立起以管涔山为依托的晋西北战略支点。1938年春，115师一部依托吕梁山区建立了晋西南战略支点。这两处河防屏障，此后分别成为晋西北、晋西南抗日根据地，是阻止日寇西进，保卫陕甘宁边区和中共中央的重要屏障。

1938年二三月间，日军攻陷晋西北重要城镇并打通同蒲铁路南段。随后，分几路进逼黄河防线，企图一举攻占陕西。日军认为，陕西是中国共产党首脑机关所在地，打下陕西，将是对中国抗战精神的致命一击。然而，当日军推进到晋陕峡谷，看到奔腾咆哮的黄河，似从天而降，巨浪翻卷，吼声震动，顿时惊恐失色。于是，停止前进步伐，决定采用新的战法，抢占渡口，伺机乘船渡过黄河。

对此，八路军留守部队、边区保安部队等抗日武装，在120师和115师配合下，打退日军数十次疯狂进攻，迫使日军不敢西进，有力保卫了黄河河防。

在黄河臂弯这个特殊环境中，以毛泽东为首的中共中央凭借黄河天险，以较少的兵力守护着自身的安全。同时，审时度势，制定了一系列正确路线、方针和政策，指导全国的抗战。全国各地大批革命青年奔向延安，经过革命理论武装，分赴抗日前线各地。因此，陕甘宁边区和延安被誉为"抗日的灯塔""革命的圣地"。

在黄河臂弯的十二年多，是中国共产党的成熟期，中国革命的重要转折点。在此期间，中共中央开展了整风运动，统一了全党思想，实现了以毛泽东同志为核心的党中央领导下的全党团结和统一。开展了大生产运动，度过了自然灾荒的严重困难。至抗日战争胜利时，中国共产党的力量空前壮大，党员发展到120多万，党领导的人民军队和民兵队伍扩大到380余万，各抗日根据地面积达100万平方公里，人口近1亿。1945年中共七大在陕北延安胜利召开，确立了毛泽东思想在全党的指导地位，为党领导人民取得抗战胜利和全国新民主主义革命胜利，奠定了政治、思想和组织上的坚实基础。

"黄河真是一大天险啊，如果不是黄河，我们在延安就住不了那么长的时间，日本军队打过来，我们可能又到什么地方打游击去了。"1948 年 3 月毛泽东率领中央机关东渡黄河途中，感慨万端，充满了对黄河这道天然臂弯的浓郁深情。

五、花园口决堤

1938 年，中国大地上，山河破碎，敌军压境，战争的乌云笼罩在上空，也沉重地压在每一个中华儿女的心头。

上年失利的消息接连而至。在华东战场，中日淞沪会战，一寸山河一寸血，上海最终陷落敌手。接着，南京守卫战再告失利。日军如狂涛般涌入中国首都南京，疯狂屠城，疮痍满目！在华北战场，继河北、山西和豫北沦陷后，中国军队被压迫到黄河下游沿岸一线。负责山东防务的韩复榘不战而逃，徐州北大门豁然洞开。

残酷的战争仍在继续演绎。

此时的武汉，是中国政府机关和军事统帅部所在地，全国抗战指挥中枢。日本远征军总部认为，如若拿下武汉，整个中国将被征服。为此，日本天皇亲自召开御前会议，谋划迅速攻取武汉。

就在这时，一道曙光刺破黑色的天空。1938 年 3 月至 4 月的台儿庄大捷，中国军队毙伤日军 1 万余人，狠狠打击了日寇的嚣张气焰，民族抗战士气为之一振。

华北日军继续南侵。5 月 11 日晚，以精锐快速著称的日军土肥原十四师团从濮阳董口强渡黄河，抢滩鲁西。日军企图集合南北两路兵力，以徐州为中心，发挥装甲机械化部队优势，吃掉中国军队主力。然后拿下郑州，进而沿平汉铁路线南下占领武汉。

日军渡过黄河，很快攻陷菏泽、郓城。土肥原气焰更加嚣张，其装甲部队沿陇海铁路两侧继续向西推进。日军南线另一部主力则连克仪封等城镇，虎视开封。

当时，土肥原率2万日军攻占菏泽后，孤军深入向豫东挺进。蒋介石调集豫东商丘、兰封一带十几万中国精锐之师，正扎好布袋阵等着土肥原来钻。岂料各路大军畏敌如虎，相继临阵脱逃，兵败如山倒，致使日军十六师团与被困的土肥原十四师团形成呼应之势，对国民党军队形成反包围，彻底打乱了蒋介石的作战部署。此役，中国军队16万兵力，没能消灭土肥原的2万人，诚为憾事。

土肥原部占领兰封后，与日军十六师团会合一处，立即向开封进发。开封如若再失，郑州势必难保，一旦平汉铁路被日军控制，作为中国军事统帅部的武汉将危在旦夕。

此时，在武汉珞珈山军事统帅部，蒋介石心绪难宁。他怔怔地盯着墙上一幅巨型军事地图，上面布满了红箭蓝矢。连日来，徐州、商丘、兰封相继失守的严峻局面，使他忧心如焚。他的目光在军事地图上反复游弋。从徐州再往北看，有两条近乎平行的曲线，那就是黄河，难道真的只有走这步险棋了吗？

豫东会战期间，国民政府军委会几位高级参谋就曾黄河决堤提出建议说："黄河现届桃汛，考城以西尤以兰封曲折部冲力最猛，倘施工决口，使敌机械化部队失其效能，足以摧毁其战力。"

1938年6月1日上午，武昌珞珈山中央会堂小会议室里，蒋介石紧急召开最高军事会议，军事委员会部院以上长官齐集一堂，主题是审议决黄河以制敌方案。经过分析严峻的战局形势，在一片阴晦沉寂中，国民政府最高军事会议全体通过了代号为"K"的作战方案。

6月，千里之外的黄河南岸，正值麦收时节，辛勤劳作半年多的农民们，正在忙着收麦。他们哪里知晓，一场巨大灾难已悄然逼近。

这时，担负黄河南岸河防任务的第39军军长刘和鼎正在为蒋介石亲自签署的一封急电而彻夜难眠。该电称："为了阻敌西进，确保武汉，决定于赵口和花园口两处施行黄河决口，构成平汉铁路东侧地区间的对东泛滥。

赵口之决口由第 39 军担任，限两日完成。"

一纸电文，如同一个灼烫的火团。此前，刘和鼎奉命率"河防军"驻守豫东黄河南岸，可眼下"河防军"竟要变成"决河军"。他的家乡安徽位于黄河明清故道，黄河一旦破堤决口，滔滔洪水一路狂奔，家乡也将成为一片汪洋。他想，蒋委员长御敌无术，如今靠黄河来抗战了，自己也将成为历史罪人。刘和鼎心中既充满愤懑，又感到万般沉重。

6 月 6 日，日寇攻陷河南省会开封！距离郑州只有几十公里了！

"今天如果不能决口成功，中国几十万部队要丢掉的！"蒋介石在武昌寓所，怒气冲冲地猛烈拍打着沙发扶手。

面对日军近在咫尺的逼人攻势，第 20 集团军总司令商震异常焦灼，相继撤职查办掘堤不力的几个军官，当众枪毙抓回的逃兵，接着转而命令驻守郑州的新编第八师："掘堤放水，形势紧急，事关大局，你部要做好一切准备！"

此前不久，新八师奉命正准备执行一项代号为"G"的任务，即：一旦日军攻破郑州，立即放火焚烧郑州城。此时，接到黄河决口的命令，新八师师长蒋在珍经过查勘，建议将新的掘堤位置选在花园口。蒋介石接到电话请示，当即发出口谕同意此方案，要求蒋在珍立下军令状，三天内务必完成掘堤放水任务。

当晚，蒋在珍即同工兵营营长熊先煜及黄河河工专家匆匆赶到现场，最后选在花园口关帝庙以西约 300 米处。此处为黄河弯曲部，河水至此受阻，冲力加大，容易溃坝。据熊先煜后来撰文回忆说，当时他们选定决口位置后，进入关帝庙磕了几个头，祷告道："关帝老爷，中华民族眼下遭了大难，被日本鬼子侵略欺侮，战场失利，万般无奈，只好放黄河水淹敌军，请你宽恕。"说罢，众人于神像之下跪地而拜，潸然泪下。

就在此时，中牟又告失陷，日军迅速推进。炮声越来越近，惶恐的情绪在郑州市人群中迅即蔓延开来。国军已经着手破坏郑州火车站等重要设施，准备放弃郑州。

6月9日清晨6时，随着导火索点燃，一声震天动地的炸药巨响后，黄河花园口大堤瞬间被撕开一道裂口，河水夺路而出，口门逐渐扩展。此时正逢黄河中游陡降暴雨，下游河道洪水猛涨，滚滚洪水直向东南方向汹涌奔去，很快冲断陇海铁路，豫东地区中牟、开封、尉氏、太康等地，一片汪洋。

突如其来的黄河洪水，使骄横跋扈的日寇惊恐万状，进退不得，火炮、战车、弹药被淹，闪电式的机械化部队顿时陷于洪水泥淖之中。日军被这陡然的变故惊呆了。土肥原脸色铁青，许久说不出话来。他一路横渡黄河，攻克开封，意欲直捣郑州，直逼武汉中国最高军事统帅部。不料，就在此时，一桩眼看就要到手的奇功被黄河的狂涛冲得无影无踪。

伴随河水汹涌上涨，泛滥水域不断扩大。土肥原命令所属部队全部后撤至中牟县城。后经外围3个师团的工兵部队紧急救援，才得以仓皇撤回开封以东。

随着黄河水沙滚滚而来，日军另一支精锐部队第十六师团近两万人，也被突降的洪水遮断去路，身陷绝境。树梢、房顶和高地上，爬满了浑身泥浆的日本士兵。在工兵援军架桥修路的救助下，经过20多天长途绕行，才从黄河泛水的泥泞中脱身出逃。这些战争狂人一路攻城略地，烧杀掠抢，此时面对排天而降的黄河水，也乱了方寸。这支队伍的师团长中岛今朝吾在写给日本大本营一份《关于战争前景的意见》中称："中国转引黄河之水，形成一种新的自然国境。此际我国宜即收兵，转向建设皇道之国家奋勇迈进。"

花园口决堤，使日军大本营被迫改变沿平汉铁路进攻武汉的计划，改为从长江北岸西进。借此机会，中国军队徐州主力成功突围，豫东战局得以暂时缓解。

4个月后，在武汉大会战中，中国军队浴血奋战，大大消耗了日军的有生力量，但最终未能挽回武汉失守的战局，而日军企图速战速决灭亡中国的战略也未能实现，抗日战争进入战略相持阶段。

然而，在黄河下游，花园口人为决口改道，洪水肆虐泛滥，带给广大

花园口决口后洪水泛滥景象

民众的却是一场惨绝人寰的深重灾难。

黄河决堤改道后,洪水分两股狂奔漫泻。西路主流,自东南经新郑、中牟、尉氏、鄢陵、周口,沿颍河进入淮河,经安徽阜阳,直至正阳关。东路洪水,经朱仙镇、陈留,先后注入涡河。东、西两股黄水入淮河后,一路下泄至洪泽湖,导致苏北地区漫溢。黄河水所到之处,千里沃野顿成泽国,河南、安徽、江苏三省境内形成了广袤的黄泛区。

据国民政府行政院灾后统计,此次花园口掘堤洪水泛滥,波及豫、苏、皖三省44个县市,5.4万平方公里范围内遭受灭顶之灾,受灾人口1250万,89万人因洪水命丧黄泉,390万人背井离乡、四处逃难。

民国时期出版的《豫省灾况纪实》,记述了当时河南省黄泛区的灾难惨状:"堤防骤溃,洪流踔至,人畜无由逃避,尽逐波去;财物田庐,悉付流水。当时澎湃动地,呼号震天,其悲骇惨痛之状,实有未忍溯想。间多攀树登屋,浮木乘舟,以侥幸不死,因而仅保余生者,大都缺衣乏食,魄荡魂惊。……因之卖儿鬻女,率缠号哭,难舍难分,更是司空见惯,寂寥泛区,荒凉惨苦,几疑非复人寰矣!"其悲惨凄凉情状,透穿史册,震惊人寰!

"政府扒开花园口,一担两筐往外走,人吃人,狗吃狗,老鼠饿得啃砖

花园口决口泛滥，劫后余生的百姓在洪水中逃难

头。"很长时期内，满含斑斑血泪的民谣在黄泛区广为流传。除此之外，还有黄水漫流，河渠淤塞，沙埋良田，生态恶化，一串串遗患无穷的生态恶果。所有这些，永远铭刻着中国人民心头那段空前惨烈的苦难与巨大创伤！它时时在警醒世人：亡中华者必自亡！决黄河者必自决！

六、黄河大合唱

1939 年 3 月，莽莽苍苍的黄土高原，冰封未解，寒意犹浓。26 岁的张光年躺在延安一间窑洞的病床上，眼前不停闪现着黄河奔腾激越的壮观情景，耳畔一直回响着黄河船夫铿锵有力、深沉悠长的号子声，不禁热血沸腾，心潮澎湃。

1938 年 10 月，张光年受党组织委派，率领演剧队从武汉辗转至陕西宜川县。这是他生平第一次过黄河。在壶口瀑布，目睹黄河汹涌奔腾的澎湃气势与怒涛声威，聆听那冲天巨浪在红日照耀下发出电闪雷鸣般的咆哮，看到黄河船夫们与狂风恶浪英勇搏斗的情景，张光年的灵魂被攫住了，激情被点燃了。正是这次壶口瀑布的感受，使他产生了为黄河而创作的冲动。

来到革命圣地延安，张光年因途中骑马摔伤，躺在窑洞医院里治疗。连日来，抗日将士浴血沙场的英勇精神，全国民众风起云涌的救亡图存，汹涌澎湃的黄河怒涛，一直在他胸中奔涌激荡。他想，黄河是中华民族的象征，如今，全民族惨遭日寇践踏，在这国家存亡的危急关头，我们中华民族不是正需要黄河不屈不挠，万众一心，奋起抗争的精神吗？

张光年再也躺不住了，他从病床上一跃而起，一头扎进了创作。

第一天，他写完《黄河船夫曲》。"不怕那千丈波浪高如山！不怕那千丈波浪高如山！行船好比上火线，团结一心冲上前！"一幅借黄河船夫勇战惊涛骇浪，鼓舞人们不畏艰险，奔赴战场的画面跃然纸上。

次日，张光年接着完成了《黄河颂》，诗中写道："啊，黄河！你是中华民族的摇篮！五千年的古国文化，从你这儿发源；多少英雄的故事，在你的身边扮演！啊，黄河！你是伟大坚强，像一个巨人，出现在亚洲平原之上，用你那英雄的体魄，筑成我们民族的屏障。啊，黄河！你一泻万丈，浩浩荡荡，向南北两岸，伸出千万条铁的臂膀。我们民族的伟大精神，将要在你的哺育下发扬滋长！"

在接下来的几天里，《黄河之水天上来》《黄水谣》《黄河怨》《保卫黄河》《怒吼吧，黄河》，一组又一组饱蘸深情、壮怀激烈的长诗，如黄河壶口瀑布般的巨浪喷涌而出。

"风在吼，马在叫，黄河在咆哮！黄河在咆哮！河西山冈万丈高，河东河北，高粱熟了，万山丛中，抗日英雄真不少！青纱帐里，游击健儿逞英豪！端起了土枪洋枪，挥动着大刀长矛，保卫家乡，保卫黄河，保卫华北，保卫全中国！……怒吼吧，黄河！掀起你的怒涛，发出你的狂叫！向着全世界的人民，发出战斗的警号！"

在此期间，张光年与冼星海两位老朋友再次相逢。

几年来，冼星海面对日寇的疯狂侵略，怀着强烈的爱国热忱，积极投身抗战歌曲创作和救亡活动，相继谱写了《保卫卢沟桥》《女性的呐喊》

《抗战先锋歌》《热血》《黄河之恋》《江南三月》等大量抗日救亡歌曲。他的
作品，或慷慨悲歌，或痛切呼号，从不同侧面反映了人物的现实遭遇和悲
怆感受，焕发出催人出征的战斗力量。许多爱国学生和老百姓，一边唱他
谱写的歌曲一边流泪。1938 年 11 月，冼星海应邀出任鲁迅艺术学院音乐系
主任。在这块革命热土上，他一边为抗战培育艺术人才，一边以高涨的热
情进行音乐创作。《在太行山上》《军民进行曲》《到敌人后方去》《生产运
动大合唱》，一个个具有不同个性特征的音乐形象，表现了抗日根据地军民
保家卫国的坚强意志，极大地鼓舞了人们为民族自由而战的胜利信心。

　　冼星海与张光年亲切交谈中，当听到张光年讲述身临黄河壶口瀑布时
的心灵震撼，黄河纤夫搏激流、战恶浪的壮烈情景时，冼星海眼前浮现出

奔腾咆哮的黄河壶口瀑布

黄河船夫搏激流、战恶浪的情景

了一幅幅中华民族在苦难中不屈抗争,浴血奋战,追求民族解放的生动画面。这不正是他渴望创作的重大题材吗?他当即与张光年商定联合创作《黄河大合唱》。

五天后,张光年创作完成了由400余行、八种曲式组合的组诗《黄河大合唱》。它以诗朗诵、合唱、齐唱、独唱、对唱、轮唱、道白等多种形式,形象刻画了万里黄河汹涌澎湃,奔腾跌宕的豪迈气势,深刻揭示了黄河容纳百川、百折不挠的博大襟怀和精神气质,热情赞美了中华文明源远流长的悠久历史,真切描绘了日寇铁蹄蹂躏下华夏同胞妻离子散,天各一方的悲惨情景。字里行间,如泣如诉,气势磅礴,强烈抒发了面对国仇家恨,全国人民不屈不挠,同仇敌忾,誓与来犯之敌血战到底的坚强意志,发出了"保卫家乡,保卫黄河,保卫华北,保卫全中国"的战斗呐喊!

连日来，在延安另一座窑洞里的钢琴上，冼星海也在以黄河激浪凝成的旋律与曲调，全身心投入这部大合唱的音乐创作。九曲黄河的博大情怀，中华民族五千年的历史文化，亿万同胞妻离子散、家破人亡的悲惨情景，抗日战场上浴血奋战的英勇场面，一连串生动鲜活的音乐元素，在黑白相间的琴键上奔涌跳跃。

半个多月后，冼星海完成了大型音乐作品《黄河大合唱》。这部演奏作品，根据序曲、各个乐章及配乐诗朗诵的不同内容，精心配置曲式，或深远悠扬，或哀怨低吟，或舒缓沉着，或铿锵豪迈，整部歌曲以挺拔高昂的旋律和抒情含蕴的音调，热烈赞美了黄河生生不息、威武豪壮的奔腾气势，悲愤控诉了日寇犯我国土、蹂躏中国人民的侵略暴行，倾情表达了亿万同胞保家卫国、不屈抗争的坚强意志和必胜信念。

1939 年 5 月 11 日，在庆祝鲁迅艺术学院成立一周年纪念音乐晚会上，由学院 100 余人组成的合唱团演出了《黄河大合唱》，毛泽东、刘少奇等中央领导同志观看演出。台上，百余名合唱团成员，个个精神饱满，引吭高歌。冼星海亲任乐队指挥。当演至《保卫黄河》乐章时，冼星海转向观众，带领全场高唱："保卫家乡，保卫黄河，保卫华北，保卫全中国！"台上台下歌声一片，现场气氛达到了高潮。全场沸腾了！

毛泽东坐在观众席上，不停地和着歌曲节拍鼓掌，高兴地连声称赞。演出结束后，毛泽东特地接见冼星海，并将国际友人赠送的一支派克钢笔和一瓶墨水转赠给冼星海，深情勉励他说："希望你为人民创作更多更好的音乐作品。"当年 7 月，周恩来从重庆回到延安，观看了气势恢宏的《黄河大合唱》，音乐会结束后，为冼星海亲笔题词："为抗战发出怒吼，为大众谱出呼声！"

《黄河大合唱》很快传遍全国各地，这部如天际滚雷轰响的民族壮歌，吹响了爱国救亡的战斗号角，激励着热血青年奔赴战场前线。当时有报纸评论："一曲大合唱，可顶十万毛瑟枪。"

如同《黄河大合唱》一样，在中华民族危亡的紧要关头，《义勇军进行曲》

《大刀进行曲》《松花江上》《团结就是力量》《延安颂》《八路军进行曲》等一大批抗战歌曲，从不同生活侧面，运用各种音乐形式，喊出了中国人民压在心底的怒吼，化作全民族抗战的狂飙怒潮，成为鼓舞军民士气、凝聚各方力量、英勇抗击日寇的有力武器。抗战期间，中国共产党的抗日主张与中流砥柱作用，通过大量歌曲、诗歌的形象表达与广泛传播，更加深入人心，由此得到社会各阶层人士空前的拥护和支持，成为中国人民心目中的一块精神高地。

如今，那腥风血雨的烽火年代虽已远去，但是那些代表着中华民族之魂的巨浪飞歌，将与凝聚着血与火的中国抗战史代代相传，为中华民族伟大复兴注入源源不竭的精神力量。

七、日寇的另一场战争

1939 年，日本侵华战争转入相持阶段后，日本侵略者调整了战略方针。军事上，从大规模正面进攻转向以巩固占领区为主。政治上，以诱降为主，扶植和强化占领区傀儡政权。经济上，为了长期控制中国，把战略目光投向加紧掠夺中国经济资源。

此时，日本人的目光聚焦在了黄河。

1939 年 3 月，日本东亚研究所成立了以黄河治理开发等为研究对象的第二调查（黄河）委员会。在这个庞大机构中，设立有华北、蒙疆（长城以北地区）及日本内地 3 个地区委员会及 17 个专门部会，分别负责调查研究黄河流域社会经济、治水防洪、农田水利、水力发电、交通航运、气象等内容。该委员会由日本建设总署技术总监、工学博士三浦七郎担任委员长，由富永正义任华北地区委员会主要负责人。其成员集合了日本各方面的专家、教授，多达 289 人。

由于二战结束前夕一部分机密材料被销毁，我们对于三浦七郎、富永正义等日本专家的身世，已经无法深知其详。但可以肯定，就全心全意支持日本军国主义向中国开战，极力主张向中华大地扩张来说，这些专业技术人士和他们的军人毫无二致。

一场看不见烽火硝烟的侵华经济战争，就这样开了头。

为了经略黄河资源，日本人处心积虑，做了多方面的准备。1935年12月，日本对黄河下游至入海口进行航空摄影，历经三年，完成10幅比例为三万分之一的《黄河线集成写真》地形地貌图。接着，又对黄河中下游开封至山西河曲河段进行航拍，完成24幅同比例地图。花园口决口改道后，1939年对形成的黄河下游新河道及黄泛区，再次进行航空摄影，取名《黄河线孟津至洪泽湖集成写真》。三幅地图均为精细装帧镶嵌而成。

关于日本人地图测绘的精度，从二战结束后陕西韩城一位市民收藏的6幅地图中，即能看出当时日本人的测绘技术水平。这些地图清晰可见地描绘了陕西省三原、泾阳等县境内道路、山川、村落的地形地貌，甚至连城镇巷道、涝池、水井、窑洞都标示得非常详尽。

从1939年3月到1944年6月的五年间，富永正义率领的华北地区委员会，从宁蒙河段到晋陕峡谷，从豫西山区到下游两岸，查勘河道、测绘地形、调查情况、整编资料、潜心设计，清水河、天桥、碛口，禹门口、三门峡、八里胡同、小浪底……黄河中下游两岸处处留下了这些专家型侵略者的足迹。随着惨烈战争的持续演进，富永正义们的研究步伐也明显加快。

与此同时，日寇扶植的伪华北政务委员会也设立了黄河黄土调查委员会。这些卖身求荣的民族败类，编绘收集黄河《河工图谱》《新旧河工堤坝护岸工程图谱》《北支那黄土层分布图》《河北省聚落等密度线图》等多达161幅，并编写了10余万字的《黄河历史研究》，从社会历史角度探讨了国家安危、政治兴废、时局变化与黄河治理的关系，为日本侵略者开发利用黄河水资源提供依据。

通过这些途径，富永正义等日本专家整理出黄河中下游占领区各种文献汇编、调查报告、规划设计研究报告193件，发表多学科综合性文献达1400多万字。在众多资料支撑下，一部多学科、综合性的《第二调查（黄河）

委员会综合报告书》炮制出笼。

　　该报告书关于黄河治理开发的内容有 73 万字。对于下游防洪，报告书中提出，应采取拦洪、排洪、分流等综合措施，在三门峡、八里胡同、小浪底三处修建水库大坝，通过拦蓄洪水，调控下泄流量，将黄河陕县站最大洪峰流量为 30 000 立方米每秒减至 20 000 立方米每秒；利用河南河段的宽河道滞洪蓄洪，削减洪峰，在山东省陶城埠至齐河段通过整理河道，加固堤防，提高河道的排泄能力；齐河以下通过增设分水闸、开辟分洪通道，分流洪水，排泄入海。同时进行加固堤防、整治河槽及河口流路。

　　关于航运交通，该报告书提出，计划建设 3 条大航道，发展以黄河为中心的华北内河航运。黄河下游河道利用上中游水库调蓄水量，自孟津至利津通汽船；从黄河、沁河补水，整修卫河与运河航道，自修武、新乡、临清、德州而达天津；整理黄河下游东南流路，自花园口经周口、正阳关、凤台、怀远、蚌埠、洪泽湖、高邮湖与大运河汇合，沟通长江水运。

　　开发水力发电，是日本侵略者研究的重点。他们编制的《黄河治理开发

日本计划开发黄河水电及从事土地改良工程布置图

梯级方案》中提出，在黄河干流内蒙古清水河至河南小浪底河段，选择天桥、碛口、禹门口、三门峡、八里胡同、小浪底等20余处坝址，择机开工建设，以保证能源供应。

关于根治黄河，该报告书认为：过去数千年来，黄河泛滥，最根本最重大的原因，是黄土的特性及地上植物稀少所生成的巨大输沙量。解决这种巨大的输沙量，应在黄土高原地区大量植树造林，把防治土壤侵蚀，控制泥沙下泄，涵养水源，调节洪流，作为黄河治本最重要的任务。

报告书对黄河流域的农业、渔业开发也进行了分析研究。预测许多年后，华北地区城市及工业供水可能出现紧张局面，因此主张推行"井渠结合"的灌排体系，减少黄河水资源利用总量，以保证黄河水持续供给。

在这场黄河调查研究行动中，富永正义等人编制的《黄河三门峡发电计划》，浓墨重彩，格外醒目。

在三门峡工程开发方案总则中，他们做了如此描述："在黄河中游河曲、天桥、三门峡、小浪底等11处坝址中，三门峡最值得注目。此处建坝，除能获得莫大电力之外，下游水患即可防止，其效果特为显著，务期从速完成。"

日本人提出的三门峡工程设计方案为：高坝采用混凝土重力坝，工程分两期开发。第一期库水位325米，坝高61米，库容60亿立方米，防洪最大下泄流量为15 000立方米每秒，汛期限制水位319米，不超过陕西潼关1933年大洪水时的水位；防洪最大下泄流量每秒15 000立方米，兴利灌溉面积1500万亩。调节库容20亿立方米。发电出力第一期工程63万千瓦。泥沙处理原则为，大水大沙时敞泄冲沙。水库淹地90万亩，迁移人口13万人。第二期工程，大坝加高至86米，水库最高水位350米，总库容400亿立方米，总装机容量达到112万千瓦，年发电量54亿千瓦·时，淹地260万亩，迁移37万人。淹没处理方式，由电力促进工业吸收一部分劳力，其他人员外迁到黄河下游故道及边远地区。经初步预算，修建三门峡水电站的工程总经费为4.42亿日元。

关于三门峡水库泥沙处理，日本人在报告中提出："黄河含沙量之大，实属惊人。其输沙量大半系在汛期与洪水俱来，若将泥沙全部沉积于库内，仅需三四年，水库即遭淤满。因此应采用不完全沉沙池方式，大水大沙时敞泄冲沙，使河水所挟泥沙半数流向下游，则水库之寿命大可延长。"

为了推进三门峡工程的实施，1942 年 6 月，日本专家进一步编制了《三门峡堰坝筑造计划概要》，从黄河治理、发电、灌溉、航运等 10 个方面对《黄河水力发电调查报告书》进行了充实完善，编制了三门峡工程的施工方案。

更为荒谬的是，1942 年 9 月，日本内阁负责侵华事宜的兴亚院竟然将"治理黄河的对策"提上该院议事日程，决定将建设黄河三门峡水坝作为日本未来的一项重要建设规划。工程建设计划分为两期，1945 年至 1950 年第一期工程竣工，1957 年至 1960 年第二期完成。

第二调查（黄河）委员会综合报告书的编制，历时 4 年，是日本人投入专业人员最多、规模最大的一次研究黄河行动。由此可见，日本侵略者妄图长期侵占中国的狼子野心。

然而，直至二战结束，这些东洋人的黄河研究计划也未能全部完成。1945 年 8 月 15 日，日本宣布投降。伴随侵华战争的落幕，日寇以狂暴激情编织的黄河开发梦也彻底破灭了。

八、黄河回归故道

1943 年，世界反法西斯战争形势发生了重大转折。在欧洲第二战场、太平洋战场正向纵深推进之际，为使饱受战争摧残的国家尽快走出灾难，这年 11 月，44 个国家的代表聚集美国白宫签订协定，决定成立联合国善后救济总署（简称联总），开始制定战后经济恢复计划。中国作为亚洲战场受战争摧残最严重的国家，被列为联总善后救济的重点对象。其中，堵复花园口决口，让黄河回归故道，作为中国战后救济计划重要之举。

1944 年，联总在中国设立分署，国民政府成立了行政院善后救济总署（简称行总）。1945 年 12 月，花园口堵口工程局成立，开始筹划黄河回归故道工程。

　　黄河回归故道，直接涉及解放区的防洪安
全，事关重大。1938 年黄河改道后的 8 年间，
中国共产党领导抗日根据地军民开展了广泛的
游击战争。郑州以下黄河故道至入海口，除开封、
济南等几个少数城市之外，均为中国共产党领
导的解放区。抗战胜利时，冀鲁豫解放区面积
10 余万平方公里，人口 100 余万。山东解放区
面积 12.5 万平方公里，拥有 2400 万人口。该
地沃野千里，为产粮屯兵之处，战略位置十分
重要。另一方面，黄河改道后的战争期间，两

《中国政府与联合国善后救济
总署善后救济基本协定》文本

岸堤防残破不堪，险工毁坏殆尽，已经失去抵御洪水能力。沿岸群众在故
道里开辟田园，建设村庄，居民已达 40 万人。在浚河复堤尚未进行的情况下，
此时实施花园口堵口，引黄河回归故道，无异于造成第二个黄泛区，酿造
一场新的重大水患。

　　为此，1946 年 2 月 13 日，中共中央立即向晋冀鲁豫中央局、华东局发
出电报，指出：黄河一旦归故，极易频发水灾，对下游冀鲁豫解放区人民极
端不利。我们应提出参加有关治河机构，以便了解事实真相，积极应对。同时，
立即动员故道群众，准备修堤整险，保护人民利益。

　　而在国民党当局看来，实施花园口堵口工程，引黄河归故，一来可在
联总援助下洗雪战争期间国民政府扒口之前耻，促使黄泛区经济复兴。更
为重要的是，黄河故道两岸中共占据的解放区已成掎角之势，对国民党军
事布局十分不利。此时引黄河归故，可起到分割解放区之功效，可谓一举
多得。

　　3 月 1 日，国民党政府在花园口开始打桩，动工堵口。国民党各大媒体
也为实施花园口堵口大造舆论，刊文宣称，黄河回归故道工程将于两月内
完成。

这一悍然不顾故道民众安危的行径，很快引起黄河故道民怨鼎沸，成千上万的群众游行请愿，要求暂停堵口，抓紧疏浚河道，修复堤防。全国各界对于国民党政府不顾黄河故道复堤整险、加快实施花园口堵口也深表不满。

中共中央发言人在延安发表声明，严正指出：国民党某些决策者，对迁徙、救济故道居民不负任何责任，坚持两月内在花园口实行合龙放水，这不能不认为是国民党反动派借治理黄河为名，行内战阴谋之实。中共对于千百万人民的生死存亡，决不能坐视不顾！

国民党当局在全国舆论压力下，深恐事情闹大，影响黄河堵口工程进行。于是，共产党、国民党和联总方面派出代表，就黄河堵口复堤问题进行谈判，以求得合理解决。于是，国共与联总三方，围绕黄河回归故道展开了一场唇枪舌剑的谈判斗争。

在此期间，在中共首席代表周恩来领导下，解放区代表与国民政府水利委员会、黄河水利委员会、联总、行总等代表先后进行了菏泽谈判、开封谈判、南京谈判、上海会谈。谈判中，周恩来从国共谈判到中国战后前途，重申了解放区"先复堤，后堵口"的原则立场，以大量事实揭露国民党企图把黄河作为内战工具的阴谋，博得了包括国民党政府工程技术人员的广泛认同。经过几轮谈判，达成了《南京协议》，于上海签订了《黄河问题协定备忘录》。内容包括：花园口堵口工程延期举行，国民政府与联总为解放区黄河复堤工程提供60亿元（法币）工料费、复堤器材，为黄河两岸灾民发放安置救济费等条款。为黄河故道民众争取了应有的权益，赢得了国内舆论的主动。

然而，国民党当局却不顾历次谈判成果，单方面执意推进花园口堵复。特别是6月下旬，国民党20万军队大举围攻中原解放区，内战全面爆发后，更迫不及待地加紧花园口堵口进程。

正在这时，黄河来了一场大水。6月25日，陕州流量4800立方米每秒，加上三门峡至花园口区间支流来水，洪流直向花园口而来。堵口工地处河水暴涨，几天之内，东半部 45 排桥桩被洪水冲得荡然无存。花园口堵口工程首次合龙失败。

1946 年 10 月 5 日，花园口堵口工程重新开工，水利专家们提出了立堵法和抛石平堵法同时进行的方案，国民政府限令堵复工程局务必在 50 日内完成合龙。11 月 29 日，蒋介石密电水利委员会，命令"督饬所属昼夜赶工，并将实施情形具报"。12 月 6 日，为赶运花园口堵口石料，堵口工程局呈请调拨军火列车，蒋介石明确批示：宁停军运，不停河运。

然而，由于当时黄河水深流急，堵口施工接连受挫。12 月 15 日，东部最深一段 80 米长的河槽被填平，桥上 5 条平行轨道铺成，抛石平堵开始。随着石坝逐渐增高，桥前水位抬升，河水流速明显加大，至 12 月 17 日，部分桥桩在水流冲击下发生倾斜，险情未能及时抛石抢护。12 月 20 日晨，4 排桥桩被水冲倒，栈桥再次被冲断。

此时，蒋介石坐立不安，他电令各有关部队加派车辆火速协助运送石料，并严令国民政府水利委员会，堵口工程务须按原定进度在 12 月内完工，不得拖延。

1946 年黄河花园口堵口工程现场

国民党当局严令赶工的电报,一道接一道,压得堵复工程局透不过气来。此时已是数九隆冬,天寒地冻,全河淌凌,大量冰块壅塞至栈桥前,部分桥桩又开始下陷歪斜,经组织力量紧急抢护,栈桥及石坝缺口方得恢复。

1947年1月15日深夜,石坝中部突然下陷4米,形成一个巨大豁口,巨流咆哮而过,桥桩很快被冲断一排,接着全桥出现动摇。随着邻近桥桩相继折断,费尽力气打成的8排桥桩,三天内损毁殆尽,石坝缺口迅即扩宽至32米、深达12米。花园口堵口再次失败。为此,堵复工程局局长赵守钰引咎辞职。

1月28日,国民政府水利委员会委员长薛笃弼带着蒋介石的指令,奔赴花园口堵口工程现场。

凛冽的狂风嗖嗖呼啸,刺骨的河水夹杂着冰凌上下翻涌,柳枝、石料、铁丝笼等料物杂乱地堆放在堵口工地,寥落的气氛使隆冬的花园口愈显寒冷。

一到工地,薛笃弼就接连召开会议,组织工程技术专家分析两次堵口失败的原因,决定用平堵与立堵相结合的方法,配合加强拦河石坝、增挖引河、加筑挑水坝、盘固坝头等措施,日夜赶工,进占堵合。薛笃弼再三强调:"此次堵口关系重大,总裁指示务必于桃汛前实现合龙,不得有任何闪失。"为了督促赶工,他不惜血本承诺,堵口工款超出预算,另行追加在所不惜,人力不够,可再调集6万名民工赶赴工地。

成败在此一举。堵复工程局决定加大抛枕分量,将第一道坝由柳枕改为抛5米长的铁丝石笼,将第二、第三道坝改为推25米长的大型柳石枕。

人推肩扛,棍撬车拉……随着一个个庞然大物推入不断缩窄的口门,水面不断壅高,决口外侧水头随之明显下降。

3月14日夜,几束探照灯照射下,放眼望去,抛投的料物已经露出水面,口门水势大为减弱。放荡不羁的河水终于收敛了冲撞奔突之势。经过几十个昼夜连续奋战,1947年3月15日凌晨3时,随着最后几捆柳石枕的沉落,三道坝相继合龙。

至此，决口八年的花园口堵复合龙，黄河历尽劫波回归故道。

九、人民治理黄河事业的开端

面对黄河回归故道事发，为了保卫解放区人民的家园，1946年初，冀鲁豫解放区、山东解放区根据中共中央指示，决定筹建解放区治河机构，组织群众抓紧展开堤防险工修复等工作，以应对随时可能到来的洪水。由此，拉开了中国共产党领导的人民治理黄河事业的序幕。

1946年春，冀鲁豫解放区黄河水利委员会成立，由王化云担任主任。该机构面临的主要任务是，组织勘察堤防、测量河势，调查河床人口、财产，争取善后救济物资，筹划河床居民迁移安置救济等。

王化云，1908年出生在河北省馆陶县一个书香门第。23岁考取北京大学法学院法律系，毕业后任北平精业中学校长。抗日战争爆发后，回到家乡投身抗日救国运动，历任山东冠县抗日政府县长，鲁西行署民政处长，冀鲁豫行署司法处长、民政处长等职。

接到新的任命，王化云久久心绪难平。自古以来黄河决口改道频繁，下游两岸人民深受泛滥之苦。下游故道历经八年抗战，堤防战沟纵横，险工残破不堪，坝岸毁坏殆尽。眼下，国民党当局急欲堵复花园口，引黄河归故，一遇大水，解放区人民极有可能遭受灭顶之灾，万千家园又将毁于一旦。此时，摆在面前的最大困难是，黄河基本情况不明，技术人才奇缺，治河防洪如一张白纸，怎样保证黄河回归故道后不决口，这是从未有过的严峻挑战。

为此，他决定一边组建机构，招兵买马，一边搜集资料，尽快熟悉历史黄河洪水、堤防险工布局等情况，紧张展开复堤整险工作。根据下游行政区划与堤防分布，冀鲁豫黄河水利委员会下设四个修防处，各修防处分别设立县级修防段，具体复堤任务是第一期工程修补旧堤至1938年改道前情形；第二期任务加高培厚，整理险工；第三期裁弯取直，整治河道。

与此同时，在下游的山东解放区，也成立了山东河务局，故道沿岸各县建立治河办事处。该区的复堤任务是，沿河大堤普遍加高1米，重要险工展宽河槽或开挖引沟，以分泄水势；修整麻湾决口，加修外堤，展宽河面。渤海行署要求各县加强修堤组织工作，动员群众麦收期间不停工，争取尽早完成复堤工程。

经过充分动员，1946年6月上旬，冀鲁豫解放区沿河18县23万民工，在西起长垣、东到齐禹长达300公里的堤线展开复堤整险。山东解放区沿河19个县20万民工，在90多公里长的堤防摆开复堤战场。分得土地的翻身农民，怀着保卫黄河、保护家园的激情，把修复黄河大堤作为一项战斗任务，自带工具赶赴工地，锹镐挥舞，车推肩扛，展开了轰轰烈烈的复堤斗争。

经过一个多月艰苦奋战，解放区第一期复堤工程基本完成，残破的大堤得到初步恢复。联总、行总人员在解放区黄河复堤现场，目睹热烈的劳作场面，深感震撼，称"此次修堤规模之宏大，为黄河史来所未有"。

1947年汛期，黄河洪水安澜入海，解放区军民赢得了黄河归故后第一

1947年黄河下游两岸解放区人民群众抢运治河料物

个伏秋大汛的胜利。此时，解放战争正在激烈进行。国民党军事当局企图凭借黄河天险，把冀鲁豫解放区、山东解放区的中共军队挡在黄河以北，聚而歼之。

中共中央及时洞察到国民党"兵力分散，中间空虚"的军事布局，指示刘伯承、邓小平率领晋冀鲁豫野战军实施中间突破，渡过黄河，挺进大别山。1947年6月30日夜，明月当空，河水哗哗，刘邓大军12万将士，在2800名黄河水手摆渡下，一举突破国民党军队的黄河防线。接着，经过长途行军和迂回战斗，于8月底完成千里跃进大别山的壮举，从而揭开了解放战争战略进攻的序幕。

1948年汛期，大河流路尚未规划顺畅，堤防险工仍很薄弱，黄河多处出险，尤以黄河南岸东明县境的高村险工最为严重。

高村是黄河下游"豆腐腰"河段的一处重要险工。一进汛期，高村险工就接连出险。由于黄河在北岸坐弯，调头向南，大溜直冲坝体，接连发生坝基坍塌、埽坝冲毁等重大险情，防洪形势危急。

正当此时，国民党军飞机却对黄河堤防进行猛烈轰炸，炸死炸伤治河员工及防汛群众200余人。7月下旬，国民党军队占领高村抢险工地，烧毁料物，割断绳缆，驱散上堤抢险群众，致使高村险工险情急剧恶化。

针对国民党军队阻挠破坏抢修黄河险工的残暴行径，7月27日，中共中央发言人发表严正声明，指出："如国民党及其军队视人民生命为儿戏，继续破坏当地人民救死求生的努力，致使黄河决口，一切后果，应由国民党政府负完全责任，其罪责将受到历史和人民的审判。"

7月30日，在解放区武装部队掩护下，高村险工抢护重新展开。面对洪水猛烈淘刷，险情继续扩大，紧急增调郓城、范县、濮阳、长垣等修防段的工程队赶往增援。沿河各县民众紧急动员起来，南北两岸民众出动1200多辆大车，将各种抢险物资源源不断运到工地。经过解放区军民56个昼夜的连续奋战，终使高村险工转危为安。

1948年岁尾，毛泽东代表中共中央发表新年献词《将革命进行到底》。

打过长江去，解放全中国。中国共产党表明了消灭一切反动势力夺取革命胜利的坚定决心。

1949 年初，随着黄河两岸战争的结束，华东、华北、中原三大解放区由黄河分区治理走向联合治理，群众性防汛组织与防汛制度逐步健全，黄河防汛工作得到了一定加强。

但是，由于黄河堤防险工基础薄弱，防汛形势依然十分严峻。1949年 7 月至 9 月，黄河先后 7 次涨水。9 月 14 日，花园口站出现洪峰流量 12 300 立方米每秒，陕县站 10 000 立方米每秒以上的流量持续 99 小时。洪量大，水位高，历时长，漏洞、管涌、塌坡等重大险情接连发生，人民治黄面临着一场更为严峻的考验。

此时，既定的开国大典即将举行，新生的人民共和国就要诞生。在此重要关头，人们都有一个共同的信念：决不能让黄河出问题！

面对来势汹涌的洪水，平原、河南、山东三省党政军民迅速组成 40 万抗洪大军，沿岸十几个县市的数千辆（艘）车、船，满载着秸料、柳枝、砖石、大绳、木桩、麻袋等防汛物资运往堤防险工，全力以赴抗洪抢险，与洪水展开了殊死搏斗。

随着开国大典日近，人们的心也绷得越来越紧。超高水位已持续多日，悬河水面比背河的树梢还高。由于水流压力急剧增大，沿河堤防出现多处管涌，直往外冒。如果抢堵不及，随时都有可能造成溃决。

"绝不能让黄河决口的悲剧重演！"一种巨大的历史责任感，在大河上下涌起钢铁般的意志。巡堤队员严密把守每一段堤坝，发现漏洞，立即组织堵塞。如抢险队一时赶不到，就跳进水中，以躯体先行堵住洞口。沿河群众表现出了高度的自觉性和极大防洪热情。有一位刚过门的新媳妇，为了堵塞漏洞，把自己刚陪嫁的被子都塞进了洞里。

经过 3 个多月顽强拼搏，黄河抗洪斗争取得了全面胜利。1949 年 10 月 1 日，毛泽东主席在天安门广场向全世界庄严宣告：中华人民共和国中央人民政府成立了！

　　千里之外的黄河大堤上，数十万抗洪军民以确保黄河安澜的伟大胜利，为新中国诞生献上了一份厚礼。古老的黄河，从此进入历史新纪元。

第八章 沧桑巨变

　　中华人民共和国成立后，中国共产党领导全国各族人民，披荆斩棘，砥砺奋进，不断创造伟大奇迹。伴随着社会主义革命和建设的豪迈步伐，让黄河除害兴利，为中华民族造福，成为治国理政的重要组成部分。在党和国家高度重视与坚强领导下，古老的黄河沧桑巨变。黄河防洪工程体系不断加强，彻底扭转了几千年来频繁决口改道的险恶局面，创造了黄河岁岁安澜的历史奇迹，有力保障了黄淮海大平原人民群众的生命财产安全。黄河水利水电资源得到开发利用，为流域和相关地区提供了宝贵水源和强大动力，黄河上中游地区水土流失治理成效显著，黄河治理开发事业取得了举世瞩目的巨大成就。

一、人民的胜利

　　1949 年 10 月 1 日，中华人民共和国宣告成立，中国共产党成为在全国范围执掌政权的党，领导全国各族人民揭开了建设新中国的历史新篇章。

　　鉴于黄河在国家政治经济全局中关系重大，党和国家决定对黄河从根本上治理，让古老的黄河变害为利，为中华民族造福。在黄河下游治理方略上，采取宽河固堤措施，通过实施废除旧民埝、发挥宽河道滞洪削峰作用，开辟分滞洪区防御超标准洪水，开始规模宏大的第一次大修堤，为抵御黄河洪水灾害奠定了基础。与此同时，以创建人民胜利渠为标志，黄河兴利也揭开了新篇章。

　　人民胜利渠原名为引黄灌溉济卫工程，渠首闸位于河南省黄河北岸武陟县秦厂村。其开发目标是，引黄河水灌溉河南武陟、获嘉、新乡、原阳、延津、卫辉等地 72 万亩农田，并补充卫河水量，扩大从新乡至天津的内河航运。

　　新中国成立之初，在 1949 年 11 月全国水利联席会议上，黄河水利委员会即向国家正式提出了修建这一工程的建议。然而，对于兴建此项工程当时却产生了很大分歧。持反对意见者认为，开国伊始，当务之急是集中力量加强下游防洪工程建设。而在黄河大堤上开口建闸，从头顶上的悬河里引水灌溉，古来未有，风险太大。支持兴建者认为，让黄河兴利是建设新中国的需要，利用可能的条件兴办中小型灌溉工程，助力沿河群众发展生产，是必要的。引黄济卫灌溉工程已经具有较好的前期工作基础，应积极推进，尽快兴建。

　　经过反复论证，1950 年 10 月，政务院批准了引黄灌溉济卫工程计划书。黄河水利委员会立即组建强有力的阵容，迅速展开灌区调查、科学试验、规划设计、编制施工计划等技术工作，并聘请清华大学教授张光斗负责渠首闸的工程布置和结构设计。

　　1951 年 3 月，引黄灌溉济卫工程正式开工。为了确保顺利施工，黄河水利委员会专门成立了引黄工程指挥部，下设 5 个施工所、3 个转运站、2 个水土工程指挥部。奉调参加施工的 500 余名干部、1 万多名工人，热情高涨，掀起了如火如荼的"红旗运动"。工地与工地、班组与班组发起了劳动竞赛。闸门修建、渠道开挖、土方施工等，工效普遍提高。

　　1952 年 4 月 12 日，引黄灌溉济卫工程一期工程竣工。放水典礼之日，许多群众从几十里以外赶来，目睹那激动人心的时刻。当引黄闸门徐徐提起、黄河水欢快地从闸门涌出时，围守在总干渠两旁的群众一片欢腾。他们注视着流往远方田间的河水，动情地说："我们再也不怕棉花开花不结桃，麦子长穗不结粒了！"

　　在典礼现场，平原省人民政府副主席罗玉川深受人民群众热烈情绪的感染，提议把这一工程改名为"人民胜利渠"，立即得到现场人们的热烈鼓掌赞同，人民胜利渠由此得命。这年 10 月毛泽东主席视察黄河到此听了汇报，也盛赞"人民胜利渠"这个名字起得好。当时毛主席还饶有兴趣地和大家一起摇动渠首闸摇把，启动闸门升起，并意味深长地说："水利是农业的命脉，沿黄每个县都建一座引黄闸就好了！"

　　1952 年 12 月，人民胜利渠第二期工程及沉沙池扩建完成。次年 8 月工程全面竣工，共修建各种渠道 12 000 余条，总长 5700 公里，完成土方 1600 万立方米，修建渠系建筑物 1400 余座。这是当时华北地区最大的引黄灌溉工程。工程建成当年，就发挥了 23 万亩农田的灌溉效益。

　　在此之前，豫北地区由于频受干旱、盐碱等自然灾害的影响，农业生产条件极其恶劣。紧邻黄河大堤的武陟县詹店镇，却严重缺水，完全靠天吃饭。在黄河背河洼地，因地下水位高，排水条件差，表土盐碱化严重，冬春季节白茫茫，夏秋积涝水汪汪，地下水含盐量高，又苦又咸，难以饮用。由于农作物很难成活，当地群众过着"糠菜半年粮"的艰苦生活。许多人被迫背井离乡，外出逃荒要饭。

　　人民胜利渠建成后，先后经过几次续建和扩建，干支渠系进一步完善。

人民胜利渠渠首闸

实行渠井结合、井灌井排，以控制地下水位，保持水量平衡。利用完善的灌溉和排水工程体系，充分利用黄河水沙资源，灌区的洼碱荒地和低产田得以改良。以前寸草不生的碱荒地、风沙弥漫的沙荒地、杂草丛生的沼泽地，逐步变为麦棉轮作或稻麦双收的高产稳产田。灌区内平均粮食单产比开灌前提高 10 倍，棉花单产是开灌前的 5 倍。黄河北岸原阳县的知名品牌"黄河晴"大米，远销国内外。截至目前，人民胜利渠灌溉总面积达 88.5 万亩，共计引黄河水 370 多亿立方米。人民胜利渠成为黄河下游引黄灌溉的一面旗帜，被誉为"新中国引黄第一渠"。

几十年来，黄河下游引黄灌溉方兴未艾，昔日的沙荒盐碱不毛之地变成了沃野良田。千百年来，饱受黄河洪水蹂躏的下游两岸，嬗变为国家重要的商品粮基地。高高隆起的"地上悬河"虽然对黄河防洪不利，但在兴利灌溉上，却如同一条巨型输水总干渠，为两岸地区自流灌溉提供了得天独厚的条件。下游沿河 100 多个县建起了引黄工程。河南省郑州花园口引黄工程，不仅农业增产效益显著，使这里成为闻名的"鱼米之乡"，而且淤平了 1938 年掘堤决口遗留的大潭坑，生态环境大为改善，成为全国水利风景区。山东省打渔张引黄闸，从起初的引黄灌溉发展为引黄济青工程渠首，受益人口近 2000 万，为解决青岛市城市用水、沿途农业用水及生态补水发挥了重要作用。

在下游引黄灌溉开创新局面的同时，黄河上中游地区的古老灌区，通过整修改建与新建，也焕发了青春活力。

位于内蒙古和宁夏境内的河套灌区，历史上被誉为黄河"唯富一套"之地，但在新中国成立前，多数灌区工程简陋，年久失修，渠系紊乱，缺乏排水系统，灌区内积水连片，盐碱化土地日益增多，农业生产一直处于较低水平。新中国成立后，青铜峡、三盛公大型水利枢纽的修建，结束了无坝引水的历史，灌溉保证率显著提高，土地盐碱化得到明显改善，有效灌溉面积增加到 1000 万亩，约占河套灌区全部面积的 90%，为当地农业发展做出了重要贡献。

新中国成立后，古老的宁夏平原灌区获得了新生

随着黄河水电能源的开发，黄河上中游高扬程电力提水灌溉迅速发展起来，有效缓解了沿河地区干旱缺水困难。

位于腾格里沙漠边缘的景泰川，濒临黄河，但由于河水深达几百米，千百年来人们只能望河兴叹。"山下黄河滚滚流，山上吃水贵如油"，就是当地人民遭受干旱之苦的真实写照。景泰川电力提灌工程建成后，千年夙愿得以梦圆。峡谷中奔腾的黄河水被提到700多米高的大地，通过密如蛛网、凌空飞架的渠道，流入碧绿条田，犹如母亲的乳汁，潺潺流淌，迤逦而来，唤醒了沉睡千年的山川，抚慰着这片长久干渴的土地。灌区内茫茫荒滩变为万顷良田，绿树成行，形成了阻挡腾格里沙漠向南延展的绿色屏障。灌区年平均风速由造林前的3.5米每秒降低到2.7米每秒，年蒸发量由3390毫米减少到2363毫米，生态环境转向良性循环。

位于山西中部和陕西关中地区的汾渭灌区，是黄河中游的两片最大灌区，通过续建扩建完善已有灌区，采取"蓄引提并举，大中小结合"等综合措施，灌溉面积迅速扩大，建成拥有实际灌溉面积2200多万亩的灌溉体系，成为晋、陕两省的主要粮棉生产基地。

截至目前，黄河流域已建成各类水库蓄水工程 19 025 座，总库容 720 亿立方米；引水工程 12 800 座，提水工程 23 600 处。全流域及下游引黄地区灌溉面积由 1949 年的 1 200 万亩发展到 1.2 亿亩，黄河流域成为国家重要的粮棉生产基地。

黄河流域灌溉事业的历史性成就，充分体现了只有在中国共产党领导下，中国农业生产条件和农村生态环境才能发生如此巨大的变革，只有在社会主义制度条件下，才能完成这样惠及千万人民的宏伟工程。

二、一部划时代的国家宣言

在新中国历史上，1955 年全国人民代表大会审议通过《根治黄河水害和开发黄河水利的综合规划》，是一个具有划时代意义的重大事件。

新中国成立后不久，中苏两国政府商定把治理开发黄河作为苏联援华的 156 个项目之一，苏方派遣大批水利水电专家来到黄河。我国政府专门成立了 170 余人的黄河规划委员会，中苏专家组成了阵容强大的黄河查勘团，从下游河道到干流峡谷坝址，从中游水土流失区到上游古老灌区，对黄河进行了全面查勘。经过精心计算、坝址比较、反复论证，专家们编写出了《黄河综合利用规划技术经济报告》。之后，国务院组织有关部委进行了认真审查，征求意见，修改完善。中共中央政治局会议研究决定，由国务院将这部黄河治理开发综合规划提交全国人民代表大会审议。

1955 年，火热的 7 月。中华人民共和国第一届全国人民代表大会第二次会议在北京中南海怀仁堂隆重举行。

"各位代表，国务院根据中共中央和毛泽东同志的提议，请求全国人民代表大会采纳黄河规划的原则和基本内容，并通过决议，要求政府各有关部门和全国人民一致努力，保证黄河综合规划第一期工程计划实现！"

国务院副总理邓子恢代表国务院向全国人大所做的《关于根治黄河水害和开发黄河水利的综合规划的报告》一结束，怀仁堂大厅内，顿时爆发出雷鸣般的掌声，一种气壮山河的激越之气达到了顶点。

端坐在怀仁堂大厅的新中国主人们，深深感受到了这部报告的重要分量。它一万八千言，经天纬地，林林总总，囊括了中国有史以来第一部黄河治理开发综合规划之精要，使全国人大代表们沉浸在亢奋之中。

黄河规划报告称：从青海上游到豫鲁下游的万里黄河上，将修建起46座拦河大坝，把千古黄河变成一条"梯级河"。届时，滚滚河水发出的强大电流，输往神州大地；河水经过调蓄，灌溉土地面积将扩大到11 600万亩。黄河干流基本全线通航，500吨拖船自渤海湾直驶甘肃兰州，千古天险由此成为黄金水道。黄土高原，节节蓄水，分段拦泥，泥沙淤积以至洪水为害问题将得到彻底解决。水害得其治，水利得其兴，黄河永远不泛滥、不决口、不改道。世代人们所梦想的黄河安澜就要在新中国实现了！

该报告旗帜鲜明地宣称：我们要彻底征服黄河，改造黄河流域的自然条

1955年7月一届全国人大二次会议通过黄河综合治理开发规划

件，以便从根本上改变黄河流域的经济面貌，满足现在的社会主义建设时代和将来的共产主义建设时代整个国民经济对于黄河资源的要求。

一部划时代的国家黄河规划横空出世！

走出会场，代表们不论是否认识，都想用话语来表达自己内心的激动与喜悦。微笑，握手，用力拍一下对方的肩膀。一双双明亮的眼睛，透射出久久无法平静的心情。

"这太好了，太好了！"一位留着长长胡须的人大代表笑着连声说。

"你们知不知道黄河大水的厉害，我是解放前被黄河水冲毁家园，逃到上海打工的。"一位祖籍安徽的劳动模范用高亢激昂的嗓音，讲述着当年遭受黄河洪灾的切肤之痛。

"同志，你讲讲，什么叫梯级黄河？ 500 吨的驳船是怎么从黄河口行驶到上游兰州的？"

散会许久，不少代表仍然沉浸在黄河报告的极度兴奋之中。人们怎能不为中华民族的母亲河的光辉前景而欢欣鼓舞呢！

悠悠长河，漫漫时空。自古以来，黄河在孕育华夏文明的同时，也给中国人民带来了万千劫难。滔滔洪水像一匹脱缰的野马，常常一怒之下决堤四溢，吞没村庄和良田。据史料记载，自周定王五年（前 602 年）至中华人民共和国成立前的 2500 多年间，黄河共发生决溢 1590 余次，大的改道 26 次。三年两决口，百年一改道，洪水肆虐，生灵涂炭。不但如此，黄河流域的旱灾也频频将人们推向死亡线上，赤地千里，民众相食，饿殍遍野，白骨累累。苦难深重的水旱灾害，像一场永不谢幕的历史悲剧，轮番上演。"俟河之清，人寿几何？"几千年来，面对洪水横流，人们只有数不尽的低沉、骇叹与悲凉。

如今，中华人民共和国成立了，中国人民从此站起来了，新中国建设高潮迭起。然而，西方资本主义学者还在那里热嘲冷讽，说什么"中国的黄河不可能被征服，要不了多少年，华北平原就将成为沙漠一片"。

眼下，全国人民代表大会审议通过的黄河治理开发综合规划，连同回荡在怀仁堂的雷鸣般掌声，将黄河洪水忧患的阴云以及那些资产阶级老爷的预言一扫而尽。

许多代表心如潮涌，喜极而泣。

宋庆龄，全国人大常委会第一副委员长。谈起这部黄河规划报告，她端庄雍容的面庞洋溢着异常兴奋的神采："我们的五年计划是和平建设的计划，它集中表示了中国人民对于建立和平生活的长久愿望。我们要用几十年的时间来根治黄河，把这条曾经带给我们祖国无穷灾患的河流，改造成为子孙后代无限幸福的泉源。如果没有长期和平建设的决心，我们的祖国能够这样做吗？"

另一位副委员长，70岁的李济深，北伐战争时期曾任国民革命军总参谋长、黄埔军校副校长，历史上曾三次被国民党开除党籍。抚今思昔，他感慨万端："这次会议使我感到无比兴奋的是，更有一个根治几千年无法治理的为患最烈的黄河治理计划。这个宏伟计划，不仅在我国几千年历史上是空前的，在世界各国也很少见。这使我深深地体会到，有了共产党和毛主席的领导，即使是历史上从不能克服的自然灾害，我们也是能够战胜它的！"

此时，著名水利专家、水利部副部长张含英的脑海中正流动着一部近代黄河史。新中国成立前他曾任黄河水利委员会委员长、北洋大学校长。作为新旧两个时代的见证人，他不胜动情地说："我从初临黄河，至今整整30年。我梦寐以求的根治黄河，在过去时代里只是幻想。如今我国历史上第一部彻底消除黄河水害的伟大计划，集中体现了千百万中国人民的愿望。"

"黄河之水几时清？人的生命几时完？"当年风华正茂的郭沫若，曾以这悲愤激烈的黄河诗句，呼唤"光明的女神之再生"。新中国成立后，作为一代文史大师，他当年《洪水时代》的诗中"我若不把洪水治平，我怎奈天下的苍生"，又被引用在这部黄河治理开发综合规划报告中，表达新中国治理黄河的责任与决心，他胸中怎能不激流澎湃？

对于头发灰白的全国人大常委会委员长刘少奇来说，感奋的心情尤为不同寻常。前不久，他在中南海西楼会议室主持中共中央政治局会议，研究决定将这部黄河规划提交全国人大会议审议。人大会议上，看到党中央的决议得到全体代表一致通过，根治黄河水害，造福中华民族的历史使命感，从这位无产阶级革命家的心底奔涌而来。

人们都在深情地为未来的黄河畅想着，为中国人民祝福着。

"三门峡、刘家峡等一系列水库建成后，黄河就不再有决堤改道的危险了。"

"黄河梯级水电站建成，发出的电力相当于上海电量的 106 倍，中国北方就有足够的能源了。"

"规划完成时，我们的劳动模范、战斗英雄和红领巾小朋友们，也可以像苏联人游憩伏尔加河那样，在黄河中荡漾了。"

"黄土高原水土保持显著生效时，家家流水、户户垂杨的情景，就会出现在塞北高原上了。"

一部划时代的国家宣言，满载着中华民族的世代理想，以波澜壮阔之势，在人们胸中奔腾流淌，在神州大地上铺展开来。

三、战胜 1958 年大洪水

1958 年 7 月 17 日，子夜，河南郑州。黄河下游堤防全线偎水，浊浪翻卷，惊涛拍岸。黄河防汛总指挥部内，急促的电话铃声不断传来最新的雨情汛情动态。对黄河防汛总指挥部的人们来说，这注定又是一个不眠之夜。

20 世纪 50 年代，是黄河的丰水期，1953 年、1954 年、1957 年，郑州花园口连续出现超过 10 000 立方米每秒的洪峰。1958 年一进入汛期，晋陕区间、渭河中下游、伊河、洛河、沁河即连降大到暴雨。从 7 月 14 日开始，暴雨笼罩区域 86 000 平方公里。持续的高强度降雨，使黄河下游接连出现 5000 立方米每秒以上的洪峰 13 次，10 000 立方米每秒以上洪峰 5 次。

7 月 16 日 20 时至 17 日 8 时，黄河中下游干支流再降暴雨。罕见的高强度、大面积降雨,致使黄河干流与支流伊河、洛河、沁河并涨,洪峰叠汇,来势迅猛,黄河防汛面临最为紧张的形势。

"根据降雨情况推算,花园口站洪峰流量可能超过 20 000 立方米每秒!"

20 000 立方米每秒! 对于黄河下游防汛来说,这是个生死数字啊。此时,黄河防汛总指挥部常务副总指挥、黄河水利委员会主任王化云深感肩上的责任重大。

人民治理黄河十几年来,他每年都与黄河打交道,那全线偎水、惊涛拍岸的险峻形势几番领教,数度苦斗,无不是惊心动魄之后伴随着几分余悸。目前,面临这场新中国成立以来黄河出现的最大洪水,险工坝岸是否固实,千里堤线能否顶得住,人员实战如何,沿河各地抗洪部署是否达到万无一失,许多环节都面临着更为严峻的考验。

王化云要求黄河防汛机构密切注视水情变化,及时做出后续洪水预报,并以黄河防汛总指挥部名义向河南、山东两省发出紧急通知,要求动员沿黄军民加强防守,同时做好河南省长垣县石头庄溢洪堰分洪等准备工作。

黄河干流三门峡至花园口区间的洪水一直在上涨。据 7 月 18 日最新水情报告,花园口水文站洪水位达到 94.42 米,花园口站洪峰流量将达到 22 000 立方米每秒,已经超过了设防水位,形势十万火急。

按照国家批准的防洪预案,当花园口发生 20 000 立方米每秒洪水时,为确保山东窄河段防洪安全,可相机爆破石头庄溢洪堰利用北金堤分洪。此时,河南省委负责同志已率领公安干警带着分洪爆破设备赶赴分洪现场。

洪水是否还会继续上涨,难道真要走分洪这步棋吗? 王化云双眉紧锁,脸色凝重,心跳加剧,全身感到一种从未有过的负重和压力。

此时动用分洪这张"王牌",无疑是顺理成章之策。然而,此举却非同小可。那广阔的滞洪区内有 100 万人口,200 万亩耕地,运用一次,安置受淹灾民、补偿淹没损失、重建灾区家园,国家将付出 4 亿多元之巨。更何况,短时间内百万人大迁移,绝不是轻而易举之事。100 万人哪!

不分洪? 一旦下游堤线失守,河防不保,导致黄河决口,那将酿成更为惨重的巨大灾害！新中国社会主义建设正在蓬勃兴起，这时如果发生黄河大堤决口，如何向新生的共和国交代，如何向全国人民交代，这是要承担巨大历史罪责的呀！

分与不分，一字千钧。在此严重的抉择关头，王化云经与防汛技术专家共同认真分析判断，认为：此次洪峰虽然来势凶猛，但特点是峰高量小，洪峰尖瘦，后劲已显不足。几年来，黄河堤防经过培修加厚，河道形势明显改善，黄河抗洪能力有了增强。治黄职工和沿河群众经过防洪斗争锻炼，政治觉悟空前高涨，抢险技术进一步强化。如此，依靠现有堤防工程和下游抗洪大军严密防守，及时抢险，不使用北金堤分洪区蓄滞洪水，取得抗洪胜利是可能的。据此分析，王化云与河南、山东两省会商后，毅然向中央提出了"不分洪，加强防守，战胜洪水"的决策建议。

7月18日，正在上海开会的周恩来总理接到报告，当即中止会议飞临黄河。这时，郑州黄河铁桥被剧烈的河水冲垮两孔，京广铁路大动脉中断，洪水正向下游汹涌推进。在抗洪现场，周恩来全面听取了黄河水情、堤防险工和防洪部署的汇报，经过审慎思考，决定批准不分洪的防洪方案。

在黄河铁桥现场，周恩来冒雨和大家研究抢修铁路大桥方案，并作了现场讲话。他赞扬工人同志们是水上英雄，勉励大家同暴风雨、洪水做斗争，尽快修复黄河大桥，疏通京广铁路，恢复南北交通。全河上下，众志成城，要战胜洪水。

总理亲临抗洪一线，极大鼓舞了人们战胜大洪水的信心和决心。河南、山东两省党政军民和黄河职工组成的200万抗洪大军，斗志昂扬，严守堤防，"全力以赴，战胜黄河大洪水"，成为千里大堤上下的坚定意志。

这场历史罕见的洪水，正在以汹涌的气势咆哮而下，千里盈堤，惊涛拍岸，险情不断。郑州花园口以下河段首当其冲，"豆腐腰"河道宽浅散乱，游荡剧烈，河势多变。兰考东坝头以下400公里河岸超过保证水位。山东窄河段，险工漫流过顶，波涛激荡，骇浪震天，形势危急。人在堤在，众志成城。200万军民排成一道抵御洪水的"血肉长城"，与汹涌洪水展开了激烈搏斗。

历史记录下了一个个壮烈感人的抗洪斗争场面。

一天，张庄园引黄闸突然出现裂缝，洪流不停夺口而出，解放军某部战士奋不顾身跳入激流之中，用身体堵住裂缝，直到抢险队员赶到排除了险情。

河南原阳一位农村妇女，连夜冒雨跋涉 5 道深沟，推着独轮车将防汛秸料送往抢险工地，支援抗洪前线。

山东齐河两位少先队员巡水，发现堤身骤然出现碗口大的漏洞，急忙奔走呼喊报警。千余名抢险队员闻讯及时赶到，纵身跃入激流，探摸洞口，奋力抢堵，终使险情化险为夷。

山东东平湖堤防漫顶后，抢险群众一个昼夜之间突击加修子埝 600 公里，以"誓与大堤共存亡"的坚强斗志，挽手并肩，在堤顶排成一道"人墙"，阻挡风雨，遏制了洪水溢堤成灾。

河南、山东两省 200 万军民勇战 1958 年黄河大洪水

在黄河抗洪的关键时刻，党中央、国务院及时调动解放军陆、海、空军和炮兵、通信兵、工程兵等部队，动用飞机、橡皮船和救生工具，投入守堤抢险和抢救滩区受灾群众。全国各地调运来200多万只麻包、草袋，木材、铅丝等大批防汛物资，赶运黄河防洪一线。沿河各地的工人、农民、学生和社会各界人士，都义无反顾地投入浩浩荡荡的黄河抗洪大军。

7月27日，新中国成立以来洪峰流量22 300立方米每秒的黄河最大洪水，终于安澜入海。一场罕见的黄河大洪水，在党中央、国务院坚强领导、统一部署和正确决策下，几百万黄河抗洪大军顽强拼搏，确保了黄河安澜，避免了使用北金堤滞洪区的重大损失，取得了这场抗洪斗争的全面胜利。黄河两岸广阔的大平原上，安宁祥和，秋禾繁茂，千家万户传出了欢声笑语。

而与1958年这场洪水相似的民国时期1933年黄河大洪水，陕县站洪峰流量22 000立方米每秒，下游两岸决口50多处，河南、河北、山东、江苏四省30个县被淹，273万人受灾，死亡1.27万人。

大河奔流，青史作证。一场场黄河抗洪斗争的伟大胜利，宣示了这样一个历史真谛：只有在中国共产党领导下的社会主义中国，才能确保黄河安澜，才能治理好黄河，使之为中国人民造福。

四、万里黄河第一坝

根据第一届全国人民代表大会第二次会议关于黄河规划及第一期工程的决议，1957年4月13日三门峡工程破土动工。

千万年来，这里陡峭峻拔的鬼岛、神岛、人岛，把凶猛的河水裁成三股。洪流激荡，乱石崩云，惊涛拍岸，漩涡翻腾，曾令多少人胆战心惊。

如今在新中国，这里将建起万里黄河第一坝。根据最初的设计，拦河大坝长908米、高106米，黄河水被大坝拦腰截断，将形成一个2350平方公里的峡谷平湖。整个工程，需要开挖岩石和浇筑混凝土350多万立方米，挖填土方1200万立方米，安装各种动力设施及金属构件5万多吨。三门峡工程的高度相当于一座 35 层大楼，比当时上海的最高建筑物国际饭店还高；挖填的土方可以把 3 个颐和园的昆明湖填满；需要浇筑的混凝土能装满 10 万辆 50 吨货车，这些车连接起来可以从北京一直排到武汉；其单台发电机的庞大身躯，24 个人才能把它合围。

在隆隆巨响的开山炮声中，一场空前规模的工程战役打响了。举国声援，万众瞩目。黄河三门峡，成为 20 世纪 50 年代中国一道亮丽的风景线。

然而，在激越的施工脚步声中，三门峡大坝高程的设计指标一直争议未决，时时困扰着周恩来总理的心。

1955 年一届全国人大二次会议批准黄河综合治理开发规划之后，鉴于三门峡工程关系治理黄河全局，且当时国内水电工程设计的经验不足，中国政府决定委托苏联专家进行工程轮廓设计。1956 年 4 月苏联专家编制的《三门峡工程初步设计要点》出台，内称："经多种方案比较，三门峡水库正常高水位不应低于 360 米，如考虑水库寿命 100 年，最高水位则应提高到 370 米。"

这一方案，比中国国内原先提出的技术经济报告中三门峡水库水位高程又提高了 10 米。提高 10 米，意味着又要多淹黄河中游关中平原 126 万亩耕地，增加移民 30 万人！

为此，清华大学教授黄万里率先对"苏联三门峡方案"提出反对意见。他在上书国家黄河流域规划委员会的《对于黄河三门峡水库现行规划方法的意见》中，运用河流动力学及技术经济理论对三门峡工程的效益进行了分析，认为："筑坝利弊相伴而生，在调节水流的同时也破坏了水沙自然运行。那种把泥沙留在水库里的设计思想是错误的。可以想见，不须等到泥沙把水库淤满，今日下游洪水为害将在中游出现。"于是他建议："经济合理的大坝高度应比现行方案为低。同时，三门峡工程设计应在坝底留有容量相当大的泄水洞，以便来年认识到需要水库冲沙时，能够重新把大坝底孔打开。"然而，在当时"黄河清"的热流涌动之中，黄万里的意见非但没有引起重视，而且被作为"反党言论"，说他否定三门峡水库的重大作用，企图造成治理黄河思想的混乱。随着批判的调子越来越高，斗争的性质一再升级，他被定为"右派分子"，教授职称也由二级降为四级。

接着，陕西省对于三门峡水利枢纽工程高坝大库方案也表示出强烈反应，请求国家黄河流域规划委员会降低大坝高程。

为了进一步倾听各方面意见，尽快把有关问题定下来，1958 年 4 月 21 日，周恩来总理抵达三门峡工地召开现场会。此时峡谷中，人门岛、梳妆台已经削平，神门岛被劈掉大半，施工围堰突兀而起，基础底坑开挖正紧，建设者正在激烈开展着劳动竞赛。

在现场会上，陕西方面反应强烈。从省委书记到相关厅的厅长，个个泪水盈眶，他们向总理汇报说：陕西省的耕地 85% 是山地，平原只有 1000 多万亩，而三门峡水库淹没的都是平原高产区。用迁移七八十万人的代价，换取一个寿命只有 50 年至 70 年的拦沙库，很难向陕西人民交代。因此，

三门峡水利枢纽建设初期施工现场

我们坚持要求降低三门峡水库大坝设计高程,正常水位不能超过340米。

"按340米高程设计?"听到这里,水电部和三门峡工程局的领导同志皱起了眉头。大坝高程从360米降到340米,库容几乎损失1/3。建这么低的大坝,既不能彻底解决黄河洪水问题,又不能获得最大的综合效益,还谈什么根治黄河开发水利!于是他们表示:360米高程不应改变!

两种观点,针锋相对。良久,周恩来一直缄默不语。兴建三门峡工程已通过全国人大决议,势在必行。他想,目前迫切需要解决的问题,一是大坝修筑多高、蓄水到什么位置,这直接牵涉到淹没和迁移人口的多少;二是泄水深孔究竟定到什么位置,能冲走水库中多少泥沙。在如此严重的纷争中,怎样找出一种各方都能够基本接受的方案呢?

周恩来走出会议室,在山风习习的河谷间察看,在热潮奔涌的工区里和工人们交谈。奔腾的黄河水浩荡而去,吊桥飞架,钻机轰鸣,风餐露宿,忘我劳作,洋溢着黄河建设者气壮山河的战斗意志和爱国情怀。

回到会场,周总理鞭辟入里,侃侃而谈:如果说这次是拿三门峡水库作为一个中心问题,进行百家争鸣的话,那么现在只是个开始,还可以继续争鸣下去。为什么三门峡工程开工一年多,对于水库淤积问题还有各种各样的分歧和争论呢?其原因就是因为当初做规划的时候,对黄河研究不够造成的。必须肯定,修建三门峡水库主要是为了解决防御特大洪水而修建的,因此,这座水库的目标应以防洪为主。下游五省人口稠密,一旦决口改道危害极大,因此必须以确保黄河防洪安全为主。当然,水库蓄水防洪也要有个限度,那就是不能损害西安。否则,中央不能通过,全国人大不会接受,也不可能决定兴建三门峡工程!

针对大坝设计高程问题,周恩来说,"根据计算,防洪运用不超过340米是可能的"。为打消陕西省的顾虑,周恩来提出了一个折中方案:暂且维持坝高350米设计不变,先满足工程施工推进的要求,待水库建成后降低运用水位,不超过340米。说到黄土高原水土保持生效的速度,周恩来说:"任何事情总有左、中、右,在控制黄河泥沙问题上,如果我估计保守了,我甘愿做个愉快的右派！"

一场难断的三门峡大坝高程公案就此拍板定局。

经过三年多艰苦奋战，1960 年 9 月，三门峡大坝下闸蓄水。巍峨的大坝如一把倚天立地的巨型宝剑，将黄河拦腰截断，峡谷出现了平湖。

按常规，这个时候一项水利工程的兴建就算基本告竣。而三门峡工程，却像是刚开头。

大坝蓄水之后，库区出现了严重的淤积。1960 年 9 月到 1962 年初，一年多时间，三门峡水库淤积泥沙 15 亿多吨，330 米高程以下库容损失 1/4 多。水库淤积末端上延，渭河入黄河处形成拦门沙，渭河下游泄洪能力迅速降低，两岸地下水位抬高，不仅农业生产遭受很大损失，古城西安也受到了严重威胁。

1961 年 6 月，中共中央向河南、山东、陕西、山西、河北 5 省发出《关于黄河防汛问题的指示》，强调指出：决不能认为三门峡工程已经建成，黄河就万事大吉。必须认识黄河治理需要一个较长的时期，三门峡工程尚需经过一段时间的考验。中央的指示，为黄河问题的再认识敲响了警钟。

在此期间，水电部多次组织有关专家学者讨论分析研究论证三门峡水库上下泥沙冲淤变化。为了减少库区淤积，尽量延长水库寿命，1962 年 2 月水电部决定，三门峡水库运用方式由"蓄水拦沙"改为"滞洪排沙"，启闸下泄。

三门峡水库严重淤积的严峻现实，深深刺痛了陕西人的心。1962 年 4 月，在第二届全国人民代表大会第三次会议上，陕西省的全体人大代表联名提出议案，强烈反映这一问题，被列为全国人大第 148 号议案。

该议案详细列举了三门峡水库蓄水运用后，库区严重淤积、地下水位普遍上升以及渭河回水对关中地区的严重影响，要求国务院修改三门峡水库运用方案，开启泄洪闸门，并研究增建泄流排沙设施问题。

对此，全国人民代表大会研究决定，由国务院负责组织有关方面，尽快就三门峡水库运用方式、加大泄流排沙能力等问题进行论证，拿出解决方案。

三门峡工程的成败得失，引起了举国上下广泛关注，一时间议论纷纷，并由此引发对 1955 年黄河综合规划的激烈争论。于是，周恩来总理决定召开一次治理黄河会议，广开言路，求同存异，尽快就三门峡工程问题及黄河治理方略做出决策。

1964 年 12 月，国务院治理黄河会议在北京举行。到会的代表，有中央有关部委、沿黄省区政府负责人，水利工程界的知名专家学者，共 100 多人。

会议开始，王化云代表黄河水利委员会汇报了包括黄河洪水分析、三门峡库区淤积情况、历代治黄策略等内容的《近期治黄意见》。他认为，1955 年黄河规划的方向是正确的，三门峡出现的问题，主要是对中游水土流失治理速度的估计过于乐观，对水库淤积的严重性认识不足。在治理黄河方略上，过分强调了水库蓄水拦沙，而忽视了下游河道排洪排沙。为此，王化云表示同意改建三门峡工程，增建泄洪排沙设施，同时建议在中游多沙支流兴建拦泥库，大力拦截入黄泥沙。

中科院学部委员、时任北京水利水电学院院长的汪胡桢，是三门峡工程建设期间的总工程师。此前，听说有人提议要在三门峡大坝旁打洞排沙，他心忧如焚，在给国务院领导的一封信中写道："黄河下游河道靠筑堤束水，终有所限。三门峡水库修建后，下游发生了革命性变化。继续保持这种趋势，若干年后黄河主流必将安流归顺。如果改建三门峡工程，恢复泄洪排沙，势必导致郑州以下河道形势急剧恶化，从而贻害无穷。"此次会上，他言辞激烈，坚决主张维持三门峡水库原蓄水拦沙方案不变。

陕西方面对于三门峡工程一直有不同意见。会前，陕西省三门峡库区管理局局长李隼在提交会议的《黄河问题书》中称：黄河上中游泥沙源源不断，三门峡水库很快就会淤满，那时不仅下游患将重新出现，关中地区和西安也将受到洪水严重威胁。因此他在会上大声疾呼："原治黄计划必须改变，立即改建三门峡工程，恢复下游河道排洪排沙！"

置身这场"黄河治理向何处去"大讨论现场，黄万里想到当初自己对三门峡工程设计方案的预见不幸应验，愈加感到痛心。三门峡水库发生严重淤积后，他在痛苦万端之际，对三门峡工程的下一步进行了深入思考。1964 年春，他写下《改修黄河三门峡大坝的原理与方法》一文，主张开洞排沙，对三门峡水库进行改建。在这次周恩来总理主持的治理黄河会议上，黄万里宣读了这份建议，成为会议的一家之言。

接连几天，激烈争论升温到了白热化程度。

年届七旬的河南省科学技术委员会副主任杜省吾说："黄土下泄是黄河的必然趋势，决不是修建水土建筑物等人为力量所能改变。因此，应炸掉三门峡大坝，恢复黄河原来的形状，最终让下游自然改道！"

长江流域规划办公室主任林一山认为，鉴于黄河下游河床不断淤积抬高，而中游水土保持生效需要很长时间，又不可能完全拦住泥沙，因此他主张大河上下引洪放淤、灌溉农田，把黄河水沙吃干喝净，洪水灾害也就不存在了。

激烈的争论一直持续了两个星期。其间，周恩来总理在参加全国人大会议的百忙之中，先后九次到治黄会议上耐心听取专家的发言。为了引导大家互相听取不同意见，他让秘书给每个代表送了一本《毛主席的四篇哲学论著》。在广泛听取发言之后，周恩来做了总结讲话，他语重心长地说：治理黄河规划和三门峡水利工程，做得全对还是全不对，是对的多还是对的少，不宜过早下结论。"只要有利于社会主义建设，能使黄河水土为民兴利除弊，各种不同的意见都是允许发表的。旧中国不能治理好黄河，我们总要逐步摸索规律，认识规律，掌握规律，不断地解决矛盾，总有一天可以把黄河治理好。我们要有这样的雄心壮志。"针对黄河治理指导思想和三门峡工程的急迫问题，他接着说：治理黄河总的战略，"是要把黄河治理好，把水土结合起来解决，使水土资源在上中下游都发挥作用，让黄河成为一条有利于生产的河。这不仅是方法问题，也是方针问题，不但是技术问题，而且是带有战略性的问题。五年之内能不能把黄河中游水土流失解决，决不可能！因此，就必须回答五年怎么办这个问题。反对三门峡工程改建的同志，为什么只看到下游发生冲刷的好现象，而看不到中游产生淤积发生的坏现象？如果影响西安工业基地，损失就不是几千万元的事。对陕西同志的担心怎样回答？总之，要确保下游，也要确保西安。对三门峡水利枢纽工程改建问题，要下决心，要开始动工，不然泥沙问题更不好解决"。

周恩来长达两个多小时的讲话，既严肃又亲切，始终贯穿着对国家、对人民的高度责任感。他对于黄河治理的分析，高屋建瓴，鞭辟入里，使每个与会者心悦诚服。最后，国务院治黄会议决定，改建三门峡工程，在大坝左岸增建两条泄流排沙隧洞，四条发电引水钢管改建为泄流排沙管，以解决水库淤积的燃眉之急。

据史料记载：这次会议确定的三门峡工程"两洞四管"改建，于1968

改建后的三门峡工程

年完成施工。排沙泄洪能力初步恢复，对缓解库区淤积发挥了一定作用。1969 年 6 月，国务院委托河南省革命委员会召开晋、陕、豫、鲁四省会议，确定再次改建三门峡工程，将原来被封闭的 12 个施工导流底孔打开 8 个，继续增大泄洪排沙能力，控制库区泥沙淤积。此后，泄洪排沙能力明显增大，泥沙淤积得以初步控制，5 台低水头发电机组先后安装投产发电。1990 年，水利部决定再度打开两个底孔，对泄流工程进行第二期改建。2000 年汛前，三门峡工程最后一个底孔闸门被打开，投入泄洪排沙运用。至此，三门峡水利枢纽走完了从封闭到开放之路。

三门峡工程经过改建，水库采取"蓄清排浑"运用方式，基本控制了库区淤积，成为削减三门峡至花园口区间黄河洪峰的重要手段，基本解除了下游凌汛的严重威胁。三门峡工程的建设、改建和运用实践，使人们对黄河的认识产生了一次重大飞跃，为多泥沙河流上修建水利枢纽工程积累了极为宝贵的经验。

五、毛泽东的黄河情怀

1964 年一个晴朗夏日。北戴河的海面上，波光粼粼，阳光挥洒，宛若一片金色的丝绒。极远处，海天一色，湛蓝无垠，整个大海显得格外温馨宁静。

这时，毛泽东游出海面，走出金色沙滩。他突然加重了步子，激奋地对身后工作人员说道："我要去黄河，你们做些准备！"

"去黄河？"毛泽东的话语中往往蕴涵着深邃含义，对此身边工作人员已经习惯，但面对这个决定，他们仍感到十分突然。

"人说不到黄河心不死，我是到了黄河也不死心呐！"少顷，毛泽东又说，"这次我要带一个智囊团去。包括天文、地理、历史、气象、土壤、化学、地质、肥料、水利、电力等等一大批专家，要像李四光这样级别的专家。你们准备一些应付艰苦生活的东西。我们大家都骑马，沿黄河逆流而上，去寻找黄河源头，从头了解黄河，让这条河能更好地为我们的民族造福。"

说完，毛泽东便沉默下来了，仿佛这条大河正在他胸中奔腾流淌。

通晓中国历史的毛泽东，对黄河有着独特的情怀。中华文明，傍黄河而发源。悠悠岁月中，华夏先人在黄河岸边劳作进化，繁衍生息，增殖裂变。中华文化随之以降，酝酿了一场场深刻的社会变革。南北纷争，民族融合，天下归心，中华一统。在历史文明的脚步声中，龙的传人在黄河两岸交融汇流，继向四周辐射，如百川归海，形成一个稳定的共同体。千万年来，有多少英雄的儿女在她怀抱中成长，有多少威武的故事在她身边上演！

在毛泽东心目中，黄河是帮过中国革命大忙的。

当年蒋介石严命胡宗南部25万大军，轰炸延安，围追堵截，企图一举消灭中共首脑机关。面对艰难危局，毛泽东表示：不打败胡宗南，决不东渡黄河。就这样，在黄河岸边把胡宗南部拖来拖去，最终神奇般地撕碎了国民党军队这张所谓的"王牌"。

1947年的一天，毛泽东在陕北佳县神泉堡，疾步走到一座高高的山顶。看到脚下黄河激流奔腾，汹涌澎湃，周围层峦起伏，雄浑苍重，毛泽东和

转战陕北期间毛泽东曾登临的陕西佳县香炉寺

大家一起唱起了《黄河颂》。唱毕，他接着说："前有黄河，后有追兵，如之奈何？"寥寥数语，吐露出中国革命必胜的坚定信心和豪壮情怀。

1948 年 3 月 23 日，大地回暖，春光明媚，毛泽东率中共中央机关东渡黄河，将革命指挥中心迁往华北。他在川口渡口登上一条木船。行至河中心，望着流冰顺水而下的黄河，语重心长地说道："黄河是中华民族的摇篮，你可以藐视一切，但不能藐视黄河。藐视黄河，就是藐视我们这个民族。"

"这条河与我共过患难，拯救过中华民族的危亡。我们是结下深厚缘分的。"许多年后，毛泽东回忆起当时转战陕北的情景依然深情满怀地说。

熟读经书的他，深知黄河对于历朝治国安邦的重要地位。千百年来，黄河的频繁决口改道，使多少黎民百姓尸漂四野，流落他乡，直至成为历代王朝更替的导火索。

可是，中国革命胜利了，黄河洪水还没有被驯服。作为这个东方大国的领袖，他胸中怎能不激起让黄河除害兴利的强烈愿望呢？

正是这种强烈愿望的驱使，1952 年 10 月，在中央政府抓紧部署根治黄河、除害兴利的同时，毛泽东主席决定亲自到黄河视察。这是新中国成立后毛泽东第一次出京视察。从山东济南黄河段，到徐州明清黄河故道，从河南兰封县东坝头悬河岸边，到郑州邙山之顶，直至人民胜利渠引黄渠畔，他一路察看防洪工程，详细听取有关人员的汇报。在清咸丰五年（1855 年）铜瓦厢黄河决口改道处，毛泽东认真察看了新修建的险工石坝，问道："今后继续把堤防修好，黄河会不会决口？"陪同视察的黄河水利委员会主任王化云回答说："如遇异常洪水，还有相当大的危险。"接着，王化云说起清道光二十三年（1843 年）黄河发生的特大洪水，陕县流传的一首民谣：道光二十三，黄河涨上天，冲走太阳渡，捎带万锦滩。毛泽东问："黄河涨上天怎么办？"王化云回答道："不修大水库，光靠堤坝挡不住。"听了汇报，毛泽东站在黄河堤岸，望着波涛滚滚的黄河，沉思良久。

在几天的视察中，毛泽东察看河情，听取汇报，不时插话和发问，"南方水多，北方水少，如有可能，借点水来也是可以的"，"渠道是游击战，井灌是阵地战"。他纵横古今的思维，一刻也没有离开黄河。

"要把黄河的事情办好！"视察结束时，毛泽东的深情嘱托，成为引领全国人民为黄河治理开发不懈奋斗的伟大号召。

伟大领袖的黄河之行，曾使多少人心潮激荡，感慨万千！

"这天夜里，我紧张的心怦怦直跳，怎么也不能入睡。"一直陪同毛主席视察黄河的王化云在《毛主席视察黄河记》一文中这样写道。

"一个领导中国人民翻身的巨人，走到黄河的身旁。他笑着向黄河打招呼，要黄河发生沧桑巨变。"著名诗人臧克家在《毛主席来到黄河身边》诗作中如此抒发兴奋的情感。

可毛泽东本人似乎对于这次黄河之行并不太满足，他曾几次对身边人员说："那次黄河考察，不过是走马观花。千疮百孔的黄河仍未治好，还没走上造福人民之路啊！"

1964年毛泽东想骑马走黄河，还有一个深层的考虑，那就是：借助黄河之行，重新沟通自己与基层群众的联系。

战争年代在苏区，只要有时间，他就找来农民、商人、手工业者，开个调查会。当地的社会结构、风土人情，乃至一块豆腐卖多少钱，土布、盐和火柴从哪里进的货，他都了如指掌。在延安，他穿着与农民几乎一样的棉袄，走在街上，谁都和他打招呼，甚至路上有人对共产党和边区政府的意见，他都能听到。

正因为有人民的拥戴，那时候，不管多么艰难曲折，如何荆棘丛生，都奇迹般地挺了过来。

可是，如今接触群众的意愿却很难实现了。有这样一件实例。天津那次视察，毛泽东在正阳春饭店向窗外瞭望时，被对面楼上一位妇女同志看见，一声"毛主席万岁"的激动欢呼，饭店房前屋后顿时水泄不通，市内交通陷入瘫痪。几个小时后，警备区派出一个排警卫战士，才将毛泽东乘坐的轿车驶出人群。据说事后清扫现场，人们仅挤丢的钢笔、手表和鞋帽，就收了七筐半。

当年那种感觉哪里去了？毛泽东感到再也不能这样下去了，他要走出丰泽园，走出菊香书屋，深入建设现场，走进基层群众中。

1960年6月，毛泽东在为中共中央起草的《十年总结》中写道："我们对于社会主义时期的革命和建设，还有一个很大的盲目性，还有一个很大的未被认识的必然王国。"1961年1月，毛泽东在中央工作会议上说："我这个人就是官做大了，我从前在江西那样的调查研究，现在就做得很少了。"他在不同场合提议：要大兴调查研究之风，一切从实际出发。中共高级领导干部，要针对农村工作的突出问题，到群众中去，虚心向群众学习，向群众寻求真理。

一天，毛泽东向卫士披露了思考已久的心事，他说："我有三大志愿：一是要下去搞一年工业，搞一年农业，搞半年商业，这样就能多调查研究，了解情况，我不当官僚主义，对全国干部也是个推动。二是要骑马到黄河两岸进行实地考察。要请地质学家、历史学家和文学家一起去，把黄河的情况搞清楚。三是最后写一部书，把我的一生写进去，缺点和错误统统写进去，让全世界人民去评论。"

正是在这种背景下，千里骑马走黄河列入了毛泽东的行动计划。

1964年8月初，平阔的北戴河海滩传来一阵军马嘶鸣之声，中共中央警卫局精心组建的一支黄河骑兵大队，奉调赶来。

年逾古稀的毛泽东，登上一匹白色高头大马，昂首挺胸，策马挽缰，行进在金色的沙滩上。他语重心长地鼓励身边工作人员："你们都要练习骑马，不会骑马就去不了黄河。如果人的一生连黄河都没有见过，那是会后悔的。"

然而，就在这时，千里走黄河的计划却突然中止。这年"北部湾事件"突发，美国军队连续轰炸越南北方，并调集大批舰艇云集越南北方沿海。这一形势对中国构成严重威胁，8月6日，毛泽东在审阅谴责美国侵犯越南的《中华人民共和国政府声明》时，批示道："要打仗了，我的行动得重新考虑。"又对身边工作人员说："黄河这次去不成了，要打仗了。"

于是，黄河骑兵大队解散，一场筹备已久的黄河之行就此搁浅。

不过，即使在"文化大革命"中，毛泽东也没有忘记考察黄河的事情。1972 年他病愈后，在接见美国总统尼克松时还曾风趣地说：前些时候我到马克思、列宁那里去了一趟。他们对我说，你那个国家的钢铁、粮食还太少，你还要去黄河考察，你不要来这么早，先回去吧。看来我的一片真诚感动了马克思和列宁，去黄河考察还是有希望的。

六、峡谷明珠点亮西部生命

1961 年 11 月 18 日，在黄河上是个创世纪的高光时刻。这天，盐锅峡水电站建成发电，古老的母亲河有史以来第一次放射出耀眼的光芒。

九曲黄河由青藏高原奔流而下，从青海龙羊峡到宁夏青铜峡，一直穿行在崇山峻岭之间。这里，峡谷众多，河水清澈，坡陡流急，水力资源丰富，具有许多优良坝址，开发条件十分优越，是黄河水电能源的宝库。然而，新中国成立之前，由于战争频繁，经济凋敝，山河破碎，黄河干流上没有一座水电站，只有"一河春水向东流，水患频仍万家愁"的不尽感伤与惆怅。

新中国成立后，根据国家 1955 年制定的黄河综合治理开发规划，黄河水电开发风起云涌，一座座水电站拔地而起，为我国大西北建设提供了源源不断的动力。

被称为"黄河水电先行者"的盐锅峡水电站，是一座全部由我国自行设计、自行施工、自行制造设备、自行安装运行的大型水电站。当时，国家百废待兴，机械设备奇缺，参加建设的 1884 名职工带着铁锹铁镐，来到甘肃永靖县的黄河峡谷。炮声隆隆，硝烟弥漫，高亢的劳动号子声，铁锤钢钎的撞击声交织在一起，汇成了开发黄河的战歌。经过三年多艰苦奋战，高速度高质量地完成了建设任务。该电站装机容量 40 多万千瓦，建成投入运行至今，已累计发电近 1000 亿千瓦·时，为我国西北地区工农业生产提供了能源支撑，成为新中国黄河治理开发的第一座丰碑。

盐锅峡水电站

　　之后，1969 年 3 月首台机组发电的刘家峡水电站，拦河大坝高 147 米，水库总库容 57 亿立方米。1974 年 5 台机组全部安装竣工后，总装机容量 122.5 万千瓦，年发电量 55.8 亿千瓦·时，发电量比旧中国全国一年的发电量还多。它同甘肃兰州、天水，陕西关中和青海西宁四个电网相连接，形成了方圆几千公里的大电网，为大西北经济腾飞和社会进步插上了翅膀。刘家峡水电站的建设，创下了多项中国之最——第一座百万千瓦级大型水电站，中国最高的重力坝，中国最大的地下厂房——彰显了我国人民开发黄河水电资源的辉煌壮举。

　　站在附近山顶，鸟瞰蓝天白云下这部宏伟巨制，奔流千里而来的黄河，被大坝拦腰斩断，形成了碧波荡漾的高峡平湖。长河倾注，白浪悬空，云蒸霞蔚，气象万千。有诗人对此赞美曰：刘家峡，生长在黄河九曲十八弯，你是母亲鬓发上一朵美丽的缨簪，你是陇原大地的一道美丽风景线……你播种的光源，映红了远近山川，照亮了大西北的明天。

2018年8月13日，大型现代眉户剧《青铜峡》在宁夏大剧院首演后，在"塞上江南"银川平原引起了热烈反响。该剧通过20世纪50年代青铜峡工程施工期间战天斗地的感人故事，讴歌黄河建设者的奋斗与奉献，阐释了社会主义是干出来的历史真谛。

青铜峡水利枢纽，是国内第一次采用河床式电站和溢流坝相间的闸墩式布置。拦河大坝坐落在秦渠、汉渠、唐徕渠等古渠取水口处，水电站设计总装机容量30万千瓦，年发电13.5亿千瓦·时，灌溉总干渠最大引水流量共计560立方米每秒。由8台机组和7个溢流坝相间组成。

1958年8月开工建设之际，正值宁夏回族自治区成立，因此被列为"宁夏一号工程"。来自全国各地的水电建设大军开进黄河之滨的青铜峡谷，安营扎寨，挥钎凿石，开始了激情燃烧的岁月。新生的宁夏回族自治区举全区之力，动员12个县的民工，自带干粮工具参加会战，打响了这场开发黄河水电资源之战。工程建设者大胆探索，勇于创新，克服种种艰难困苦，历经10年艰苦奋战，终于使这座"塞上明珠"建成投产，从而改写了几千年来宁夏无坝引水灌溉的历史。

被称为黄河"龙头"电站的龙羊峡水电站，位于青海省共和县与贵南县交界处，从地理位置上，这是黄河上游第一座大型梯级电站。峡谷最窄处仅有30米，峭壁陡立，水流湍急，年平均流量640立方米每秒，控制着黄河上游近65%的水量，是一处十分优良的水电站坝址。该水电站坝高178米，库容247亿立方米，总装机容量128万千瓦，年发电量约60亿千瓦·时，单机容量32万千瓦。大坝高度、水库总库容、单机容量，均为当时全国水电站之首。

黄河穿过内蒙古河套平原，在托克托县河口镇受吕梁山阻挡，掉头南下，犹如一把利剑将黄土高原一劈两半，开出一条深邃的晋陕峡谷。"天桥"这一神话式的命名，寄寓着世代人民催醒黄河的千年夙愿。1977年天桥水电站建成，使沉睡数百万年的晋陕峡谷，第一次敞开胸怀把光明带给了人间。

天桥水电站是一座河床式径流电站。夏季暴涨的洪水挟带着巨量泥沙，奔涌而来，日来沙量最高达一亿多吨。浑浊的洪水使坝体承受的压力是清水河流的一倍半。冬季昼夜之间来冰量可达2500立方米，可堆起一座冰山。特殊而复杂的自然条件，给电站设计带来了很大的困难。

面对严峻挑战，设计工作者进行了大量科学实验和复杂计算，精心设计了低水头、大流量、河床式径流水电站。天桥水电站总装机容量12.8万千瓦，年发电量6.07亿千瓦·时。它不仅在山西电网中承担着重要的调峰调频作用，而且揭开了开发利用晋陕峡谷水力资源的序幕。

根据国务院2013年3月批复的《黄河流域综合规划（2012—2030年）》，黄河干流共布置梯级工程46座，总有效库容473.7亿立方米，总装机容量30 411兆瓦，年发电量1 046亿千瓦·时。目前龙羊峡以下干流已建成李家峡、公伯峡、刘家峡、积石峡、万家寨、三门峡、小浪底等28座梯级电站，总装机容量达19 042兆瓦，年均发电636.9亿千瓦·时，分别占可开发量的62.6%和60.9%。

一座座矗立在黄河峡谷中的水电站，像镶嵌在大河上下的一颗颗璀璨的明珠，点亮了万家灯火，为流域各地经济社会发展提供了强大的清洁能源，发挥了巨大的经济效益、社会效益和生态效益。

七、改革开放中的洪水大考

1978年12月中共十一届三中全会之后，全党工作重点转移到社会主义现代化建设上来。改革开放如春潮澎湃，砥砺前行，但此时一场黄河大洪水汹涌而至。

1982年7月29日到8月2日，受第9号台风影响，三门峡到花园口区间干支流4万多平方公里的范围普降暴雨和大暴雨，局部地区降了特大暴雨。

暴雨中心伊河中游 5 日累计降雨量 905 毫米，最大 24 小时降雨量 734 毫米。洛河、沁河等支流的降雨强度也很大。这些支流的洪水汇入黄河，加上黄河三门峡到花园口干流涨水，致使黄河下游河水猛涨。8 月 2 日，花园口水文站洪峰流量达 15 300 立方米每秒，10 000 立方米每秒以上的洪水持续 52 小时，7 日洪量 50 亿立方米。由于河床连年淤积抬高，郑州花园口至台前县孙口河段水位普遍较 1958 年洪水位高 1 米，河南开封、山东菏泽等河段甚至高出 2 米。这次洪水主要来自三门峡以下黄河干支流，汇流快，来势猛，水量大，洪水历时长，洪水普遍漫滩偎堤，堤根水深最深达 6 米，部分控导护滩工程洪水漫顶，防汛形势十分严峻。

这是新中国成立以后仅次于 1958 年 22 300 立方米每秒洪水流量的又一场大洪水，8 月初大洪水发生时，正值中共十二大召开前夕。黄淮海大平原人口众多，交通密集，是我国重要的粮棉基地。在这种形势下，确保黄河防洪万无一失，具有特殊的重要意义。

黄河防汛总指挥部及时作出了迎战大洪水的部署，河南、山东两省迅速组织了 30 万军民上堤防守，沿黄地、市、县主要负责人全部上堤坐镇指挥。为了保证黄河安澜，河道滩区内的广大干部群众，顾全大局，舍弃了丰收在望的庄稼，按要求破除了生产堤，郑州花园口至台前孙口滩区滞蓄洪水 17.5 亿立方米，有效削减了洪峰。与此同时，经调度伊河陆浑水库拦蓄，使伊河最大流量从 4400 立方米每秒削减为 820 立方米每秒，发挥了拦蓄洪水的显著作用。

党中央、国务院对黄河发生大洪水高度重视。国务院副总理万里迅即召集水利电力部与河南、山东两省主要负责人，认真研究防洪对策，进行紧急部署。针对山东河道狭窄、过洪能力偏低的不利情势，为确保济南津浦铁路大桥、济南市、胜利油田和沿河人民的生命安全，经审慎研究，决定运用东平湖分洪区分洪，以控制济南泺口流量不超过 8000 立方米每秒。

这是东平湖第一次分洪运用，没有现成经验可循。当时分洪面临的主要问题：一是如何按部署要求，在分洪时机、分洪流量上，确保实施到位；

二是如何安全撤离分洪区梁山、东平、平阴三县 2 万多居民，保证群众生命安全；三是分洪后怎样守住分洪区东平湖堤，保证不决口。

为了保证分洪顺利进行，山东省委专门成立了分洪指挥部，研究确定了"分得进，守得住，撤得出，保安全"的总目标。有关各地区抽调干部近千人，组织车辆 500 多辆，船只 800 多只，分片包干，对 95 个大队 2 万多居民突击撤离。组织 3 万多人的防汛队伍和机械设备严防死守东平湖二级湖堤，确保湖堤安全。人民解放军派出 3000 多名指战员承担急重险难任务。指挥部密切关注水情变化，以便准确把握分洪时机。至 8 月 6 日上午，分洪区居民撤离完毕，负责湖堤防守的队伍全部到位。

8 月 6 日 22 时，孙口水文站流量达 8440 立方米每秒，按照预定部署，分洪指挥部下令启动林辛分洪闸分洪。8 月 7 日，孙口水文站流量超过 10 000 立方米每秒，为控制山东窄河道下泄流量不超过 8000 立方米每秒，又开启了十里堡分洪闸，两座分洪闸最大分洪流量 2400 立方米每秒。至 8 月 9 日，两闸共分洪 4 亿立方米，艾山水文站最大流量 7430 立方米每秒，削减孙口水文站洪峰 2670 立方米每秒，泺口水文站以下流量 6000 立方米

1982 年黄河大洪水期间东平湖分洪运用的林辛分洪闸，位于山东省东平县戴庙镇

每秒左右，分洪措施发挥了显著削峰作用。

在实施东平湖分洪的同时，30 万抗洪大军正在 1400 多公里长的黄河两岸堤防上与汹涌洪水进行着殊死搏斗。

洪水演进过程中，下游全线堤防险工先后出现渗水、管涌、坍塌等险情 1175 处。开封黑岗口河段甚至发生"斜河"严重险情，巨浪拍岸，水流持续冲击坝垛，700 多立方米土石坍塌入水，直接威胁黄河大堤安全。危急关头，黄河防汛总指挥部紧急调动 2200 多名军民突击抛石抢护。

在这次洪水过程中，黄河支流沁河发生了自 1895 年以来最大的洪水，小董水文站洪峰流量达 4130 立方米每秒，超过沁河流量 4000 立方米每秒的防洪标准。在短短的六七天内，洪水急剧上涨，基本与南岸大堤持平。最为严重的五车口河段，洪水位超过堤顶 0.21 米，堤防出现裂缝、下陷、渗水、滑坡等重大险情 31 处，沁河防汛进入十分紧张的状态。黄河防汛总指挥部果断采取措施，组织 10 万余群众防汛队伍冒雨上堤，全力防守，抢修 21 公里子埝。在严峻的防洪形势下，当年竣工的杨庄改道工程及时投入运用，发挥了巨大的工程效益，洪水安全下泄，确保了沁河防洪安全。

据洪水过后分析，如果不是杨庄改道工程及时发挥作用，木栾店卡口以上 10 余公里沁河右堤将全部发生漫溢，17 万人、16 万亩耕地将受洪水淹没，直接损失达 1.5 亿元。北岸堤防也可能因壅水造成决口，洪水将夺卫河入海河，严重威胁华北大平原的安全，后果不堪设想。

在党和政府统一部署下，大河上下抗洪军民团结奋战，齐心协力，排除了一个个险情，终使黄河大洪水安澜入海。这年 9 月，中共十二大在北京胜利召开，黄河抗洪斗争的重大胜利，为保障国家改革开放总体部署和经济建设的顺利进行发挥了重大作用。

八、风云激荡小浪底

1991 年 9 月，万里黄河最后一段峡谷内，彩旗猎猎，锣鼓声声。200

响开山炮过后，往日沉寂的山谷间顿时变得繁闹起来。

小浪底工程开工了！

这是一座以防洪减淤为主，兼顾防凌、灌溉、供水、发电等综合效益的大型水利枢纽，控制黄河流域面积的 92.3%。拦河大坝高 154 米，水库总库容 126.5 亿立方米，可把黄河下游防洪标准由 60 年一遇提高到千年一遇。其中的 75.5 亿立方米拦沙库容，使下游河道 20 年内不淤积抬高。水电站总装机容量 180 万千瓦。坝址位置显要，综合效益巨大，在黄河治理开发总体布局中占有极为重要的地位。

然而，这又是一座规划设计难度极大的水利工程。坝基河床 70 多米深处为鹅卵石层，需要防渗处理；左岸山体需要布设 108 条巨型隧洞和大小竖井，大跨度地下发电厂高达 60 多米。无论是山体中的洞群密度、地质条件的复杂程度，还是高速水流的消能难度，小浪底工程都当属世界水工建筑物难度之最。

多年来，小浪底工程规划设计的"蓝图战役"，征途漫漫，一直没有个尽头。

面对接踵而来的一个个技术"拦路虎"，小浪底工程设计专家矢志不移，披荆斩棘，反复试验研究，攻克了重重难关。

当时，他们面前横亘着一个最难处理的技术问题。在密集的泄洪排沙洞群中，如果采用明流方式，即使把隧洞做成高强度的钢板，也难以抵挡高速水流天长日久的猛烈冲击。水头高，泥沙多，洞群密集，山体单薄，怎样才能找到一条解决这道复杂难题的出路呢？

经过反复试验，苦苦探索，最后他们创新思维，决计在泄洪洞设计中，突破以往单级消能技术，改为多级孔板消能，以此应对高速水流。为此黄河水利委员会多次组织现场模拟试验，以验证多级孔板的消能功效。

毫无疑问，这是一项事关成败的重大举措。后来的实践证明，这种多级孔板消能，能把每秒 50 米的流速削减为 20 米，大大减轻了高速多沙水流对泄洪洞的冲击腐蚀，可以保证泄洪洞正常投入运用。

小浪底工程设计的一盘险棋就此走活。

据统计，几十年间，黄河水利委员会为了规划设计小浪底工程，共勘探岩石及开凿洞井5700余米，进行各种压力试验2000多项，绘制勘测规划设计施工图纸6000多幅。加上各个阶段的坝址论证、可行性研究等技术成果，摞起来足有几十层楼那么高！

然而，1994年主体工程开工后，当一份份索赔报告如雪片般从黄河北岸的外国承包商营地飞涌而出时，小浪底工地的气氛突然变得肃杀起来。这一切，来得是那么猝不及防。

当时国家为了兴建小浪底工程，部分使用了世界银行贷款。根据国际惯例，工程必须实行国际招标。于是，几十家管理精良、技术先进的外国工程公司蜂拥来华，在黄河小浪底展开了一场实力较量的夺标之战。

在波澜起伏的"二标"洞群工程竞标中，德国旭普林公司历经波折，最终意外中标。为此，该公司项目经理威根特深为命运之神的翩然降临而欣喜若狂。尤其让这位德国承包商得意的是，自从小浪底工程开始施工，他们竟然靠"索赔"连连得手，获得高额利润。

中国一家隧道工程局分包了德国旭普林公司承包的一段泄洪洞，由于洞子直径挖得大了，威根特依照条款进行反索赔。这个隧道工程局3000多人干了9个月，不仅没拿到一分钱劳务费，还得倒贴。无奈之下，只好卷起行李走人。

另一家中国分包商也在这里吃尽苦头。两家签订合同时，德国承包商对条款"泄洪洞允许平均超挖40厘米之内"，有意漏掉了"平均"二字。结果在合同实施时，以累计计算定为"超挖"，那家中国施工单位被索赔100多万元。一笔索赔收入又轻松进入德国承包商账单。

几分钱一颗的小钉子，在中国施工单位看来，不是什么大事。德国旭普林公司却专打这些小东西的主意，从采购到使用增加十几个环节。如果使用超过规定数量，按照条款，就将扣除分包商几百万元劳务费，从而又成为德国承包商压缩成本、扩大利润的一笔可观数目。

每当看到这种兵不血刃便能唾手可得的索赔工款，德国承包商的心头便隐约升起一丝快意。

菲迪克合同条款是国际咨询工程师联合会为保证工程招投标公平交易、顺利实施的标准程序与合同规则。根据国际惯例，在"菲迪克"平台上，建设业主与承包商，承包商与分包商，都是单纯的合同关系，各方必须按照"菲迪克"条款办事。因此，在国外承包商看来，国际工程竞技场中的低报价、高索赔，就像经济学教案一样天经地义。

德国承包商的"菲迪克战略"，仍在小浪底工地上继续演绎。

1995年5月，掘进中的导流洞接连发生20多次重大塌方，工程施工严重受阻。德国承包商觉得又一次"高索赔"机会到来。他们一面强令全面停止施工，一面向中国建设管理方提出调整计划，要求推迟工期11个月，并向中方索赔8818万马克（约合5亿元人民币）的工程赔款。

消息传出，朝野震惊。泄洪导流系统拖后11个月，就等于将小浪底大坝截流目标推迟一年，这如何向国家交代！由此造成的巨额经济损失，如何挽回？

中国建设管理方与分包施工单位，感到一种从未有过的焦灼、酸楚和不知所措。

面对"菲迪克"这个舶来品，难道就这样被动挨打吗？怎样才能杀出一条中国特色的国际工程建设血路？经过痛苦的思考和研究，中方毅然决定：革新自我，师夷之长而制夷，原定截流目标决不改变！

这是一种深思后的彻悟，阵痛后的欢愉，革新后的升华。

1996年初，几支中国水电施工队伍临危受命，从各地火速会师小浪底，组成代号为"OTFF"的联营体。

在另一战场上，中国政府照会世界银行，敦促德国承包商回到谈判桌前。在"菲迪克"原则基础上，中国方面与德国旭普林公司签订了谅解备忘录，确定由中国"OTFF"军团以联营分包形式从德国总承包手中赎回泄洪导流洞施工权。

一部"反弹琵琶"战略，就此部署确定。

在这场跌宕起伏的战场上，小浪底工程建设管理方很快建立起"三分三合"的建设管理机制。代号为"OTFF"的中国施工军团，以德国承包商的"雇员"身份，履行国家主人大义，勇战塌方，优化方案，与岩石展开强力对抗，奋力追赶先前被耽误的时间，创造了水电建设史上一个个奇迹。

1996 年 10 月，也就是在"反弹琵琶"战略实施十个月后，三条导流洞全线贯通，黄河小浪底工程如期截流大局已定。

就在这时，德国承包商营地却出人意料地挂出一副赫然长联：1997 年10 月 31 日，小浪底工程截流就是这一天！

以往激烈交锋的对手，走向了一个共同目标。曾经笼罩在小浪底工地上的浓雾阴霾，一扫而空。

不过，这时德国承包商的领军人物已走马换将。几个月前，一个寒风凛冽的冬日，德国旭普林公司原项目经理威根特被提前召唤回国。临走时，他百感交集，万分失意，专门跑到黄河滩里，装了一瓶黄河泥水带回国内，作为在小浪底这段苦涩的记忆。

1997 年 10 月，黄河小浪底工程截流成功。2000 年 12 月，拦河大坝提前告竣。2001 年，小浪底水利枢纽全面竣工。世界银行检查团经对工程进行全面评估，做出这样的结论："尽管小浪底水利枢纽工程条件十分复杂，技术难度极大，但其取得的成就令人难以置信。它不仅为中国水利建设树立了样板，同时也具有重要的世界意义。"

小浪底工程投入运行后，与三门峡、故县、陆浑等水库配合，在历年防洪中发挥了重大拦洪调蓄作用，基本解除了黄河下游凌汛威胁；利用小浪底工程成功进行黄河调水调沙，下游主河槽过洪能力由 1800 立方米每秒提高到 5000 立方米每秒，河道不良形态得到显著改善；水库经过科学调度，为下游两岸抗旱供水发挥了突出作用，实现了经济用水、生活用水和生态用水的有机结合；小浪底水电站在河南电网发挥了显著的调峰作用，有效减少了煤炭燃烧对环境造成的污染。小浪底工程的巨大综合效益，成为黄河

建成后的小浪底水利枢纽

治理开发史上的重要里程碑。

九、黄泛区变成大粮仓

　　金秋十月，正是收获季节，站在郑州花园口黄河大堤上，只见黄河岸边一望无际的稻田里，丰收的景象引起串串欢声笑语。然而，谁能相信，这就是当年灾难深重的黄泛区。

　　1938 年国民党政府在花园口扒开黄河大堤，酿成一场惨绝人寰的大灾难。洪水泛滥过后，滔滔黄河顺着贾鲁河、颍河、涡河，进入淮河干流，形成一个广阔的黄泛区。大量人口死于非命，河南省泛区内的中牟、尉氏、通许、扶沟、西华、商水的人口总数，只有受灾之前的 38%。黄泛区到处是"冬春白茫茫，夏秋水汪汪"的沼泽盐碱地。从此，便出现了"黄泛区"这一象征苦难的历史地理名词。

新中国成立后，黄泛区悲惨的历史宣告终结。在国家扶助下，当年黄河决口首当其冲的花园口镇，修建了四座引黄闸和提灌工程，含有肥沃泥土的黄河水，引到沙荒盐碱洼地上，数万亩土地改造为良田，80% 的耕地种上水稻，粮食亩产量过千斤。不仅农业增产效益显著，使这里成为闻名的"鱼米之乡"，而且淤平了 1938 年掘堤决口遗留的大潭坑，生态环境大为改善，成为全国水利风景区。

1950 年 2 月，中央成立了黄泛区复兴委员会，3 月，河南省成立了黄泛区复兴局。经过几代人的治理改造，昔日的满目疮痍得到了医治，荒沙弥漫的黄泛区蜕变了曾经的模样，呈现出一派繁荣兴旺的崭新面貌。

地跨西华、扶沟两县的黄泛区农场，原来是一片沼泽荒原和沙地。为了开垦这片区域，国家在这里成立了国营黄泛区农场。经过几十年发展，黄泛区农场现在拥有土地面积 14.7 万亩，下辖 36 个农工商单位，成为河南省最大的农作物良种繁育基地、果蔬贮藏基地、生猪出口基地，并开始向非洲、东南亚国家拓展业务。

自北而南贯穿黄泛区的贾鲁河，全长 240 多公里。当年黄河改道泛滥时，把原来只有几十米宽的贾鲁河河道冲成几百米宽。沿岸良田遭受严重破坏，变成了沙丘。每当冬春季节，风起沙扬，压埋房屋，损害庄稼，给人民群众带来很大的危害。新中国成立后，经过长期治理，贾鲁河流域面貌发生了根本变化。河水灌溉良田，改良土壤，促使五谷丰登；两岸植被茂盛，蔚然成林。当年受灾最重的西华县，流经该县的贾鲁河、颖河、清河得到疏浚整修，修建配套了一批拦河闸、提水闸、灌溉渠道等水利工程，彻底改变了"大雨大灾，小雨小灾，无雨旱灾"的历史。

河南省最大的引黄灌区赵口灌区，自 20 世纪 70 年代开灌以来，在郑州、开封、许昌、周口、商丘 5 市 14 个县（区）范围内，建成干支渠 200 条、闸涵等水利设施 2310 座，累计灌溉 6000 万亩次，补源 2000 多万亩次。灌区内的开封市尉氏县，经过渠道衬砌等水利基础工程建设，灌溉管网延伸至农田，村民引水灌溉，用水量实现 IC 卡控制。该县张市镇通过灌溉补源促使地下水位上升 30 多米，地下水生态得以平衡，显著改善了水生态环境。2019 年，作为国务院确定 172 项重大水利工程之一的赵口灌区续建配套与节水改造工程开工建设。工程完成后，将新增灌溉面积 220.5 万亩。

"沈丘乡村使人愁，风沙吹起盖住牛，娶个老婆也难留。"这是昔日黄泛区沈丘的凄惨描述。如今，这里县城的许多女孩情愿嫁到农村，成为一件筑巢引凤的新鲜事。新中国成立后，特别是改革开放以来，河南省创新性地出台了土地复垦政策，让那些守着土地的穷村有了新出路。沈丘县龙池头村抓住了土地新政机遇，把 10 个自然村整合到一起，将节约出来的土地指标交易出去，获得 4500 多万元的建设资金，2011 年开始谋划新村建设，村民的拆迁补偿款有了着落，多余的资金用在帮扶困难户和村建设发展上。一张图纸画到底，龙池头村大变样。一排排小楼，整齐排列，布局有序，水、电、燃气全部入户，村里统一修建下水道，道路硬化，行道林郁郁葱葱，不仅有玉兰、石楠等景观树种，还有桃树、杏树等经济林木。除了每家一套房，村里还给每户配了一间小仓库放农具。深得改革开放红利的龙池头村，村民生活改善了，人居环境美化了。

地处豫东平原的兰考县，历史上黄河多次在这里决口改道，是一个老牌"黄泛区"。多条黄河故道横贯东西，"风沙、盐碱、内涝"三大自然灾害肆虐，全县形成了 40 万亩的沙化土地，人民群众深受风沙危害。当时流传的民谣说："冬春风沙狂，夏秋水汪汪，一年劳动半年糠。"1962 年焦裕禄同志到兰考工作后，带领全县人民战风沙、斗水灾、治盐碱。50 多年来，全县人民在县委书记的好榜样焦裕禄的精神鼓舞下，咬定目标不放松，以防沙治沙建设引领林业生态建设发展，取得了令人瞩目的成绩。共完成防沙治沙造林面积 10 万亩，植树 1700 余万株，生态廊道绿化建设 396 条1300 千米，造林 4.2 万亩。全县 40 万亩沙化土地、26 万亩盐碱地、1600个大小沙丘得到根治，县内飞沙地、老洼窝、盐碱滩，已经长成大片大片的泡桐林。林业的发展，促进了农业的稳产高产，生态环境得到彻底改善，也带动了全县相关产业的快速发展。如今的兰考，沙地筑起林网变良田，

昔日决口处，今日米粮川

沙丘营造森林变美景，焦裕禄书记当年盼望治理的座座沙丘成了片片绿洲，挺拔的泡桐树成为兰考人民脱贫致富的"绿色银行"。

萧瑟秋风今又是，换了人间。随着国家经济社会的发展，黄泛区的面貌发生了深刻的变化。经过几十年治理，黄泛区广大地区地下水位多年保持在临界水位以下，节水、减淤、粮食增产取得显著综合效益。昔日挣扎在死亡线上的黄泛区人民，生活安定，脱贫致富，改革发展，走上了社会主义的康庄大道。

第九章
幸福黄河

　　世纪之交，中国大地发生了翻天覆地的变化。但愈演愈烈的黄河断流之痛，给黄河两岸人民生活、工农业生产和生态环境带来了严重危机。针对黄河水资源供需矛盾日益尖锐等新问题，国务院批准颁布《黄河水量调度管理办法》，授权黄河水利委员会实行全河水资源统一管理与调度，黄河水资源科学调度与优化配置取得重大进展，有力遏制了下游断流趋势。党的十八大以来，中国特色社会主义进入新时代。党中央强调要像对待生命一样对待生态环境，建设美丽中国。习近平总书记在深入推动黄河流域生态保护和高质量发展座谈会上发表重要讲话，发出"让黄河成为造福人民的幸福河"的伟大号召，黄河流域生态保护和高质量发展被确立为重大国家战略。流域各省区高标准谋划发展布局，分类施策，扎实推进，谱写着新时代黄河长治久安的壮丽篇章。

一、黄河断流之痛

　　21世纪到来了！全世界人民张开双臂，满怀豪情迎接人类历史的又一个新纪元。然而，在这世纪之交，万古奔流的黄河，却刚刚经历了愈演愈烈的断流之痛。

　　黄河首次自然性断流发生于1972年。那年仲春，黄河口以往奔腾入海的黄色巨流，疲态凸现，气若游丝。4月23日，黄河出现了有史以来第一次自然性断流。然而，在当时特定的时代背景下，黄河断流这桩奇闻却在人们不经意间飘然而逝。如果不是20多年后黄河断流现象愈演愈烈，从而在国内外引起强烈震动，那么谁也不会想到，对于万古奔流的黄河而言，这一天竟成为一个特殊的日子。

自 1972 年黄河首次断流到 1999 年的 28 年间,黄河有 22 年出现断流。特别是 20 世纪 90 年代,黄河不仅年年断流,而且断流的时间不断提前,断流时段和距离持续加长。1992 年持续两个多月的断流,使山东滨州、东营两地 4000 多万公顷农田无法播种,500 万公顷夏苗干枯死亡。1996 年春夏,胜利油田因无水被迫关闭,直接经济损失达 3 亿多元。最为严重的是 1997 年,黄河下游断流时间多达 226 天,断流河段长达 780 公里。两岸的人们提着水桶等分配吃水排成了长队,农田嗷嗷待哺,工农业生产用水出现严重危机。

据统计,黄河多年平均天然径流量为 580 亿立方米,而当时黄河来水持续偏枯,到 2000 年仅为 380 亿立方米。一方面天然来水持续减少,另一方面沿岸用水却在急剧增加。黄河全年来水极不均衡,非汛期来水量仅占全年的 40%,但引水则占全年的 60%。此间,黄河水用得涓滴全无,也满足不了各方的要求。在黄河源区,扎陵、鄂陵两湖的水位已下降 2 米,1999 年扎陵湖出水量只有 0.001 立方米每秒,8 公里长的河床完全裸露。湖面萎缩,水源枯竭,草场退化,2900 多居民与 12 万头牲畜断绝了饮水之源。

20 世纪末,黄河频繁断流,两岸人民群众生活和工农业生产出现了严重危机

青海省玛多县 20 世纪 90 年代初尚有湖泊 4077 个，但当时所剩已不足一半。

这是一条与我们民族精神血肉相连的大河啊！哺育中华民族、创造华夏辉煌文明的奔腾大河，难道会从此告别大海，退缩内陆？我们的历史文化之源是不是正在被生态恶化改变着？我们还能有第二条黄河吗？黄河断流症结何在？解决断流的关键在哪里？

围绕黄河频繁断流，一种深层次的忧患意识，在全国乃至海外华人中迅速拓延开来。

1998 年年初，中国科学院和中国工程院 163 位院士联合发出呼吁：行动起来，拯救黄河。呼吁书写道："黄河，由滔天之水变成涓涓细流，继而只留下龟裂的河床。黄河已成为一条季节河。照此下去，不久将变为内陆河。黄河断流，意味着整个黄河流域生态环境正在继续恶化。严重造成下游土地荒漠化，生物多样性丧失。影响着下游经济的发展、民众的生存。黄河断流，还将对中华文化、民族心理产生不可估量的影响。只要每一位炎黄子孙行动起来，那么，赤地变青山之时，便是黄河流碧水之日，伟大的母亲河黄河一定能重焕昔日光彩；那么，今天的炎黄子孙，将无愧于时代，将无愧于后人！"

如若不是伟大的母亲河到了最危险的时候，如若不是心灵深处受到非常的震撼，人们焉能发出如此强烈的呐喊！黄河，这是一条与我们民族血肉相连、标志中华文明永续发展的大河啊！

黄河断流问题引起了党和政府的高度重视。国家有关部委接连召开黄河断流专题研讨会，经综合分析认为，造成黄河断流的主要原因是：黄河水资源自身不足，连年来水偏枯，干旱少雨；黄河沿岸用水急剧增多，致使黄河水资源供需矛盾日益尖锐；缺乏统一管理和优化配置，水资源浪费严重，加剧了水资源匮乏的矛盾和频繁断流的发生。

2001 年 12 月 5 日，国务院第 116 次总理办公会议专题研究水利部黄河水利委员会提出的《关于加快黄河治理开发若干重大问题的意见》，要求据此抓紧编制《黄河近期重点治理开发规划》，正式报国务院审批。2002 年 7

实施黄河水资源统一管理与水量统一调度后的河口湿地生态

月14日,国务院以国函〔2002〕61号文批复《黄河近期重点治理开发规划》。规划以可持续发展观念为指导,绘制了此后10年黄河治理开发的新蓝图。

　　针对黄河频繁断流和水资源供需矛盾日益尖锐问题,1998年12月国家颁布实施《黄河水量调度管理办法》,授权黄河水利委员会实行黄河水量统一调度。黄河成为首条水量统一调度的大江大河。1999年,通过实行水量统一调度,有力遏制了下游断流趋势。2000年,黄河流域全年来水比正常年份偏少56%,黄河中游出现了76年来的最小流量。通过实施水资源优化配置与调度,上下联动,各方协力,实现了黄河首次全年不断流,成为世纪之交一曲绿色的颂歌。

　　然而,黄河来水仍在锐减。2001年7月主汛期,中游潼关水文站仅为3.25亿立方米,比多年同期偏少92%。7月22日8时,潼关站出现了一个惊人的流量数字:0.95立方米每秒!昔日洪流滚滚、势如千军万马的黄河,这时竟几乎断流！黄河防总启动应急响应，关闭上游所有引黄闸门，全力以赴，确保黄河水一路直下，解除了一场黄河断流危机。

2002 年的干旱缺水情况更为严峻。黄河中下游来水比多年平均值偏枯 73%。龙羊峡、刘家峡、万家寨、三门峡、小浪底等五大水库创下有记录以来的最少蓄水量。黄河下游山东省遭受百年不遇的特大干旱，1760 万亩禾苗遭受旱魃威胁，792 万人饮水困难；天津市城市生活用水告急。面对相继伸来的求援之手，既要保证自身不断流，又要勉力缓解各方面的缺水之急，黄河注定要为这个民族付出更多的母爱！

于是，绿色的颂歌继续奏鸣。在黄河水量统一调度下，黄河水经过数千里长途跋涉，再次缓解了天津这座滨海城市的缺水燃眉之急。

2006 年 8 月 1 日，国务院颁布《黄河水量调度条例》，这是我国第一部河流水量调度的法规，它规定了黄河水量分配原则及分配方案的制定主体与程序，明确了正常水量调度和应急调度措施，为黄河水量调度的实施提供了法规保障。

2008 年，以实现黄河功能性不断流为目标，开始对黄河三角洲自然保护区实施生态补水。黄河断流最严重的 20 世纪 90 年代，黄河三角洲湿地面积萎缩将近一半，鱼类减少 40%，鸟类减少 30%。随着生态调水持续发挥作用，2018 年保护区鸟类增加到 368 种，1333 只东方白鹳在此栖息，久违的洄游鱼类故地重游，河口生态系统显著改观。

据统计，从 1972 年首次实施引黄济津跨流域调水以后，黄河先后 12 次援助天津，累计供水 78.8 亿立方米，化解了一次次严重缺水危机；实施引黄入冀 23 次，累计向河北引水 84.02 亿立方米，扼制了局部区域地面沉降的不利局面，彻底结束了沧州地区居民饮用高氟水的历史；引黄济青工程，向青岛市和胶东地区调引 55 亿立方米水量，解决了 71 万人的吃水困难，创造工业产值 1300 多亿元，为沿线农业带来直接经济效益 15 亿元；四次引黄补淀生态应急调水，使"华北明珠"白洋淀的生态功能得到恢复，成为东方白鹳等鸟类动物的重要驿站。

2001 年 2 月 5 日的人民日报评论员文章《一曲绿色的颂歌》，曾对黄河水量调度的成功实施作了精辟阐释：黄河调水的成功，是我们党和政府管理能力不断提高的体现，也是我们综合国力不断提高的体现。完成这种前人无法想象的伟业，只有在共产党领导下才能办到，只有在我们社会主义制度下才能办到。

二、敢问路在何方

"俟河之清，人寿几何？"古往今来，来自黄土高原源源不断的黄河泥沙，曾使多少治水先贤为之前赴后继，苦苦求索！这句传诵久远的古诗，深刻表达了古人对黄河水沙灾害的深重忧思，寄托着千百年来中华儿女对母亲河安澜的世代梦想。

1961 年 9 月，在蓬勃兴起的新中国黄河建设高潮中，26 岁的赵业安在苏联列宁格勒水文气象学院学成回国，矢志研究黄河的梦想，使他放弃在北京工作的机会，来到黄河水利委员会泥沙研究所报到，从此走上探索黄河泥沙之路。

新中国成立后，为了治理黄土高原严重的水土流失，国家组织人民群众开展了大规模的水土保持工作。修筑梯田，打坝造地，植树造林，绿化荒山，涌现出一批各具特色的先进典型。然而，广袤的黄土高原水土流失区，面积达 45 万多平方公里，长度 1 公里以上的沟道就有 30 多万条。千沟万壑，地广人稀，对于每年平均来沙量 16 亿吨的黄河来说，全面出击，很难短期奏效。加之当时黄河三门峡水库由于严重泥沙淤积，被迫改变运用方式并着手工程改建。这使初临黄河的赵业安陷入了深思。他想，黄河的根本症结是泥沙多，减少泥沙就要控制黄土高原的水土流失。那么，能否找出对下游河道危害最为严重的泥沙来源，进行重点治理，实行"靶向治疗"，以提高黄河减沙的成效呢？

按照这一想法，从 1962 年至 1964 年，赵业安和同事们经过对地质钻孔

黄土高原广袤无垠，千沟万壑，水土流失严重，每年把大量泥沙带入黄河

资料、河床质取样与滩槽淤积物分析，发现 60% 的淤积量为大于 0.05 毫米的粗颗粒泥沙。据此，赵业安认为：对黄河下游危害性最大的主要是粗颗粒泥沙，因而，在上中游水土保持布局中应首先控制粗沙含量高的地区。

在当时，这还是一个前无古人的大胆提法。然而，正当他全身心投入研究黄河泥沙攻关的时候，厄运突然降临。1971 年 9 月的一天，赵业安被确诊患甲状腺癌并已转移到淋巴。这一结果犹如晴天霹雳。面对死神的逼近，赵业安心情极不平静。他想到，自己年幼失去双亲，从中学到出国留学，都是国家提供的助学金，拼力此生工作，也难以报答党和人民的恩情。可如今，在研究治理黄河的路上自己刚刚迈出一步，许多黄河泥沙难题亟待去攻克，难道就这样坐等生命的终点吗？

不！经过一番激烈的思索，赵业安为自己办理了两件"后事"。一件是给党组织写了一份报告，表示只要一息尚存，决不放弃对黄河泥沙的研究；二是给女儿留下了"遗书"，嘱咐孩子，如果失去父亲，更要自立自强，奋发向上。随后，他被推进北京日坛医院手术室。

手术后，赵业安越发感到时间的可贵，刚能走动就急着投入黄河泥沙研究。跑河道，整资料，算数据，写论文，拼命地同死神争夺时间。几年间，赵业安因甲状腺癌转移，先后动了7次手术，甲状腺功能完全丧失。然而，他以惊人的毅力一面同病魔抗争，一面不停地继续着追踪黄河水沙规律。年年参加河势勘察，潜心撰写科研论文，主持多项科研项目，完成30多份技术报告、学术论文和工作建议。这些成果，为治黄战略研究提供了重要参考。

1978年，当科学的春天到来之际，赵业安在同癌魔的生死较量中，获得了丰硕果实。他和黄河泥沙专家联合发表的《多泥沙河流水库下游河床演变及演算方法》，为探索黄河下游河床演变特点与冲淤规律，提供了重要的研究方法和科学手段，在当年召开的全国科学大会上被授予重大科学成果奖。

接着，赵业安与同事联合撰写的研究报告《黄河中游粗泥沙来源区及其对黄河下游冲淤的影响》提出：导致黄河下游堆积抬高的泥沙，主要集中在黄河中游河口镇至无定河口区间的5万平方公里粗泥沙来源区。这项成果，为黄河中游水土流失重点治理区的治理工程布局提供了科学依据，被认为是治理黄河指导思想上的一个重大突破，1982年该成果荣获国家自然科学二等奖。

在探索黄河泥沙治理的漫漫征途中，专家们从未止步。2000年研究的新成果表明：黄河三门峡库区和下游淤积的主要泥沙来源区为黄河中游7.86万平方公里多沙粗沙区，该区域包括陕北、晋西、内蒙古南部和陇东44个县，其中55%的多沙区在陕西省。据此，提出了拦沙、保土、蓄水、改善生态环境的综合治理方略，以治沟骨干工程和淤地坝为主的沟道坝系建设明显加快了步伐。

　　接着，黄河水利委员会联合国家多部门协同攻关，聚焦更高一级的 0.1 毫米粗颗粒泥沙。通过地质钻探取样、泥沙粒径分析等多种途径，并借助遥感等新技术，确定黄河中游 1.88 万平方公里为 0.1 毫米粗泥沙集中来源区。该区域集中在窟野河、皇甫川等 9 条重点支流，这里沟壑密度大，坡度陡，切割深，侵蚀强烈，是导致黄河下游淤积抬高的粗沙"大户"，从而进一步锁定了黄河泥沙治理的"靶心"。

　　主攻方向确定之后，接下来就是集中优势兵力打歼灭战。

　　在陕北地区，淤地坝是一项行之有效的措施。它既能拦截泥沙、保持水土，又能淤地造田、增产粮食，被当地群众形象地称为"聚宝盆"。

　　位于黄土丘陵沟壑区的志丹县，从 20 世纪 60 年代开始，通过几十年建设，建成淤地坝 267 座，形成了 3 条骨干坝系。全县淤地坝每年新增保水能力 1569 万立方米，保土 599 万吨，生态环境和群众生产生活条件得到极大改善，促进了农业的良性发展。

　　1974 年陕西延川县梁家河村知识青年兴建的淤地坝，经过 40 多年的风雨洗礼，坚固依旧，淤成的大片坝田，平整有序，绿意盈盈。多年来，这个村坚持利用淤地坝增加耕地面积、发展农业生产，共完成水土流失治理面积 4.89 平方公里，治沟造地面积 1605 亩，粮食亩产由 300 公斤增至 800 公斤。

　　目前，陕西省共建有淤地坝 33 910 座，占全国淤地坝的一半以上。据测算，全省淤地坝共拦泥 59 亿吨，淤成坝地 90 多万亩，灌溉面积 6 万亩，累计增产粮食 4 亿公斤，取得了有效减少入黄泥沙、拦泥淤地、灌溉增产等多重效益。

　　在黄河中游晋、陕、内蒙古接壤区，分布有一种砒砂岩区，寸草不生，极易风化水蚀，被称为"地球生态癌症"。该区仅占黄河流域面积的 2%，但每年向黄河输入的粗泥沙却有 1 亿吨左右，占黄河下游河道年平均淤积量的 25%。为了攻克这道"壁垒"，水土保持专家选择内蒙古准格尔旗的砒砂岩区作为科技示范，研发沙棘苗木种植及其产品，控制砒砂岩水土流失。

经过以小流域为单元，进行综合治理，减少泥沙90%，产生了明显的保水减沙效果。

从1999年开始，国家对黄土高原生态脆弱地区实施退耕还林政策，经过自然恢复和人工治理，退耕还林还草累计达5.08亿亩，绿色刷新了黄土高原的底色。陕西省延安市累计退耕还林1070万亩，覆盖了当地19.4%的国土面积，植被覆盖度达67.7%。坡面与沟壑的泥沙分别减少了58%和78%。内蒙古准格尔旗林草植被覆盖度由治理前的10.5%提高到72%，坡面工程减少水土流失634.93万吨，泥沙有效拦蓄效益达到70%以上，生态

黄土高原经过治理，层层梯田缠绕山腰，泛起绿色

环境大为改观。

在甘肃省庄浪县，梯田是当地最耀眼的"名片"。从 20 世纪 60 年代起，庄浪县干部群众自强不息，艰苦创业，坚持不懈投身兴修梯田的壮举，他们在实践中创造的"山顶沙棘戴帽，山间梯田缠腰，埂坝牧草锁边，沟底穿鞋"的生态梯田治理模式，成为水土保持一绝。几十年来，全县建成总耕地面积 90% 以上的百万亩水平梯田。曾经的光山秃岭华丽转身，嬗变为望山山翠，看地地平，层层梯田如诗如画，堪称"梯田王国"。1998 年，该县被水利部命名为"全国梯田化模范县"。

黄河水利委员会提供的数据显示，进入 21 世纪的 20 年来，黄土高原生态治理成效卓著，通过水土保持措施，平均每年拦减入黄泥沙 4.35 亿吨。黄土高原正发生着"整体好转，局部良好发展"的历史性转变。尽管这一时期黄河泥沙的锐减，还不能认为是今后更长时期黄河泥沙的变化趋势，但毫无疑问，那黄土高原不断呈现的层层绿色，黄河两岸人重塑秀美山川的壮志豪情，正预示着黄河安流的广阔前景。

三、雄浑壮美的水沙交响

2002 年 7 月 4 日的黄河上，人们充满了无限的期待。

这天，中原腹地郑州骄阳似火，热浪扑面。坐落在市区中心的黄河防汛总指挥部防洪调度大厅内，中国新一代治河者正以探险家的胆识和一系列精心运筹的方案，准备启动黄河首次调水调沙试验。对于许多治河者和关注黄河的人来说，能够亲身参加或目睹这场空前的尝试，无疑是一种莫大的荣幸。

许多年来，自从人们认识到黄土高原源源不断的泥沙对于下游河道的致命危害之后，历代治河人便一直受着水流挟沙入海难以奏效的严重困扰。而时序跨入 21 世纪，新一代治河人在诸多解决黄河泥沙的措施中，又增添了一项新的选择：堡垒从内部攻起。

于是，调水调沙的思想应运而生。所谓调水调沙，就是通过调度大型水库，对来水来沙进行控制与调节，改善水沙组合关系，变水沙不平衡为相适应的配置关系，把河道内的泥沙更多地输送入海。

作为当今世界上最大规模的调水调沙实践，举世闻名的黄河给了新一代治河人得天独厚的探索空间。小浪底工程竣工投入运行和库内43亿立方米的蓄水，为实施该项壮举提供了最基本的载体；全球定位系统、天气雷达、卫星遥感、地理信息系统、双频回声测深仪、图像数据网络实时传输技术等现代化设备，为全面观测与科学分析调水调沙过程及效果，创造了先进的技术条件；通过众多组合计算与物理模型试验确定的"花园口站2600立方米每秒"的基本控制流量，从理论上为调水调沙实施奠定了基石。

7月4日9时整，当黄河首次调水调沙正式开始时，距离郑州130公里之外的小浪底水库徐徐开启闸门，冲天的水流喷薄而出，继而腾空落下，直向下游奔腾而来。那一刻，人类的挑战精神和水工建筑物的控制能力结

黄河小浪底水库进行调水调沙时的情景

合得如此壮美,而当今的现代化治河水平也在那一刻展露无遗。因此,无论是在震撼人心的开闸放水现场,还是通过直播收看的电视屏幕前,人们都由衷地发出了欢呼与惊叹。

随着"人造洪峰"向着东方奔涌而去,900公里河段上的几百个测验断面与水文观测点,按照总指挥部的统一部署,很快投入紧张的战斗。

7月5日12时,"人造洪峰"以2950立方米每秒的最大流量抵达花园口水文站,洪峰超高设定值13.5%,波澜不惊,继续东行。

6日,小浪底库区突现"异重流",预计下泄"超标"的沙量,极易导致下游河道严重淤积,总指挥部及时决定调整水沙比量,试验正常运行,水头继续推进。

8日上午,调水调沙大流量水头进入山东,鄄城县苏泗庄水位站水位高达60.04米,距历史最高水位仅有0.34米,局部河段水位表现异常,由于事先早有筹谋,水势有惊无险。

9日,"人造洪峰"到达艾山水文站,在"大肚子"通往"窄肠子"的卡口处,调水调沙试验经受了又一场重大考验。

10日上午,黄河调水调沙水头安全通过最后一站——利津水文站,距离目的地已经遥遥在望。

11日凌晨2时,汹涌的"人造洪峰"顺利进入渤海,1880立方米每秒的入海流量,使黄河河口重现久违的澎湃身姿。

15日9时,小浪底水库停止大流量放水,飞腾多日的"黄龙"渐渐隐去。11天内,小浪底水库平均下泄流量2740立方米每秒,下泄总水量26.1亿立方米。21日,从小浪底水库奔涌东流的试验水量全部归于大海。至此,这场大规模调水调沙宣告结束。

整个黄河调水调沙规模之巨大,洪流演绎之壮美,远远胜过一部雄浑激昂的交响曲。

然而,对于这项前无古人的黄河调水调沙,不仅其过程本身隐伏着许多悬念和疑问,有关方面也存在着许多不同认识。对于这些持有争议的问题,只有让黄河自己来评判。

而评判需要数据。通过全方位的测验查勘，一组组参数被输入现代信息技术构建的"数字黄河"系统，一场场洪水被"克隆"于浓缩600倍的"模型黄河"试验大厅。3个月后，在520多万组数据的支撑下，黄河首次调水调沙的答案终于浮出水面。

结果表明：试验期间，黄河下游共冲刷泥沙3620万吨，加上小浪底出库泥沙，总计入海泥沙达6640万吨。没有出现人们担心的"冲河南，淤山东"的现象，下游河道整体状况有了明显改善。黄河水利委员会事前订立的三大目标，均已盘存入账。

对于首次黄河调水调沙，中国水利学界的专家给予了高度评价，也提出了许多富有价值的意见和建议。

作为调水调沙的"大本营"，黄河水利委员会的领导们一直心弦紧系，寝食难安。一年多来，他们从悉心盘点水账、精细预筹方案，到认真组织实施、应对突发情况，精心掌控着每一个环节。面对来之不易的成功，他们更深深感到了肩上的责任。

多日后，谈到当时那场黄河调水调沙"遭遇战"，时任黄河水利委员会防汛办公室主任张金良依然余悸未消，他说：7月4日试验开始当天，黄河中游普降暴雨，龙门水文站出现4600立方米每秒的洪峰，最大含沙量达790千克每立方米，小北干流局部河段发生"揭河底"现象，高含沙量洪水顺河而下，直奔小浪底水库。当时调水调沙调度面临复杂交织的紧急形势：一是不能靠三门峡水库拦沙，否则将造成该水库淤积；二是不能淤积在小浪底水库尾部，那样将有损小浪底水库库容；三是不能让这部分泥沙冲往下游，因为一旦下游洪水含沙量高于20千克每立方米，将意味着这场调水调沙的失败。经反复研究，最后提出了异重流方案，在复杂局面的夹缝中冲出一条血路，终于找到了正确调度方案，最后达到了预定目标。

时任黄河水利委员会主任李国英感慨地说："本次调水调沙前无古人，是一次人与自然和谐相处的开拓性探索。这决定了它充满悬念，但也蕴藏着很高的科技含量，也将是传统治黄走向现代治黄、被动治黄走向主动治黄的里程碑。千万年来，黄河养育了中华民族，哺育了中华民族的成长。然而，随着经济的发展，用水量越来越多，河道的输沙用水已被挤之一空。致使下游断流频繁，主河槽淤积严重，河道萎缩加剧，河口生态遭到很大破坏。河流是有生命的，作为中华民族的母亲河，黄河更需要生命。这次调水调沙的主要目的之一，就是为了把河道中沉积的泥沙冲到海里去，使河槽不再继续淤积，增大其行洪能力，以维持黄河的伟大生命。这难道不是一个具有十分重大意义的问题吗？"

2002 年首次调水调沙虽然早已落下帷幕，但治理黄河道路依然荆棘丛生，多年来，人们对于黄河泥沙的挑战仍在继续。

黄河下游主河槽淤积加剧，"二级悬河"已成切腹之患。小浪底水库作为黄河防洪的"王牌"与调水调沙的"主机"，下一步应怎样优化运行方式，它与其他水库又该怎样联袂行动，上演出各显神通、有机组合的"群英会"？

面对这些复杂棘手的治河命题，黄河水利委员会适时提出了建设"三条黄河"的新理念。这就是：由研究"原型黄河"提出基本需求，以"数字黄河"模拟分析若干个方案，再用"模型黄河"进行物理反演优化，继而回到自然黄河中进行实践运用，完善提高。通过三位一体、相互作用、系统处理，致力推动黄河治理开发，谋求黄河长治久安。

有资料显示，自 2002 年首次调水调沙至 2020 年，黄河下游主河槽过流能力已由原来 1800 立方米每秒提升至 5020 立方米每秒。黄河下游防洪调度空间进一步拓展，为应对大洪水提供了更加有利的河道条件。从中，人们看到了这条大河轻快灵动的绰约风姿。

四、江河携手进行曲

2001 年 8 月中旬，一支南水北调西线工程考察车队，满披风尘，蜿蜒穿行在青藏高原的崇山峻岭间。考察队由水利部副部长张基尧领队，水利部总工程师高安泽、黄河水利委员会主任李国英以及有关专家等共 31 位成员参加考察。一路上，车轮滚滚，青山后移。茂密的森林，湍急的河水，陡峭的山峦，不时呈现在眼前。

经过两天长途驶行，考察队来到"九曲黄河第一弯"的贾曲。这是黄河上游的一条支流，位于四川阿坝藏族羌族自治州。在翠绿的草甸上，项目现场负责人摊开图纸，介绍了南水北调西线工程的总体布局。

规划中的南水北调西线工程，经过对 200 多种方案反复比较优选，确定了从长江上游大渡河、雅砻江、通天河调水 170 亿立方米的方案。其总体引水线路是，修建一系列高坝和洞渠，穿越巴颜喀拉山，自流进入黄河。补给黄河上中游青海、甘肃、宁夏、内蒙古、陕西、山西六省区的重点城市、能源化工基地、生态脆弱带以及河西走廊石羊河流域等严重缺水地区。

拂去岁月风尘，打开漫漫求索的史册，南水北调西线工程一直是人们的梦想。1952 年，毛泽东主席视察黄河时提出北方向南方借水的设想。这年，黄河水利委员会组织大批科技人员，奔赴青藏高原的万水千山，在人类历史上第一次开始寻探江河携手的路线。

20 世纪 50 年代初，黄河水利委员会勘测规划人员查勘南水北调西线工程调水线路

近 70 年来，先后经历了初步研究、超前期研究、编制规划、项目建议书四个阶段，组织开展了南水北调工程与黄河流域水资源配置关系及一期工程重要专题补充研究，不断深化西线工程规划方案比选论证。先后有 3 万余名工程技术人员参与此项工作，共组织 500 余次西线调水勘察，涉及国土面积 115 万平方公里，形成 200 多个方案。

　　一批批黄河勘测规划人员为了实现"西线梦"，在青藏高原高寒缺氧的艰苦条件下，突破"生命禁区"，栉风沐雨，前赴后继，不断跋涉前行。

　　1959年8月，黄河地质勘探队员刘海波在乘牛皮筏渡河查勘中，由于浪大流急，船筏失控，翻身落水，在陡峻的虎跳峡壮烈殉难。

　　1990年夏，正在紧张进行西线工程地质测绘的黄进立、姜汴成两位队员先后接到父亲病逝的电报。茫茫荒野，夜幕沉沉，他们面向家乡方向跪地叩首，痛哭失声："父亲啊，自古忠孝难以两全，请原谅您远方的孩儿……"

　　1990年7月，25岁的大学毕业生杨广成在通天河线路测量作业中，终日起早摸黑，跋涉荒岭，以20天时间完成了两个月的任务，因罹患严重高原反应综合征不幸病逝。

　　一幅幅西线调水的宏伟蓝图，一个个艰苦创业的感人故事，强烈地激荡着考察队员的心。

　　考察途中，李国英神色严峻，感慨良多。他认为，世纪之交，黄河水资源供需矛盾日益尖锐，水环境持续恶化，成为国家经济社会发展的严重制约因素。西线工程无论是功能效益、调水规模，还是工程难度，都堪称当今世界上最复杂、最宏伟的水利工程。正因为如此，大量的难题需要继续去探索、去解决。

　　考察结束时，张基尧副部长满怀信心地说："南水北调工程，东、中、西三条调水线路是一个整体。相比之下，西线工程规模浩繁，技术问题复杂，建设难度大，条件最为艰苦。当前坝址线路布置等问题还需要继续优化。只要深入完善各项工作，认真进行技术分析论证，一定能使西线工程达到技术可行、方案优越、经济合理，经得起各种考验，发挥巨大的综合效益。"

　　2002年，国务院批复了南水北调工程总体规划，一幅空前的跨流域调水蓝图正式问世。根据规划，南水北调三条调水线路总调水规模448亿立方米，供水面积145万平方公里，受益人口4.38亿。三条调水线路与长江、黄河、淮河、海河四大河流，交融贯通，形成"四横三纵，南北调配，东西互济"的中国水资源格局，对缓解我国北方地区水资源短缺局面，改善生态环境，提高人民群众生活水平，具有重大的战略意义。

2002年南水北调东线、中线工程相继开工建设，经过十余年艰苦奋战，建成通水以来，累计调水390亿立方米，北方严重缺水的局面明显缓解，华北地下水位明显回升。然而，这两条线路都不能解决黄河上中游地区紧迫的缺水问题。面对日益尖锐的水资源供需矛盾，人们把急切期盼的目光投向西线工程。

2021年7月，全国政协人口资源环境委员会"南水北调西线工程生态环境保护问题"专题调研组驱车近3000公里，深入四川、青海、甘肃3省实地调研后认为：南水北调西线工程，是从根本上解决黄河流域及西部地区水资源短缺的重大战略工程，事关黄河流域生态保护和高质量发展。经过多年各方研讨论证，对生态环境的影响总体可控，面临的困难有条件解决，不存在对不可抗力的制约因素。目前拟采取调水170亿立方米的方案已上报国家发展和改革委员会，为西线工程早日开工建设奠定了坚实基础。同时也应看到，西线工程作为超大规模的国家战略工程，不可避免会对生态

四川若尔盖草原的大河晚霞，南水北调西线工程将引长江上游水在这一带进入黄河

环境、社会民生带来一定的影响。10 年的工程建设周期，涉及移民搬迁、工程建设、生态补偿等多个方面。要对存在的问题进行深入研究论证，寻求有效解决方案，力争把工程对生态的扰动影响和供水区的损失降到最低，使受水区的效益发挥到最大。

调研组认为，西线工程总的基调应该坚持节水优先、空间均衡、系统治理、两手发力的治水思路，遵循"确实需要、生态安全、可以持续"的重大水利工程论证原则，构建科学合理的生态补偿机制和水资源利益分配机制，实现流域整体和水资源空间均衡配置。用两年左右时间开展重大问题研究，两年时间进行立项决策论证，力争在"十四五"期末实现开工建设。

毫无疑问，这将是中国历史上一座规模空前的跨流域调水工程。它犹如一条人工长河自天而降，穿越巍峨群山，通过绵长隧洞，从而实现长江、黄河两条大河的血脉交融。江河携手，盛世梦圆，人们正在为之不懈奋斗！

五、怎样抓住"牛鼻子"

2008 年 12 月 23 日，刘庆亮从项目前线回到郑州，还没来得及缓口气，就被黄河规划设计研究院任命为古贤水利枢纽项目部常务副主任。在他面前，是一项厚墩墩、沉甸甸的任务：6 个月内务必全部完成古贤项目建议书 17 本 1100 多页报告的修编任务。此时此际，他深感责任重大，不禁思绪绵绵。

黄河，这条千里悬河，其安危事关国家全局、民族伟业。黄河一旦决口，洪水泥沙俱下，亿万人民生命财产损失巨大，而且导致河道淤塞，良田沙化，生态系统的破坏长期难以恢复。历史上，黄河频繁决口改道造成的哀鸿遍野、生态灾难，黄淮海大平原留下的荒沙弥漫、世代遗患，犹如沉重的警钟在时空中回荡。新中国成立后，虽然取得了黄河岁岁安澜的巨大成就，但由于黄河河情特殊，复杂难治，黄河水害隐患依然像一把利剑悬在头上。研究和实践表明，黄河复杂难治的根本症结，在于水少沙多和水沙关系不协调。实现黄河长治久安，必须构建以干流骨干工程为主体的水沙调控体系。

这个体系由龙羊峡、刘家峡、黑山峡、碛口、古贤、三门峡、小浪底七大控制性骨干工程以及支流水库共同构成。它们位居黄河关键部位，涉及治理根本，被形象比喻为黄河治理和生态保护全局中的"牛鼻子"。

目前，黄河水沙调控工程体系中，已建成龙羊峡、刘家峡、三门峡、小浪底四座控制性工程，尚有古贤、黑山峡、碛口3座水库待建。其中，位于晋陕峡谷中部的古贤水库在黄河水沙调控体系中居于核心地位。几十年来，黄河水利委员会对古贤水利枢纽的坝址位置、淹没范围、开发目标等关键技术性问题，组织开展了大量方案比选和分析论证。桌案上，可行性研究报告与规划设计图纸堆积如山；走过漫漫的长路，如同一次新的长征。

眼下，刘庆亮接手的这项任务，就是一个亟须抓紧推进的关键环节。想到这里，他义无反顾，迅即投入这场硬仗。凝聚团队力量实行协作联动，咬紧牙关，夜以继日，按时提交了高质量的成果，在当年水利部组织的技术审查中得以一次性通过。

该项目建议书称，古贤水利枢纽控制着65%的黄河流域面积、80%的黄河水量、60%的黄河泥沙。地理位置优越，拦沙与水沙调控能力显著。

坐落在黄河晋陕峡谷中的古贤水利枢纽坝址

水库总库容 129.42 亿立方米，最大拦沙库容 93.42 亿立方米，与小浪底水库联合调度，可在 60 年内使下游河道减少泥沙淤积 95 亿吨，相当于现状下游河道 35 年的淤积量；近 100 年内可使黄河下游主河槽过流能力维持在 4000 立方米每秒以上。拦沙后期，仍可利用数十亿立方米长期有效调水调沙库容，参加水库群联合调度，每年可减少下游河道泥沙淤积约 1 亿吨。水库建成后，将为有效处理黄河泥沙、遏制河床不断抬高发挥长效之功。同时，古贤水库的修建，黄河水资源调控能力的增强，将使河口及中下游地区生态系统得以持续改善，为黄河供水安全、生态安全提供有力保障。

古贤水利枢纽还是一座助力渭河下游关中平原生态改善的民生工程。关中平原是华夏文明的重要发祥地，承载着中华民族的历史荣耀和厚重记忆。但长期以来，受多种因素影响，渭河下游河道淤积严重，防洪安全与生态问题并存，三门峡库区群众生活受到严重影响。黄河中游两岸山高水低，取水困难，一直是当地群众挥之不去的心痛。古贤水库建成后，通过拦沙和调水调沙运用，可使潼关高程最大降低幅度达 2.3 米，实现渭河下游溯源冲刷至西安，为关中平原防洪安全与生态修复创造重要条件。可为陕、晋两省提供 35.28 亿立方米水源，能解决 700 多万人口、1047 万亩耕地的灌溉用水，库区周边 54 万贫困人口将摆脱严重缺水之困。

在生态效益方面，古贤水库的兴建将形成 230 平方公里的宏阔水面，生态辐射面广达 10 000 平方公里。通过山、水、林、田、湖、草系统治理，峡谷两岸生态质量提升，呈现一派山清水秀、人水和谐的景象。作为黄河干流上的一座大型水电站，该工程总装机容量 2100 兆瓦，年均发电量 54.42 亿千瓦·时，能替代 2310 兆瓦火电装机，相当于每年压减 183 万吨标准煤，将带动风力发电、光伏发电等绿色能源，为区域经济绿色发展提供有力支撑。

这还是一座黄河文化创新工程。雄伟的晋陕峡谷，悬崖对峙，谷底腾蛟，两岸的自然景观雄奇壮丽，蕴藏着丰厚的历史文化资源。古贤水库建成后，库区周边的山水名胜和人文资源将显著增华。如蛇潜深山蜿蜒穿行的黄河，随着水体充盈，变得雄壮劲健，形似一条腾飞的巨龙。举世闻名的壶口瀑布，通过水库调节可提供 600 到 1000 立方米每秒的最佳观赏流量，极大提升这一天下奇观的审美效应。披沥千年风雨的古城窑洞、险关码头、碑记石刻等历史文化资源，以革命圣地为主线的红色文化，也将随着工程的兴建而提档升级，呈现一派生动和谐的盛世气象。

进入中国特色社会主义新时代，确保黄河防洪安全，促进黄河生态保护与良性维持，满足广大人民群众日益增长的美好生活需要，一道道重大的时代命题，对黄河提出了新的要求。古贤水利枢纽驶入了决策兴建的快车道。2020 年，黄河古贤水利枢纽被列入国家重大水利工程。可以预期，工程建成之日，大坝巍峨，峡谷平湖，一支水沙调控"新军"将挺身矗立，为黄河流域生态保护和高质量发展贡献力量。

六、生态治理的陕西样本

2021 年 7 月，全国人大常委会办公厅组织的中华环保世纪行采访团来到陕西，在西安、渭南、延安等地，探访推进黄河流域生态保护和高质量发展情况。经过多年持续努力，陕西河流年均入黄泥沙量从 2000 年之前的 8 亿多吨降至 2.7 亿吨，实现了"人进沙退，绿锁沙丘"。这一华丽转身的奇迹，引起了采访团成员的连声惊叹。

陕西的黄土高原区，是黄河泥沙的主要来源地。陕西全省的国土面积约占全国的 1/70，但土壤流失总量占到全国的 1/5，省内黄河流域输沙量占到黄河流域总输沙量的 60% 以上。因此，黄土高原水土流失治理的重点在陕西，减少入黄泥沙的重点也在陕西。

2020 年"十一"黄金周，电影《我和我的家乡》在榆林市电影院上映，几乎场场满座。不少市民看着电影，时而喜不自禁，时而热泪盈眶。影片中的"回乡之路"一节，镜头对准榆林所处的毛乌素沙地，生动讲述了一位陕北治沙人"乔树林"用沙地苹果项目带领乡亲们先治沙再致富，将沙地变成果乡的感人故事。

"乔树林"的故事在陕北有很多原型，因为治黄必治沙。历史上沙进人退，榆林城曾因风沙侵袭被迫三次南迁；一代又一代人奋斗不止，种下生态林。现在绿进沙退，昔日寸草不生的沙地，变成了林地、草地和良田。每到春季，榆林的10余万亩杏林，花儿绽放，一朵朵、一团团如彩云般，给人们带来强烈的视觉震撼和美的享受。

据统计，榆林市已治理的沙化土地面积占沙化土地总面积的93.24%，也就是说，毛乌素沙地即将退出陕西版图，"一碗河水半碗沙"也将成为历史。

"沟里筑道墙，拦泥又收粮。"在黄土高原的千沟万壑中，筑起一座座淤积坝，形成一道人工屏障，从源头封堵向黄河输送泥沙的通道，既增产又治沙，是陕北老百姓的另一项发明。

陕西省林业局的统计数据显示，十八大以来，陕西年均治理沙化土地105万亩。全国第五次沙化土地监测显示，陕西沙化土地每年平均减少17.8万亩，860万亩流动沙地基本得到固定和半固定，沙区植被平均盖度达到60%，治沙取得显著效果。

《信天游》歌词曾如此描绘延安一带黄土高原昔日的场景："背靠黄河面对着天，陕北的山来山套着山。翻了架圪梁拐了道弯，满眼眼还是黄土山。"

1999年，党中央提出"再造一个山川秀美的西北地区"，延安率先在全国开展大规模退耕还林。为了消除村民对退耕还林的顾虑，各级干部挨家挨户串门，谈形势，讲政策，耐心细致地做村民的工作。退耕还林当年年底，村民们拿到补助资金，发现确实比种地收入还高，积极性一下就提高了。经过持续多年的退耕还林，一片片荒山由黄转绿，生态环境发生了很大改观。20年来，延安市累计退耕还林还草1077万亩，自然面貌从原来的"黄马甲"变成了"绿马甲"，被誉为"全国退耕还林第一市"。

从延安来到陕西东部的渭南。黄河流过奔腾跌宕的晋陕峡谷来到这里，水面开阔，水势开始变得温和。北起韩城、南至潼关130多公里的河道周边，形成了陕西黄河湿地省级自然保护区，面积达4.5万公顷。其中的合阳县洽

黄土高原梯田和黄河支流治理景象

川湿地，是黄河流域规模最大的湖泊型温泉湿地，"关关雎鸠，在河之洲"，《诗经》这首名句中描绘的情景，据说就发生在这里。

　　近年来，陕西实施了黄河生态环境恢复治理工程，严厉打击乱垦乱挖等破坏湿地资源的违法行为，关停了沿河污染企业。林业部门划定了湿地封育区、恢复区。封育区内禁止一切人为活动，对原来退化的湿地进行封闭保护。现在黄河湿地保护区周边总人口 13 万人，人口密度 288 人每平方公里，而在保护区内仅有 1006 人，人口密度锐减至 2 人每平方公里。

现在，洽川湿地鸟类已由原来的 148 种增加到 168 种，其中国家二级野生动物大天鹅从百余只增至 1000 多只，雁鸭类迁徙水鸟增至 50 000 多只，这块湿地已经成为中国候鸟南北迁徙的重要驿站。

沣河是黄河最大支流渭河的一级支流。20 世纪 80 年代、90 年代，沣河水质极差，无异于一个排污沟。沣河生态治理工程启动后，河道污水口全部截流，生态环境发生逆转。

在沣河水质自动监测站，陕西省环境保护公司王总经理打开站内的监

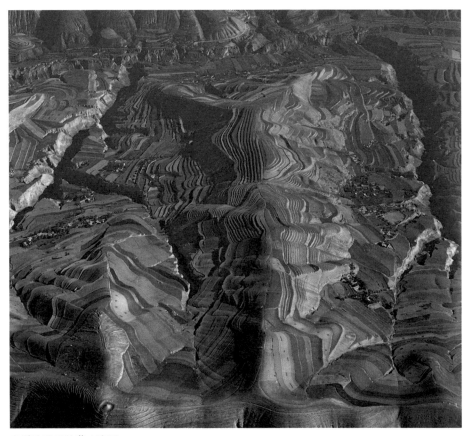

鸟瞰治理后的黄土高原

测控制系统，调出当天各时段的磷、氮、氨氮、大肠菌群等 11 项监测数据，每一项均优于考核指标。西安市渭河生态管理中心主任介绍说：2008 年渭河西安段治理启动之初，征迁拆迁工作面临很大挑战，部分群众抵触情绪非常严重。为此，工作人员一家家地谈，一户户做工作，终于获得沿渭企业和居民群众的理解和支持。历经 13 年治理，如今渭河西安段已经成为滨水生态景区。渭河出境断面的水质提升到 II 类，为 20 年来最好水质。

七、黄河重大国家战略

潮平两岸阔，风正一帆悬。习近平总书记"让黄河成为造福人民的幸福河"的伟大号召，黄河重大国家战略的确立，如一股强劲的东风，为万里黄河迎来了充满希望的春天。大河上下结合自身区位特点、生态建设格局、自然资源禀赋和民生需求，以时不我待的责任感和紧迫感，迅速投入了贯彻落实行动。

作为黄河源头之省，青海省肩负着保护三江源、当好"中华水塔"守护人的重要使命。该省提出，以建设三江源、祁连山国家公园和黄河湾区

鲜花盛开的青海久治仙女湖

湿地保护为重点，提高源头区水源涵养功能，强化重点功能区的水域保护、水土保持与生态恢复，提高林草植被覆盖率；加速实施水土保持工程，加快构建循环农牧业发展模式，筑牢黄河源区生态安全屏障。

　　位于黄河上游的甘肃省，黄河在这里"两进两出"，流程900多公里。面对黄河流域生态脆弱、水资源短缺等挑战，甘肃省提出，以三江源、祁连山、甘南黄河水源涵养区等为重点，推进实施一批重大生态保护修复工程。建设黄河流域水源涵养区和补给区、生态经济带建设试验区、黄河文化保护弘扬示范区，奏响黄河大合唱的甘肃乐章。

　　素有"塞上江南"之称的宁夏回族自治区，提出以贺兰山、六盘山、罗山自然保护区为战略支点，紧紧扭住用水权、土地权、排污权、山林权四项关键改革，破解难题，激发活力，实现全区水土流失总体逆转，通过笃定努力，使宁夏成为黄河流域重要的生态节点、生态屏障和生态通道。

　　位于黄河"几"字形大转弯处的内蒙古自治区，是农牧交错带和多民族

地处鄂尔多斯草原与毛乌素沙地交会处的红碱淖湿地自然保护区有"大漠明珠"之美称

聚居区。该区提出弘扬"蒙古马精神",推动用水方式由粗放向节约集约转变。进一步优化现代能源结构,推动风电、光伏等绿色能源发展,加快建设黄河"几"字弯国家公园和黄河文化遗产廊道,铸牢中华民族共同体意识,保护好中华民族母亲河。

处于黄河中游腹地的陕西省,境内黄土丘陵沟壑区是入黄泥沙主要来源区,治理任务艰巨而繁重。他们提出的黄河流域生态保护和高质量发展重点任务是:持续实施退耕还林还草、荒沙治理、小流域综合治理等生态工程,全力实施渭河、延河、北洛河、无定河等重点支流污染防治工程,为黄河净化"毛细血管"。建立高效输水、排水和节水工程体系,着力提高黄河水资源利用效率。立足富集的黄河文化资源,加强延安等革命旧址,石峁古城、汉长安城、统万城等遗址保护,推动文化旅游融合发展。

素称"表里河山"的山西省,是黄河流域的重要能源基地,华北地区重要生态安全屏障。针对发展和保护的突出矛盾,山西省提出,启动以汾河为重点的流域生态保护与修复,加快长城沿线防护林带建设,统筹发展特色生态产业,推进绿色矿山建设。依托黄河流域丰富的游牧文化、农耕文化、走西口文化等,推动黄河文化融合发展。

位于黄河中下游之交的河南省,地处中原腹地,是我国重要的生态屏障和经济地带。该省的发展规划提出:实施水生态、水资源、水环境、水灾害"四水同治",加快构建水资源高效利用、水生态系统修复、水环境综合治理、水灾害科学防治体系。实施沿黄生态廊道示范,打造岸绿景美的黄河生态长廊。构建黄河历史文化主地标体系,形成历史文化展示带、生态环境涵养带、旅游观光休憩带,让黄河成为人们的精神家园和休闲胜地。

作为黄河流经的最后省份,山东省黄河段孕育了5400平方公里的黄河三角洲,是世界上暖温带最完整、最年轻的湿地生态系统。经过多年生态调水和保护治理,河口地区湿地生态显著改善。山东省提出:进一步加强黄河三角洲生态治理和修复,让黄河口更具生态魅力。打造沿黄现代产业与绿色高效农业长廊。致力黄河文化融合发展,守护好共有的文化家园。

山东黄河入海口，湿地色彩斑斓，一派生机

　　鉴古而知今，临黄河而知中国。黄河之所以能冲开绝壁夺隘而出，是因其积聚了千里奔涌、万壑归流的洪荒伟力。中国人民在实现中华民族伟大复兴进程中积累的强大能量，正如同气势澎湃的黄河一样，奔涌向前，势不可挡！

　　黄河从远古一路走来，她孕育了中华民族的童年，点亮了古老文明的曙光，染就了中国历史的底色，融汇了华夏儿女的血脉。黄河从源头一路走来，奔流入海是她的坚定选择，曲折跌宕是她的英雄气概，滚滚洪流是她的忧患警示，山河一统是她的永恒情怀。今天，黄河正在焕发新的活力，用磅礴的力量，奔腾在中国特色社会主义新时代！

后记

2021年阳春时节，当再次接到河南科学技术出版社《家国黄河》图书的约稿时，我仍然顾虑重重。本来，作为一位黄河工作者和作家，研究黄河文化，创作黄河作品，是我多年来的挚爱和责任。但此时面对这项重大选题，一是深感黄河气势雄阔豪迈，黄河文化博大精深，本书时空跨度很大，堪称一部"黄河全传"，自感对此难以驾控。二是毕竟本人年过花甲，已非秉烛笔耕的少壮时期。加之随着电子阅读、手机自媒体等新型传播手段风起云涌，在此情形下，费力劳神创作这部图书，合乎时宜吗？

踌躇良久，我突然觉得自己卑俗迂腐起来。时序跨入中国特色社会主义新时代，就在黄河流域生态保护和高质量发展上升为重大国家战略，人们正在为建设幸福黄河而奋发笃行之际，自己却患得患失，畏缩不前，一种新时代的落伍感油然而生。于是，我决然签约，从而踏上了对母亲河的这次重读和拜谒之旅。

古老的黄河历经太古洪荒的惊天裂变，记载了中华民族披荆斩棘的跋涉足迹，见证了中华大地数千年的苦难辉煌。跌宕起伏的黄河变迁，透视出黄河与中华民族血脉维系、黄河与国家休戚与共等重大社会问题。治河与治国、河患与国难，紧紧交融，息息相关。本书力图以重大黄河史事为依据，通过一连串富有传奇色彩的人物故事，以通俗手法和图文并举的形式，再现"家国黄河"辉煌而悲壮的历程，进一步激发人们对中华民族母亲河的深爱，坚定文化自信，民族自信。

　　本书在创作出版过程中，河南科学技术出版社责任编辑冯俊杰同志提出了许多富有价值的意见和建议，在此深表谢忱。本书采用了有关图书的部分图片，因版本繁复，无法联系到权利人，有关事宜请与出版社联系。

　　由于笔者水平和掌握资料有限，本书付梓后可能还会有这样那样的问题，敬请读者批评指正，以便在有关黄河的研究中，不断完善提高。

侯全亮

辛丑年季秋